fixe o
CONHECI
MENTO

B879f   Brown, Peter C.
         Fixe o conhecimento : a ciência da aprendizagem bem--sucedida / Peter C. Brown, Henry L. Roediger III, Mark A. McDaniel; tradução: Henrique de Oliveira Guerra; revisão técnica: Claudio de Moura Castro. – Porto Alegre : Penso, 2018.
         xix, 234 p. : il. ; 23 cm.

         ISBN 978-85-8429-124-3

         1. Fundamentos da educação. 2. Memória. 3. Aprendizagem. I. Roediger III, Henry L. II. McDaniel, Mark A. III. Título.

                                                         CDU 37.01

Catalogação na publicação Karin Lorien Menoncin – CRB 10/2147

PETER C. **BROWN**
HENRY L. **ROEDIGER III**
MARK A. **McDANIEL**

fixe o CONHECI MENTO

a ciência da aprendizagem bem-sucedida

Tradução
Henrique de Oliveira Guerra

Revisão técnica
Claudio de Moura Castro
Economista. Mestre pela Yale University e doutor pela Vanderbilt University. Pesquisador em Educação.

2018

Obra originalmente publicada sob o título
Make it stick: the science of successful learning
ISBN 9780674729018
Copyright © 2014 by Peter C. Brown, Henry L. Roediger III, Mark A. McDaniel.
Published by arrangement with Harvard University Press.

Gerente editorial
Letícia Bispo de Lima

Colaboraram nesta edição

Editora
Paola Araújo de Oliveira

Capa
Paola Manica

Preparação de original
Josiane Santos Tibursky

Leitura final
Daniela de Freitas Louzada

Editoração
Ledur Serviços Editoriais Ltda.

Reservados todos os direitos de publicação, em língua portuguesa, à
PENSO EDITORA LTDA., uma empresa do GRUPO A EDUCAÇÃO S.A
Av. Jerônimo de Ornelas, 670 – Santana
90040-340 – Porto Alegre – RS
Fone: (51) 3027-7000 Fax: (51) 3027-7070

SÃO PAULO
Rua Doutor Cesário Mota Jr., 63 – Vila Buarque
01221-020 – São Paulo – SP
Fone: (11) 3221-9033

SAC 0800 703-3444 – www.grupoa.com.br

É proibida a duplicação ou reprodução deste volume, no todo ou em parte, sob quaisquer formas ou por quaisquer meios (eletrônico, mecânico, gravação, fotocópia, distribuição na Web e outros), sem permissão expressa da Editora.

IMPRESSO NO BRASIL
PRINTED IN BRAZIL

AUTORES

Peter C. Brown é escritor e novelista em St. Paul, Estados Unidos.

Henry L. Roediger III é professor de Psicologia na Washington University, em St. Louis, Estados Unidos, com distinção James S. McDonnell.

Mark A. McDaniel é professor de Psicologia e diretor do Centro de Pesquisas Integrativas em Aprendizagem e Memória da Washington University, em St. Louis, Estados Unidos.

A memória é a mãe de toda a sabedoria.

Ésquilo
Prometeu acorrentado

AGRADECIMENTOS

Escrever este livro foi realmente uma empreitada em equipe: os autores dedicaram-se ao longo de três anos de forma bastante produtiva, e muitas pessoas e organizações contribuíram com sugestões úteis e apoio.

Agradecemos à James S. McDonnell Foundation, de St. Louis, Estados Unidos, por conceder a bolsa a Henry Roediger e Mark McDaniel, com Henry Roediger como pesquisador principal. Essa bolsa apoiou 11 pesquisadores, os quais colaboraram durante 10 anos em estudos para traduzir a ciência cognitiva em ciência educacional. Muitos pontos em nosso livro vieram das pesquisas financiadas pela McDonnell Foundation. Agradecemos aos outros nove membros do nosso grupo, com quem temos aprendido muito: Robert e Elizabeth Bjork, da University of California, em Los Angeles; John Dunlosky e Katherine Rawson, da Kent State University; Larry Jacoby, da Washington University; Elizabeth Marsh, da Duke University; Kathleen McDermott, da Washington University; Janet Metcalfe, da Washington University; e Hal Pashler, da University of California, em San Diego. Agradecemos particularmente a John Bruer, presidente da McDonnell Foundation, e a Susan Fitzpatrick, vice-presidente, por sua orientação e apoio, bem como à família da James S. McDonnell Foundation.

Também desejamos agradecer ao Cognition and Student Learning Program of the Institute for Education Sciences (Programa de Cognição e Aprendizagem do Aluno do Instituto para as Ciências da Educação), da Secretaria de Educação dos Estados Unidos, por vários subsídios que facilitaram as pesquisas de Roediger e McDaniel em contextos escolares, em colaboração com

Kathleen McDermott. O trabalho que conduzimos em Illinois, na Columbia Middle School e na Columbia High School, não teria sido possível sem esse apoio. Agradecemos a nossos coordenadores do programa no CASL: Elizabeth Albro, Carol O'Donnell e Erin Higgins. Além disso, agradecemos aos professores, diretores e alunos das Columbia Schools, em particular, Roger Chamberlain (diretor da escola quando iniciamos nossa pesquisa na Columbia Middle School) e Patrice Bain, professora pioneira na implementação de nossas pesquisas em sala de aula. Outros professores que nos permitiram conduzir experimentos em suas salas de aula incluem Teresa Fehrenz, Andria Matzenbacher, Michelle Spivey, Ammie Koch, Kelly Landgraf, Carleigh Ottwell, Cindy McMullan, Missie Steve, Neal O'Donnell e Linda Malone. Um grande grupo de assistentes de pesquisa nos ajudou com esses estudos, incluindo Kristy Duprey, Lindsay Brockmeier, Barbie Huelser, Lisa Cressey, Marco Chacon, Anna Dinndorf, Laura D'Antonio, Jessye Brick, Allison Obenhaus, Meghan McDoniel e Aaron Theby. Pooja Agarwal foi imprescindível em cada etapa desse projeto, orientando a pesquisa no dia a dia, enquanto era estudante de Pós-graduação na Washington University e depois supervisionando o projeto em seu Pós-doutorado. Muitas das sugestões práticas apresentadas neste livro vieram de nossas experiências em sala de aula.

A Dart NeuroScience de San Diego, Califórnia, apoiou nossas pesquisas sobre atletas da memória por meio de uma generosa bolsa de estudos. Roediger atuou como pesquisador principal e foi auxiliado por David Balota, Kathleen McDermott e Mary Pyc. Testamos vários atletas da memória nesse projeto – somos gratos por James Paterson ter nos permitido usar sua história no livro. Somos especialmente gratos pelo apoio de Tim Tully, cientista-chefe da Dart, que teve a iniciativa de nos procurar com a ideia de identificar indivíduos com habilidades de memória muito superiores.

Nossos financiadores foram generosos em seu apoio, mas cabe a nós isentá-los de qualquer responsabilidade quanto às opiniões expressadas neste livro, que estas são dos autores e não representam a opinião da James S. McDonnell Foundation, do Institute of Education Sciences, da Secretaria de Educação dos Estados Unidos ou da Dart NeuroScience.

Roediger e McDaniel desejam agradecer aos muitos alunos e colegas de Pós-doutorado que trabalharam em parceria e ajudaram com os projetos descritos neste livro. Alunos de Pós-graduação que trabalharam com Roediger em projetos relevantes durante esse período foram Pooja Agarwal, Andrew Butler, Andy DeSoto, Michael Goode, Jeff Karpicke, Adam Putnam, Megan Smith, Victor Sungkhasettee e Franklin Zaromb. Colegas de Pós-doutorado incluíram Pooja Agarwal, Jason Finley, Bridgid Finn, Lisa Geraci, Keith Lyle, David McCabe, Mary Pyc e Yana Weinstein. A equipe de pesquisa que trabalhou no projeto inclui Jane McConnell, Jean Ortmann-Sotomayor, Brittany

Butler e Julie Gray. Mark McDaniel gostaria de agradecer a seus alunos que trabalharam na pesquisa pertinente a este livro: Aimee Calendar, Cynthia Fadler, Dan Howard, Khuyen Nguyen, Mathew Robbins e Kathy Wildman, e à equipe de assistentes de pesquisa, Michael Cahill, Mary Derbish, Yiyi Liu e Amanda Meyer. Seus colegas do Pós-doutorado que trabalharam em projetos relacionados foram Jeri Little, Keith Lyle, Anaya Thomas e Ruthann Thomas.

Somos gratos pelas pessoas que compartilharam suas histórias de aprendizagem e rememoração que ilustraram as ideias importantes neste livro. Agradecemos a Ken Barber, da Jiffy Lube International, Bonnie Blodgett, Mia Blundetto, Derwin Brown, Matt Brown, Patrick Castillo, Vince Dooley, Mike Ebersold, Nathaniel Fuller, Catherine Johnson, Sarah Flanagan, Bob Fletcher, Alex Ford, Steve Ford, David Garman, Jean Germain, Lucy Gerold, Bruce Hendry, Michael Hoffman, Peter Howard, Kiley Hunkler, Thelma Hunter, Erik Isaacman, Karen Kim, Young Nam Kim, Nancy Lageson, Douglas Larsen, Stephen Madigan, Kathy Maixner, Michael Matthews, Kathleen McDermott, Michael McMurchie e Rick Wynveen, da Renewal by Andersen, Jeff Moseley, James Paterson e seus alunos do Bellerbys College (Stephanie Ong, Victoria Gevorkova e Michela Seong-Hyun Kim), Bill Sands, Andy Sobel, Annette Thompson e Dave Nystrom, da Farmers Insurance, Jon Wehrenberg, Mary Pat Wenderoth e Michael Young. Agradecemos a Lorri Freifeld, da revista *Training*, por nos apresentar a líderes de programas de treinamento corporativos exemplares.

Muitas pessoas gentilmente leram os primeiros manuscritos. Agradecemos a Ellen Brown, Kathleen McDermott, Henry Moyers, Thomas Moyers e Steve Nelson. Como é habitual no meio científico, cinco de nossos pares da comunidade científica foram recrutados por nosso editor para revisar o manuscrito anonimamente: agradecemos aos três que depois se identificaram – Bob Bjork, Dan Schacter e Dan Willingham – e aos dois cujas identidades permanecem desconhecidas.

Por fim, agradecemos a Elizabeth Knoll, nossa editora, e à equipe de profissionais da Harvard University Press por suas percepções, orientação e dedicação em prol da qualidade deste livro.

Os Autores

APRESENTAÇÃO À EDIÇÃO BRASILEIRA

O que acontece quando um autor de ficção se junta a um bando de pesquisadores em teoria cognitiva? No caso, coisa boa, um belo livro.

Com o financiamento de uma fundação, vários psicólogos cognitivos norte-americanos empreenderam uma aventura intelectual ambiciosa. Queriam mapear a abundante pesquisa sobre os processos de aprender e de ensinar. Perguntavam quais conclusões poderiam ser destiladas de um volume extraordinário de artigos e livros que estavam aparecendo. Quais achados poderiam ajudar alunos, pais e professores em seu cotidiano?

Bons professores sempre tiveram intuições brilhantes de como manejar as suas aulas. Parte dessas ideias se plasmou em uma ampla literatura no campo da pedagogia. Era o melhor que tínhamos para orientar os mestres em sala de aula. E não se pode dizer que eram livros equivocados.

Mas como saber o que realmente funcionava e o que era um falso caminho? Até muito recentemente, não havia maneiras seguras de responder a essas perguntas. Porém, com a quantificação crescente da pesquisa educacional, com as facilidades de computação das últimas décadas e com a pressão crescente para publicar, há uma silenciosa revolução no campo da pesquisa sobre ensino e aprendizagem. Publicaram-se centenas e centenas de pesquisas metodologicamente rigorosas, com "antes e depois", com grupos-controle e randomização das amostras. Muitas perguntas são respondidas por essa avalanche de estudos. Na verdade, muitas práticas consagradas se confirmaram. O mesmo com alguns palpites. Contudo, os estudos revelaram um número muito grande de práticas equivocadas. O que parecia óbvio era totalmente errado. O que parecia bobice era o certo.

Apenas dois exemplos. Primeiro. Sempre acreditamos na regra do "senta na cadeira e estuda até aprender". Pois bem, está errada. Devemos levantar da cadeira, várias vezes, antes de aprender. Por quê? Leiam no livro! Segundo. Sempre acreditamos na seguinte rotina: assistimos à aula, fazemos boas anotações e, na véspera da prova, revisamos nossos escritos. Certo? Errado! Rever as anotações em quase nada adianta, apesar de parecer a providência óbvia. Temos de olhar para o caderno fechado e nos perguntar: quais ideias importantes estarão contidas nele? Por quê? Leiam no livro!

Nem sempre o monte de pesquisas revisadas mostra resultados tão nítidos. Como sempre acontece, os números podem não ser consistentes ou carecer de sentido. É preciso interpretá-los com muito cuidado, para que contem a sua história. Daí a importância de pesquisadores sólidos, como os autores deste estudo. Em um trabalho concertado, puderam passar em revista um grande volume de pesquisas, sempre com a preocupação de extrair delas conclusões inteligíveis para alunos e professores – e não apenas para PhDs em psicologia cognitiva.

Podemos pensar em duas etapas nessa missão. A primeira é espremer os dados, buscando conclusões gerais e se esgrimindo com as inevitáveis contradições. Esse foi o trabalho do time de pesquisadores por cerca de 10 anos. A segunda é traduzir essas mesmas conclusões para uma linguagem compreensível, amena e interessante.

A esse respeito vale citar Jacques Barzun e seu clássico *The House of Intellect*. Nele, o autor explica que as tecnicalidades, o rigor e o jargão (quase impenetrável) são necessários para fazer avançar a ciência. É assim que são conduzidas as pesquisas e redigidos os artigos delas derivados. Não obstante, é perfeitamente possível traduzir esses mesmos resultados em uma linguagem acessível para quem não é pesquisador acadêmico. A versão para o grande público não precisa ser uma caricatura grosseira do original. Pelo contrário, as ideias importantes e suas limitações podem ser perfeitamente traduzidas em uma linguagem que todos entendem.

Há mais de um século que revistas como a *Scientific American* e a *Science et Vie* fazem isso com total sucesso, mostrando que Barzun está correto. Mas essa tradução não deixa de ser um grande desafio, sobretudo em áreas novas e requerendo ferramentas estatísticas sofisticadas.

Os pesquisadores tinham em suas mãos resultados preciosos. Mas como traduzi-los para o grande público, diante de sua inexperiência nesses misteres? A solução encontrada foi simples e brilhante: recrutaram para essa tarefa um autor respeitado de obras de ficção. A ele caberia traduzir os resultados em um livro atraente e fácil de entender.

Obviamente, havia de trocar por palavras que todos entendam as discussões de "chi quadrado", análises multivariadas, nível de significância e outros conceitos restritos aos muros da academia. A estratégia óbvia é que tudo tem de ser contado por meio de exemplos. Em vez de tabelas de correlação múltipla, mostram-se casos interessantes em que a ideia se aplica. É isso que torna *Fixe o conhecimento: a ciência da aprendizagem bem-sucedida* atraente.

Como o escritor não sabe de jargão estatístico e de teoria cognitiva, imagino que os pesquisadores tiveram de interpretar os resultados e contar para ele, antes que se plasmassem nas páginas do livro. Como só vai escrever o que entendeu, migram para o livro as ideias, já traduzidas para a cabeça de quem não é do ramo.

O resultado está aí. Dez anos de revisão da literatura pertinente traduzida em um livro de fácil leitura e altamente educativo. De fato, é um grande sucesso nas estatísticas de vendas da *Amazon.com*.

A razão de haver sido convidado para redigir esta Apresentação à edição brasileira nasce do fato de que usei amplamente este livro para redigir o meu *Você sabe estudar?* Como aprendi muito nele, sugeri à Penso Editora a sua tradução. Fui mais adiante honrado com o convite para revisá-lo tecnicamente e preparar este texto.

Aí está o livro. Acho que é fácil gostar dele.

Claudio de Moura Castro

PREFÁCIO

Em geral, as pessoas lidam com a aprendizagem de maneira equivocada. As pesquisas empíricas sobre como aprendemos e lembramos mostram que muito do que consideramos verdadeiro sobre como aprender acaba se revelando um esforço, em grande parte, desperdiçado. Até mesmo alunos de medicina e outros universitários – cujo principal ofício é aprender – confiam em técnicas de estudo que estão longe de serem ideais. Ao mesmo tempo, esse campo de pesquisa, embora exista há 125 anos, tem sido particularmente produtivo nos últimos anos, gerando um conjunto de achados que encorpam uma ciência sobre a aprendizagem em plena expansão: estratégias altamente eficazes, com base em evidências, substituem práticas menos eficazes, mas amplamente aceitas, arraigadas em teorias, crenças e intuições. Contudo, existe um paradoxo: as mais eficazes estratégias de aprendizagem não são intuitivas.

Dois de nós, Henry Roediger e Mark McDaniel, são cientistas cognitivos e dedicamos nossas carreiras ao estudo da aprendizagem e da memória. Peter Brown é um contador de histórias. Formamos uma equipe para explicar como funcionam a aprendizagem e a memória, e fazemos isso menos citando pesquisas do que contando histórias sobre pessoas que alcançaram o domínio de habilidades e de conhecimentos complexos. Com esses exemplos, iluminamos os princípios da aprendizagem que, segundo as pesquisas, mostram alta eficácia. Este livro se originou em parte de uma colaboração entre 11 psicólogos cognitivos. Em 2002, a James S. McDonnell Foundation, de St. Louis, Estados Unidos, em um esforço para superar a lacuna entre os conhecimentos básicos sobre a aprendizagem em psicologia cognitiva e a sua aplicação na educação, concedeu a nós e a mais nove colegas a bolsa de pesquisa *Applying Cognitive Psychology to Enhance Educational Practice* (Aplicando a psicologia cognitiva para melhorar a prática educacional), com Roediger como pesquisador principal. Ao longo de 10 anos, a equipe colaborou em pesquisas para traduzir a ciência cognitiva em ciência educacional, e, sob vários aspectos, este livro é o resultado direto daquele trabalho. Os pesquisadores e uma boa parcela de seus estudos são citados neste livro, nas notas e em nossos agradecimentos. Nosso trabalho também é apoiado por vários outros financiadores, e McDaniel é o codiretor do Centro de Pesquisas Integrativas em Aprendizagem e Memória da Washington University.

Os livros, em sua maioria, lidam com tópicos de maneira sequencial – cobrem um aspecto, avançam ao próximo, e assim por diante. Seguimos essa estratégia no sentido de que cada capítulo aborda temas novos, mas também aplicamos dois princípios de aprendizagem que consideramos primordiais: a repetição espaçada de ideias-chave e a intercalação de tópicos diferentes, mas relacionados. Se os alunos ampliam seus estudos sobre um tópico, periodicamente retornando a ele, eles o memorizam com mais facilidade. Da mesma forma, ao intercalar o estudo de diferentes tópicos, os alunos aprendem cada um deles mais facilmente do que se os tivessem estudado um por um, em sequência. Desse modo, deliberadamente, tratamos de ideias-chave mais de uma vez, repetindo princípios em contextos diferentes ao longo do livro. Assim, o leitor irá memorizá-los melhor e usá-los com mais eficácia.

Esta é uma obra sobre o que as pessoas podem fazer em seu próprio benefício, neste exato momento, no intuito de aprender melhor e lembrar por mais tempo. A responsabilidade pela aprendizagem recai sobre cada indivíduo. Professores e instrutores também podem ser mais eficazes imediatamente, aplicando esses princípios ao seu ensino e ajudando os alunos a entendê-los. Este não é um livro sobre como a política educacional ou o sistema escolar deveriam ser reformados. Claramente, porém, existem implicações para as políticas educativas. Por exemplo, professores universitários na vanguarda da aplicação dessas estratégias em sala de aula têm experimentado o potencial dessas ideias para estreitar as disparidades de aproveitamento[*] em ciências, e os resultados desses estudos são reveladores.

Nosso público-alvo, é claro, são alunos e professores, e todos os leitores para quem a aprendizagem eficaz é uma alta prioridade. Também escrevemos para os eternos aprendizes chegando à meia-idade ou mais velhos que almejam lapidar suas habilidades de modo a permanecer no jogo.

---

[*] N. de T.: No original, *achievement gap*, termo que se refere à defasagem no aproveitamento e no rendimento escolar entre os alunos.

Se, por um lado, há ainda muito a ser conhecido sobre a aprendizagem e seus alicerces neurais, um vasto conjunto de pesquisas resultou em princípios e estratégias práticas que podem ser aplicadas imediatamente, sem nenhum custo e com efeitos excelentes.

SUMÁRIO

	Apresentação à edição brasileira *Claudio de Moura Castro*	xiii
1	A aprendizagem é mal compreendida	1
2	Para aprender, recupere as informações	19
3	A prática espaçada e intercalada	37
4	Enfrente as dificuldades	53
5	Evite a ilusão de que você já sabe	81
6	Vá além dos estilos de aprendizagem	103
7	Aumente suas habilidades	127
8	Fixe o conhecimento	157
	Notas	199
	Leituras sugeridas	219
	Índice	223

1
A APRENDIZAGEM É MAL COMPREENDIDA

No começo de sua carreira como aviador, Matt Brown pilotava um bimotor Cessna a nordeste de Harlingen, no Texas, quando percebeu uma queda na pressão do óleo no motor direito. Ele estava sozinho, voando à noite, a 11 mil pés, fazendo um voo fretado direto para uma indústria em Kentucky, cuja linha de montagem permanecia interrompida, à espera de suprimentos.

Baixou a altitude e ficou de olho no medidor de óleo, torcendo para conseguir voar até a parada de reabastecimento programada, em Louisiana, onde ele poderia fazer a manutenção necessária, mas a pressão continuava a cair. Matt lidava com motores de pistão desde que era grande o suficiente para segurar uma chave inglesa; por isso, sabia que tinha um problema. Mentalmente, foi conferindo uma lista de verificação, analisando suas alternativas. Se deixasse a pressão do óleo cair demais, corria o risco de o motor entrar em pane. Por quanto tempo mais ele conseguiria voar antes de o motor apagar? O que aconteceria então? Ele perderia força no lado direito, mas conseguiria permanecer no ar? Revisou as tolerâncias que ele havia memorizado para o Cessna 401. Carregado e com apenas um motor, o melhor que você poderia fazer era desacelerar a descida. Mas ele transportava uma carga leve, e havia consumido a maior parte de seu combustível. Então, ele desligou o motor direito problemático, embandeirou a hélice para reduzir o arrasto, aumentou a potência no esquerdo, compensou com o leme a tendência do avião de pender para o lado e tropegamente venceu as 10 milhas que faltavam para seu pouso programado. Lá, fez a aproximação para o pouso em uma ampla curva pela esquerda, pelo simples, mas crucial motivo de que, sem propulsão no lado direito, somente com uma curva pela esquerda ele ainda teria a força de ascensão necessária para nivelar antes de aterrissar.

*

Para nós, não é necessário entender cada uma das ações tomadas por Matt, mas *ele* com certeza precisava entendê-las, e sua capacidade de sair de uma enrascada ilustra o que queremos dizer neste livro quando falamos de aprendizagem: adquirir conhecimentos e habilidades, e a capacidade de disponibilizá-los da memória para detectar e enfrentar problemas e oportunidades futuros.

Sobre a aprendizagem, existem alguns aspectos imutáveis com os quais provavelmente todos nós concordamos.

Em primeiro lugar, para ser útil, a aprendizagem requer memória, para que os itens aprendidos ainda estejam lá mais tarde quando precisarmos.

Em segundo lugar, temos de continuar aprendendo e relembrando durante toda a nossa vida. Não conseguimos progredir nos anos finais do ensino fundamental[*] sem ter certo domínio em línguas, matemática, ciências e estudos sociais. Destacar-se no trabalho exige o domínio de habilidades nas tarefas e com colegas difíceis. Na aposentadoria, buscamos novos interesses. Em nossa terceira idade, mudamo-nos para habitações mais simples, e, ao mesmo tempo, ainda somos capazes de nos adaptar. Se você for bom na arte de aprender, terá uma vantagem na vida.

Em terceiro lugar, a aprendizagem é uma habilidade adquirida, e, com frequência, as estratégias mais eficazes são contraintuitivas.

AFIRMAÇÕES QUE FAZEMOS NESTE LIVRO

Talvez você não concorde com o último ponto, mas esperamos persuadi-lo. Aqui, de modo mais ou menos despojado, estão algumas das principais afirmações que fazemos para apoiar nossa argumentação. Vamos esmiuçá-las mais plenamente nos capítulos seguintes.

A aprendizagem é mais profunda e mais duradoura quando requer *esforço*. A aprendizagem fácil é como escrever na areia: perdura hoje e amanhã se esvai.

Somos *incapazes de apreciar corretamente* quando estamos aprendendo bem e quando não estamos. Quando a jornada é mais difícil, mais vagarosa e não parece produtiva, somos atraídos por estratégias que parecem mais

---

[*] N. de T.: A expressão "anos finais do ensino fundamental (EF)" refere-se ao termo original *middle school*, que, nos Estados Unidos, vem após a *elementary school* (anos iniciais do EF) e antes da *high school* (ensino médio).

atraentes e não nos damos conta de que os ganhos com essas estratégias são muitas vezes temporários.

Reler o texto e a *repetição na força bruta* de uma habilidade ou um novo conhecimento são, de longe, as estratégias de estudo preferenciais de alunos de todos os matizes, contudo, contam-se entre as *menos produtivas*. Por força bruta, referimo-nos ao estudo repetitivo, insistente e focalizado em um único tema de algo que você está tentando gravar na memória. É a "prática+prática+prática" da sabedoria popular. Meter a cara nos livros para uma prova é um exemplo. A releitura e a prática intensiva originam sensações de fluência que são encaradas como sinais de domínio, mas, para o verdadeiro domínio ou durabilidade, essas estratégias são primordialmente uma perda de tempo.

A *prática de relembrar informações* – recordar fatos, conceitos ou eventos da memória – é uma estratégia de aprendizagem mais eficaz do que revisar por meio de releitura. Cartões com as lições ou *flashcards*[*] são um exemplo simples. Em contraste, tentar relembrar o anteriormente aprendido fortalece a memória e interrompe o esquecimento. Responder a um questionário simples e único após ler um texto ou ouvir uma palestra produz aprendizagem e memorização melhores do que reler o texto ou revisar as anotações feitas durante a palestra. Se, por um lado, o cérebro não é um músculo que fica mais vigoroso com o exercício, as vias neurais que formam um corpo de aprendizagem realmente se tornam mais vigorosas quando a memória é recuperada e a aprendizagem é praticada. A prática periódica impede o esquecimento, reforça as rotas de recuperação de informações e é essencial para reter o conhecimento que você deseja obter.

Quando você *escalona a prática* em uma tarefa e se sente meio enferrujado entre as sessões, ou intercala a prática de duas ou mais matérias, a recuperação de informações é mais difícil e parece menos produtiva, mas o esforço produz aprendizagem mais duradoura e permite mais versatilidade na aplicação desse aprendizado em circunstâncias posteriores.

Tentar resolver um problema *antes de alguém nos ensinar a solução* conduz a uma melhor aprendizagem, mesmo quando se cometem erros durante a tentativa.

A noção popular de que você aprende melhor ao receber instruções de forma consistente com seu *estilo de aprendizagem* preferido, por exemplo, como aluno auditivo ou visual, *não é sustentada por pesquisas empíricas*. As pessoas têm múltiplas formas de inteligência para dedicar à aprendizagem, e você aprende melhor quando "abre o leque", aplicando todas as suas aptidões

---

[*] N. de R.T.: No ensino norte-americano, há um uso generalizado de *flashcards*, que são cartões em que são escritos pontos importantes do assunto estudado. Os alunos vão manuseando os cartões um a um, tentando gravar na memória sua mensagem.

e recursos, do que ao limitar a instrução ou a experiência ao estilo que você considera mais favorável.

Quando você aprende a extrair *"regras" ou princípios básicos* que diferenciam os tipos de problemas, será mais bem-sucedido para escolher as soluções certas em situações desconhecidas. Essa habilidade é mais bem adquirida por meio de *práticas intercaladas e variadas* do que pela pura repetição. Por exemplo, a prática de intercalar o cálculo dos volumes de diferentes tipos de sólidos geométricos lhe torna mais capacitado para escolher a solução certa quando um teste posterior apresentar aleatoriamente um sólido. Intercalar a identificação de diferentes tipos de pássaros ou a obra de pintores a óleo melhora sua capacidade de aprender os atributos unificadores dentro de cada tipo e de diferenciar entre os tipos, melhorando sua habilidade de categorizar novos espécimes quando encontrá-los mais tarde.

Todos nós somos *suscetíveis a ilusões* que podem confundir nossa apreciação sobre o que sabemos e podemos fazer. Realizar testes nos ajuda a calibrar nossas apreciações sobre o que aprendemos. Um aviador que precisa lidar com um defeito nos sistemas hidráulicos em um simulador de voo descobre rápido se está ou não completamente ciente dos procedimentos corretivos. Em quase todas as áreas de aprendizagem, dominará melhor o assunto quem usa testes como ferramenta para identificar e trazer à tona seus pontos fracos.

Toda nova aprendizagem requer uma *base de conhecimentos prévios*. Você precisa saber como aterrissar um bimotor com os dois motores funcionando antes de aprender a aterrissar com apenas um. Para aprender trigonometria, você precisa se lembrar de seus ensinamentos de álgebra e geometria. Para aprender marcenaria, você precisa antes dominar as propriedades da madeira e dos materiais como o MDF, como unir as tábuas, preparar encaixes, usar uma tupia e fazer encaixes em meia-esquadria.

Em uma tira da série *Far Side*, do cartunista Gary Larson, um rapaz de olhos esbugalhados levanta o braço na sala de aula e pergunta: "Professor Osborne, posso sair da sala de aula? Não cabe mais nada em meu cérebro!". Se você estiver apenas se envolvendo em repetição mecânica, é verdade: logo você atinge o limite do que consegue guardar na mente. Entretanto, se você praticar a *elaboração*, não existem limites conhecidos do quanto você pode aprender. A elaboração é o processo de dar significado a novos conteúdos, expressando-os em suas próprias palavras e conectando-os com o que você já sabe. Quanto mais você conseguir relacionar sua nova aprendizagem com seus conhecimentos prévios, mais forte será o domínio da nova aprendizagem, e mais conexões você cria, as quais, mais tarde, lhe ajudarão a recordar dela. O ar quente pode conter mais umidade do que o ar frio; para saber que isso é verdade em sua própria experiência, basta pensar no gotejamento de água na parte traseira de um condicionador de ar, ou em como um sufocante dia de verão torna-se mais ameno com a proximidade de uma tempestade repentina. A evaporação tem efeito refrigerador: você sabe disso porque um dia úmido na casa do seu tio em Atlanta – localizada em uma região muito úmida – parece mais quente do que um dia seco na casa do seu primo em Phoenix (no meio do deserto), onde seu suor desaparece mesmo antes de você sentir a pele úmida. Ao estudar os princípios da transferência de calor, você entende a condução ao aquecer as mãos em torno de uma xícara de chocolate quente. Também, a radiação pela forma como o calor do sol atravessa a vidraça e esquenta o escritório em um dia de inverno. A convecção pelo sopro reconfortante do ar condicionado.

Colocar os novos conhecimentos em um *contexto mais amplo* ajuda a aprendizagem. Por exemplo, quanto mais você conhece o desenrolar da história, mais consegue aprender sobre ela. E quanto maior for seu leque de estratégias para dar significado àquela história, digamos, conseguindo conectá-la a seu entendimento sobre a ambição humana e as incertezas do destino, melhor você vai guardar a história na cabeça. Da mesma forma, se você estiver tentando aprender uma abstração, como o princípio do momento angular, vai ficar mais fácil se você alicerçar a aprendizagem em algo concreto que você já sabe, como a maneira que uma patinadora acelera o giro ao encolher os braços junto ao peito.

As pessoas que aprendem a *extrair as ideias essenciais dos novos conteúdos e organizá-las em um modelo mental*, conectando esse modelo aos conhecimentos prévios, mostram vantagens na aprendizagem e em entender assuntos mais complexos. Um modelo mental é a representação mental de determinada realidade externa.[1] Pense em um rebatedor de beisebol, esperando um arremesso. Ele tem menos de uma fração de segundo para decifrar se a bola é curva, lenta ou outra coisa. Como ele faz isso? Alguns sinais sutis ajudam: o jeito que o arremessador pega embalo, o jeito que ele faz o arremesso, a rotação das costuras da bola. Um excelente rebatedor isola todas as distrações perceptivas extrínsecas, vendo apenas essas variações nos arremessos, e, com a prática, forma distintos modelos mentais com base em um conjunto diferente de pistas para cada tipo de arremesso. Conecta esses modelos ao que ele sabe sobre a postura de batedura, a zona de *strike* e o *swing* (movimento de rebatida) com o objetivo de acertar a bola em cheio. Conecta isso aos modelos mentais das posições dos jogadores: se ele tiver companheiros na primeira e na segunda bases, talvez ele opte por sacrificar-se para ajudar os outros a avançar para as bases seguintes. Se ele tiver companheiros na primeira e na terceira bases e um eliminado (fora), ele tem de evitar rebater uma queimada dupla e, ao mesmo tempo, ainda rebater para o colega pontuar. Seus modelos mentais sobre as posições dos jogadores se conectam com seus modelos do adversário (eles estão jogando profundo ou raso?) e com os sinais que pululam ao redor, partindo do banco de suplentes, passando pelos técnicos das bases, até chegar nele. Em uma rebatida memorável, todas essas peças se encaixam imperceptivelmente: o rebatedor se conecta com a bola e a lança por uma brecha no campo externo, ganhando o tempo necessário para chegar à primeira base e possibilitar o avanço de seus companheiros de equipe. Um craque em rebatidas descarta tudo, menos os elementos mais importantes, para identificar e responder a cada tipo de arremesso, constrói modelos mentais a partir dessa aprendizagem e conecta esses modelos a seu domínio de outros elementos essenciais desse esporte complexo chamado beisebol. Assim, o grande rebatedor tem mais chances de pontuar do que um menos experiente, que não consiga absorver e processar o vasto e dinâmico conjunto de informações que enfrenta toda vez que chega na posição inicial (*home plate*).

Muita gente acredita que a capacidade intelectual desses jogadores é programada desde o nascimento, e que o fracasso em enfrentar um desafio de aprendizagem é um indicador de sua falta de capacidade natural. Mas cada vez que você aprende alguma coisa nova, *você modifica o cérebro* – o resíduo de suas experiências é armazenado. É verdade que começamos a vida com os dons de nossos genes, mas também é verdade que nos tornamos capazes por meio da aprendizagem e do desenvolvimento de modelos mentais que nos permitam raciocinar, solucionar e criar. Em outras palavras: os elementos que moldam suas habilidades intelectuais estão, em uma escala surpreendente, dentro de seu próprio controle. Entender que isso acontece nos capacita a encarar o fracasso como um emblema de esforço e uma fonte de informação útil – a necessidade de se dedicar com mais afinco ou tentar uma estratégia diferente. É também necessário entender que, quando o aprendizado se revela difícil, você está no rumo certo. Entender que empenhar-se e sofrer reveses, como em qualquer *videogame* ou nova acrobacia com a bicicleta de BMX, são essenciais se você quiser superar seu nível atual de desempenho rumo à verdadeira *expertise*. Cometer erros e corrigi-los constrói as pontes para a aprendizagem avançada.

EVIDÊNCIAS EMPÍRICAS *VERSUS* TEORIAS, CRENÇAS E INTUIÇÕES

Boa parte de como estruturamos a instrução e a escolaridade baseia-se na aprendizagem de teorias que nos foram transmitidas, e essas teorias são moldadas por nossa própria percepção do que funciona, sensibilidade essa obtida de nossas experiências pessoais como professores, instrutores, alunos e meros humanos em geral. O modo como ensinamos e estudamos é primordialmente uma mescla de teorias, crenças e intuições. Porém, de uns 40 anos para cá, os psicólogos cognitivos vêm trabalhando para construir um conjunto de evidências que esclareçam o que funciona e descobrir estratégias que alcancem resultados.

A psicologia cognitiva é a ciência básica dedicada a entender como a mente funciona, conduzindo pesquisas empíricas sobre como as pessoas percebem, lembram-se e pensam. Muitos outros profissionais também procuram montar o quebra-cabeça da aprendizagem. Os psicólogos educacionais e de desenvolvimento estão preocupados com as teorias de desenvolvimento humano e como elas podem ser utilizadas para moldar as ferramentas da educação – tais como sistemas de testes, organizadores instrucionais (p. ex., resumos em tópicos e ilustrações esquemáticas) e recursos para grupos especiais, como aqueles envolvidos na educação de reforço, de alunos problemáticos e de superdotados. Os neurocientistas, aplicando técnicas de imagem inovadoras e outras ferramentas, estão progredindo em nossa compreensão sobre os mecanismos cerebrais que embasam a aprendizagem, mas ainda temos um longo caminho pela frente até saber o que a neurociência vai nos revelar sobre como aprimorar a educação.

Como saber quais conselhos devemos acatar para melhorar o processo de aprendizagem?

É prudente manter uma boa dose de ceticismo. Conselhos são fáceis de encontrar, bastam apenas alguns cliques do *mouse*. Contudo, nem todos os conselhos são fundamentados em pesquisas – longe disso. Nem tudo o que se alardeia como pesquisa satisfaz os padrões metodológicos da ciência, tais como ter os grupos de controle adequados para assegurar que os resultados de uma investigação sejam objetivos e generalizáveis. Os melhores estudos empíricos são de natureza experimental: o pesquisador desenvolve uma hipótese e, em seguida, a testa por meio de um conjunto de experiências que deve atender a rigorosos critérios de planejamento e objetividade. Nos capítulos seguintes, destilamos os achados de um grande corpo desses estudos que passaram pelo crivo analítico da comunidade científica antes de serem publicados em periódicos profissionais. Somos colaboradores em alguns desses estudos, mas não da maioria deles. Onde oferecemos hipóteses em vez de resultados cientificamente validados, nós deixamos isso bem claro. Para explicar nossos pontos de vista, utilizamos, além da ciência empiricamente validada, relatos como os do aviador Matt Brown, cujo trabalho requer o domínio de habilidades e conhecimentos complexos. São narrativas que ilustram os princípios que embasam como aprendemos e lembramos. A discussões técnicas dos estudos e pesquisas é mantido a um mínimo, mas você encontrará vários deles citados nas notas no final do livro, se quiser esmiuçar ainda mais o assunto.

As pessoas não compreendem direito a aprendizagem

Na verdade, a maior parte do que temos feito como professores e alunos não está nos ajudando muito, mas algumas mudanças relativamente simples podem fazer uma grande diferença. Em geral, as pessoas acreditam que, se você se expõe a algo um número suficiente de vezes – digamos, um trecho do livro-texto ou um conjunto de termos de biologia do 8º ano do ensino fundamental –, você consegue gravá-lo na memória. Não é bem assim. Muitos professores acreditam que se conseguirem tornar a aprendizagem mais fácil e mais rápida, a aprendizagem será melhor. Boa parte das pesquisas vira essa crença de cabeça para baixo: quando a aprendizagem é mais difícil, ela é mais forte e perdura por mais tempo. Professores e instrutores acreditam amplamente que a maneira mais eficaz de dominar uma habilidade nova é dar a ela um foco centrado e insistente, praticando-a várias vezes até entendê-la. A nossa fé nessa fórmula é inabalável, porque a maioria de nós percebe ganhos rápidos durante a fase de aprendizagem da prática intensiva. Porém, que fica aparente a partir das pesquisas é que os ganhos obtidos por meio da mera repetição são transitórios e se esvaem rapidamente.

A conclusão de que reler livros didáticos é, com frequência, um trabalho em vão, devia causar um frio na espinha de educadores e educandos, porque essa é a estratégia de estudo número um da maioria das pessoas – incluindo mais de 80% dos estudantes universitários em algumas pesquisas – e é central no que decidimos fazer nas horas que dedicamos a aprender. Reler tem três pontos contra si. Consome tempo. Não resulta em memória duradoura. E, muitas vezes, envolve um tipo de autoengano involuntário, à medida que a crescente familiaridade com o texto dá a impressão de domínio do conteúdo. As horas imersas na releitura podem parecer um esforço necessário, mas a quantidade de tempo de estudo não serve como medida de domínio.[2]

Você não precisa procurar muito longe para encontrar sistemas de treinamento que se apoiam demasiadamente na convicção de que a mera exposição conduz à aprendizagem. Analise o caso de Matt Brown, o aviador. Quando Matt estava pronto para progredir além das aeronaves com motores a pistão, ele teve de dominar um novo conjunto de conhecimentos, a fim de obter a certificação para pilotar o jato comercial para o qual havia sido contratado. Pedimos para ele nos descrever esse processo. O patrão dele o enviou a um treinamento de 18 dias, 10 horas por dia, no método de instrução que Matt denominou de "mangueira de incêndio", pois despeja-se sobre o aluno uma enxurrada de informações.[*] Os primeiros sete dias foram dedicados a aulas teóricas sobre todos os sistemas da aeronave: elétrico, de combustível, pneu-

---

[*] N. de T.: No original, *firehose*. Nos Estados Unidos, a expressão "beber da mangueira de incêndio" significa receber mais informações do que você é capaz de lidar.

mático, e assim por diante – como esses sistemas operavam e interagiam, e todas as suas tolerâncias *failsafe* em termos de pressões, pesos, temperaturas e velocidades. Foi exigido de Matt que ele dominasse cerca de 80 diferentes "itens de ação memorizada" (*memory action items*) – as ações a serem tomadas sem hesitação ou pensamentos, a fim de estabilizar a aeronave no momento em que ocorresse qualquer um entre uma dúzia de acontecimentos inesperados. Poderia ser uma descompressão súbita, um reversor de empuxo sendo desbloqueado em pleno voo, um defeito no motor, um incêndio elétrico.

Matt e seus colegas pilotos assistiram, durante horas a fio, a anestesiantes *slides* de PowerPoint ilustrando os principais sistemas da aeronave deles. Subitamente, aconteceu algo interessante.

> Lá pela metade do dia cinco – contou Matt – eles mostraram na tela um diagrama esquemático do sistema de combustível, com sensores de pressão, válvulas de corte, bombas de ejeção, linhas de desvio, e assim por diante. A qualquer custo, você tenta manter a concentração. Então, o tal instrutor nos indaga: "Alguém aqui já passou por uma situação em que a luz do filtro de combustível se acendeu em pleno voo?". No outro lado da sala, um dos pilotos ergue a mão. Daí o instrutor fala: "Conte para gente o que aconteceu", e de repente você está pensando, puxa vida, e se fosse eu?.
>
> Então, esse cara está a 33 mil pés de altitude ou algo parecido e prestes a perder os dois motores, porque o combustível está sem anticongelante e seus filtros estão quase entupidos com gelo. Você escuta aquela história e, acredite em mim, aquele esquema ganha vida e se fixa em nossa memória. É comum que o combustível dos jatos tenha um pouco de água, e quando a temperatura despenca em altas altitudes, a água condensa e é expelida, podendo congelar e bloquear a linha. Por isso, sempre que você reabastece, não deve se esquecer de conferir um aviso no caminhão de combustível dizendo que o combustível contém Prist, que é um anticongelante. E, se por acaso um dia você ver essa luz se acender em voo, trate de reduzir a altitude até alcançar um ar mais quente, e faça isso bem rápido.[3]

A aprendizagem é mais forte quando é relevante, quando o abstrato se torna concreto e pessoal.

Foi então que a natureza do treinamento de Matt se modificou. Os próximos 11 dias foram investidos em uma mescla de sala de aula com treinamento em simulador de voo. Nesse ponto, Matt descreveu o tipo de envolvimento ativo que conduz à aprendizagem duradoura, à medida que os pilotos tinham de lidar com suas aeronaves para demonstrar o domínio de procedimentos operacionais de rotina, responder a situações inesperadas e treinar o ritmo e a memória física dos movimentos necessários no *cockpit* para lidar com elas. Um simulador de voo fornece a prática de recuperar informações e a prática é espaçada, intercalada e variada, envolvendo, na medida do possível, os mesmos processos mentais que Matt invocará quando ele estiver em um voo real. Em um simulador, o abstrato se torna concreto e pessoal. Um simulador é também uma série de testes, no sentido de que ajuda Matt e seus instrutores a calibrar sua apreciação sobre onde ele precisa se concentrar para aprimorar seu domínio.

*

Em alguns lugares, como no simulador de voo de Matt Brown, professores e instrutores têm descoberto o caminho para técnicas de aprendizagem altamente eficazes; porém, em praticamente qualquer área, essas técnicas tendem a ser a exceção, e palestras do tipo "mangueira de incêndio" (ou equivalente), com muita frequência, são a norma.

Na verdade, os alunos são aconselhados a fazer algo que está, muitas vezes, redondamente errado. Por exemplo, as dicas de estudo publicadas em um *site* da George Mason University incluem este conselho: "A chave para aprender bem é a repetição; quanto mais vezes você repassar o conteúdo, mais chances terá de guardá-lo permanentemente".[4] Outro, de um *site* da Faculdade de Dartmouth, sugere: "Se você tiver a intenção de se lembrar de algo, provavelmente se lembrará".[5] Um anúncio de utilidade pública estampado ocasionalmente no jornal *St. Louis Post-Dispatch* oferecendo conselhos de estudo mostra uma criança com o nariz enterrado em um livro. "Concentre-se", diz a legenda. "Mantenha o foco em uma coisa e apenas em uma coisa. Repita, repita, repita! Repetir o que você precisa se lembrar pode ajudar a gravar isso em sua memória."[6] A crença no poder da releitura, na intencionalidade e na repetição está arraigada, mas a verdade é que, em geral, você não consegue incorporar algo na memória simplesmente repetindo e repetindo aquilo. Essa tática pode funcionar ao encontrar um número de telefone e guardá-lo na cabeça enquanto o digita em seu telefone, mas não funciona para uma aprendizagem de longo prazo.

Um exemplo singelo, reproduzido na internet (busque "*penny memory test*"), apresenta uma dúzia de imagens diferentes de uma moeda comum de um centavo, mas apenas uma delas está correta. Por mais vezes que já tenha visto a moeda de um centavo, você fica na dúvida em dizer com confiança qual delas é a certa. Da mesma forma, um estudo recente solicitou a professores e alunos que trabalhavam no prédio da Psicologia da University of California, Los Angeles (UCLA) que identificassem o extintor de incêndio mais próximo de suas salas. A maioria não passou no teste. Um professor, que lecionava na UCLA há 25 anos, retirou-se da aula sobre segurança e decidiu procurar o extintor mais perto de sua sala. Descobriu que o extintor ficava bem ao lado da porta de sua sala, a pouca distância da maçaneta que ele girava toda vez que entrava na sala. Assim, nesse caso, até mesmo décadas de exposição repetitiva foram insuficientes para que ele aprendesse onde pegar o extintor mais próximo se sua cesta de lixo pegasse fogo.[7]

Primeiras evidências

Pensar que a exposição repetitiva constrói a memória é uma falácia. Isso ficou perfeitamente estabelecido por meio de uma série de pesquisas que remontam a meados da década de 1960, quando o psicólogo Endel Tulving, da University of Toronto, começou a testar a capacidade de as pessoas se lembrarem de listas de substantivos comuns da língua inglesa. Em uma primeira fase do experimento, os participantes simplesmente liam, por seis vezes seguidas, uma lista de itens pareados (p. ex., um par na lista poderia ser "cadeira – 9"); eles não esperavam um teste de memória. O primeiro item em cada par era sempre um substantivo. Após lerem seis vezes os pares listados, os participantes então foram informados de que receberiam uma lista de substantivos, dos quais seriam solicitados a recordar. Para um grupo de pessoas, os substantivos eram os mesmos que haviam acabado de ler seis vezes na fase de leitura prévia; para outro grupo, os substantivos a serem aprendidos eram diferentes dos que haviam lido anteriormente. Surpreendentemente, Tulving constatou que a aprendizagem dos dois grupos de substantivos não diferiu – as curvas de aprendizagem foram estatisticamente indistinguíveis. A intuição sugeriria o contrário, mas a exposição prévia não ajudou a posterior recordação. A mera repetição não melhorou a aprendizagem. Estudos posteriores conduzidos por muitos pesquisadores têm se detido mais em questões de se a exposição repetida ou os longos períodos de retenção de uma ideia na mente contribuem para recordá-las depois, e esses estudos têm confirmado e aprimorado as conclusões de que a repetição, por si só, não conduz a uma boa memória de longo prazo.[8]

Esses resultados instigaram os pesquisadores a investigar os benefícios da releitura de textos. Em um artigo de 2008 da revista *Contemporary Educational Psychology*, cientistas da Washington University relataram uma série de estudos conduzidos em sua própria escola e na University of New Mexico para avaliar a releitura como estratégia para melhorar a interpretação e a memória de textos em prosa. Como na maioria das pesquisas, esses estudos apoiaram-se em trabalhos anteriores conduzidos por outros pesquisadores; alguns mostraram que, quando o mesmo texto é lido várias vezes, as mesmas inferências são feitas e as mesmas conexões entre tópicos são formadas, e outros sugeriram modestos benefícios com a releitura. Esses benefícios foram observados em duas situações distintas. Na primeira, alguns alunos liam e imediatamente reliam o conteúdo de estudo, enquanto outros alunos liam o conteúdo somente uma vez. Os dois grupos realizaram um teste imediato após a leitura, e o grupo que lera duas vezes teve um desempenho um pouco melhor do que o grupo que lera só uma vez. Porém, em um teste postergado, o benefício de releitura imediata se extinguiu, e os releitores tiveram um desempenho de mesmo nível que os leitores de uma vez só. Na outra situação, os alunos leram o conteúdo pela primeira vez e depois esperaram alguns dias para relê-lo. Esse grupo, tendo feito leituras espaçadas do texto, teve um desempenho melhor no teste do que o grupo que não releu o material.[9]

Experimentos posteriores na Washington University, visando esmiuçar algumas das perguntas que os estudos anteriores tinham desencadeado, avaliaram os benefícios da releitura entre alunos de habilidades diferentes, em uma situação de aprendizagem que estabelece um paralelo àquela enfrentada pelos alunos nas aulas. No total, 148 alunos leram cinco trechos diferentes extraídos de livros didáticos e da revista *Scientific American*. Os alunos cursavam duas universidades diferentes; alguns eram leitores de alta proficiência, e outros eram de baixa proficiência; alguns alunos leram o material somente uma vez, e outros o leram duas vezes seguidas. Então todos eles responderam a perguntas para demonstrar o que haviam aprendido e o que recordavam.

Nesses experimentos, as leituras múltiplas em rápida sucessão não se comprovaram um poderoso método de estudo para os dois grupos, em qualquer uma das escolas e em qualquer uma das condições testadas. Na verdade, sob essas condições, os pesquisadores não detectaram benefício algum na releitura.

Qual é a conclusão? Faz sentido reler um texto uma vez se houver um significativo lapso de tempo desde a primeira leitura, mas fazer várias leituras em sucessão rápida é uma estratégia de estudo que consome tempo e rende benefícios irrisórios, se comparada a estratégias bem mais eficazes que exigem menos tempo. No entanto, as pesquisas com alunos universitários confirmam o que os professores há muito sabiam: realçar, sublinhar e a leitura atenta e continuada de anotações e textos são seguramente as estratégias de estudo mais utilizadas.[10]

Ilusão de que você já sabe

Se reler é essencialmente ineficaz, por que os alunos preferem esse método? Um dos motivos pode ser que eles estejam recebendo maus conselhos de estudo. Mas há outra maneira, mais sutil, de estarem sendo direcionados a esse método de revisão: o fenômeno já mencionado, de que a familiaridade crescente com um texto e a fluência em lê-lo podem criar a ilusão de que se domina o assunto. Como qualquer professor atestará, os alunos se esforçam bastante para captar com precisão os enunciados e as terminologias que escutam nas aulas expositivas, trabalhando sob o equívoco de que a essência do assunto reside na sintaxe na qual ele foi descrito. Dominar as palestras ou os textos não é o mesmo que dominar as ideias por trás deles. No entanto, a leitura repetida fornece a ilusão do domínio das ideias básicas. Não se engane. O fato de ser capaz de repetir as frases em um texto ou suas anotações da palestra de modo algum indica que você entende o significado das ideias que eles descrevem, sua aplicação ou como eles se relacionam com o que você já sabe sobre o assunto.

É bastante comum a experiência da professora universitária que ouve uma batida na porta de sua sala e descobre que é um aluno do 1º ano, desesperado, pedindo explicações por sua nota baixa no primeiro teste em Introdução à Psicologia. Como isso foi possível? Ele frequentou todas as aulas e se esforçou para tomar notas em todas elas. Leu o texto e sublinhou os trechos importantes.

A professora indaga como ele estudou para o teste. Bem, ele havia relido e sublinhado as anotações dele, e depois revisado várias vezes as anotações sublinhadas e seu conteúdo sublinhado, até sentir que estava completamente familiarizado com toda a matéria. Como explicar aquele D que havia recebido no teste?

Ele havia usado o conjunto de conceitos-chave na parte final de cada capítulo para testar a si mesmo? Conseguia se deparar com um conceito como "estímulo condicionado", defini-lo e aplicá-lo em um parágrafo? Enquanto lia, havia pensado em converter os principais pontos do texto em uma série de perguntas e mais tarde tentado respondê-las enquanto estudava? Pelo menos reformulou as ideias principais em suas próprias palavras enquanto lia? Tentou relacioná-las com o que já sabia? Procurou exemplos fora do texto? A resposta, em todos os casos, foi "não".

Ele se considera o aluno modelo, dedicado e impecável, mas a verdade é que não sabe estudar de maneira eficaz.

A ilusão de dominar um assunto é um exemplo de metacognição precária: o que sabemos sobre o que sabemos. Ser exato em sua apreciação sobre o que você sabe e não sabe é fundamental para a tomada de decisão. O problema foi resumido de modo famoso (e profético) pelo Ministro das Relações Exteriores Donald Rumsfeld, em uma coletiva de imprensa de 2002, relativa ao sistema de inteligência dos Estados Unidos sobre a possível posse de armas de destruição em massa pelo Iraque:

> Há saberes sabidos; há coisas que sabemos que sabemos. Há não saberes sabidos; ou seja, há coisas que hoje sabemos que não sabemos. Mas também há não saberes não sabidos – *há coisas que não sabemos que não sabemos.*

Aqui a ênfase é nossa. Fizemos isso para realçar o ponto de que os alunos que não se testam (e a maioria não o faz) tendem a superestimar o quão bem eles dominam a matéria ministrada em aula. Por quê? Quando escutam uma palestra ou leem um texto que é um modelo de clareza, a facilidade com que seguem o raciocínio lhes dá a sensação de que já sabem aquilo e não precisam estudá-lo. Em outras palavras, eles tendem a não saber que não sabem; quando postos à prova, descobrem que não conseguem recordar as ideias principais, nem as aplicar em um novo contexto. Da mesma forma, quando já releram as anotações feitas em palestras e os textos ao ponto de alcançar a fluência, essa fluência lhes dá a falsa sensação de que dominam os conteúdos, as implicações e os princípios básicos que constituem a verdadeira aprendizagem, confiantes de que podem recordá-los a qualquer momento. O resultado é que mesmo os alunos mais dedicados são frequentemente atrapalhados por dois estorvos: a inépcia em saber as áreas onde sua aprendizagem é fraca – ou seja, onde precisam estudar mais para aprimorar seus conhecimentos – e uma preferência por métodos de estudo que criam uma falsa sensação de maestria ou domínio.[11]

CONHECIMENTOS: INSUFICIENTES, MAS NECESSÁRIOS

Albert Einstein asseverou que "a criatividade é mais importante do que o conhecimento", e esse sentimento parece ser amplamente compartilhado por alunos universitários, a julgar pelos dizeres em suas camisetas. E por que não deveriam se agarrar a esse sentimento? Ele encarna uma verdade óbvia e profunda, pois, sem a criatividade, de onde viriam nossos avanços revolucionários em questões científicas, sociais ou econômicas? Além disso, acumular conhecimentos pode dar a sensação de rotina, enquanto a criatividade parece bem mais divertida. Mas, é claro, essa dicotomia é falsa. Você não gostaria que seu neurocirurgião ou o capitão que está pilotando seu avião sobre o Pacífico estivesse vestindo aquela camiseta. Mas o sentimento ganhou fôlego como reação a testes padronizados, pelo receio de que esse tipo de teste levasse a uma ênfase na memorização, em detrimento de habilidades de alto nível. Apesar das armadilhas dos testes padronizados, o que realmente deveríamos nos perguntar é como podemos melhorar na construção dos conhecimentos *e* na criatividade, pois, sem conhecimentos, você não tem os alicerces para as habilidades superiores de análise, síntese e solução criativa de problemas. Nas palavras do psicólogo Robert Sternberg e dois colegas: "A pessoa não pode aplicar o que sabe na prática se ela não sabe de nada para aplicar".[12]

O domínio em qualquer campo, da culinária ao xadrez à cirurgia do cérebro, é uma acumulação gradual de conhecimentos, compreensão conceitual, apreciação e habilidade. Esses são os frutos da variedade na prática de novas habilidades, bem como do esforço, da reflexão e do ensaio mental. Memorizar fatos é como abastecer um canteiro de obras com os materiais para erguer a casa. Construir a casa exige não só o conhecimento de inúmeros acessórios e materiais diferentes, mas a compreensão conceitual, também, de aspectos como as propriedades de resistência à carga de uma viga ou de um sistema de tesouras para o telhado, ou os princípios de transferência e conservação de energia que vão manter a casa quente, mas o forro do telhado frio e ventilado, de modo que o dono não reclame seis meses mais tarde com problemas resultantes da formação de uma camada de gelo no telhado. O domínio requer tanto a posse de conhecimentos disponíveis quanto a compreensão conceitual de como aplicá-los.

Quando Matt Brown precisou decidir se deveria ou não desligar o motor direito, ele estava solucionando um problema e precisava saber, a partir da memória, os procedimentos para voar com um motor desligado e as tolerâncias de sua aeronave, a fim de prever se iria despencar ou ser incapaz de nivelar para a aterrissagem. A aspirante a neurocirurgiã em seu primeiro ano de faculdade de medicina precisa memorizar todo o sistema nervoso, todo o sistema ósseo, todo o sistema muscular e o sistema umeral. Se não conseguir, ela não vai ser uma neurocirurgiã. O sucesso dela vai depender da dedicação, é claro, mas também da busca de estratégias de estudo que lhe permitirão aprender o grande volume de conteúdo necessário nas horas limitadas disponíveis.

TESTE: VARETA DE ÓLEO OU FERRAMENTA DE APRENDIZAGEM?

Existem poucas maneiras mais seguras de atiçar uma polêmica entre alunos e educadores do que falar sobre testes. Em particular, nos últimos anos, o foco crescente em avaliações padronizadas transformou os testes em um para-raios para a frustração sobre como atingir as metas de educação do país. Fóruns *on-line* e artigos são bombardeados por leitores que acusam: essa ênfase em testes favorece a memorização em detrimento de uma compreensão mais ampla do contexto ou da capacidade criativa; os testes criam um estresse adicional para os alunos e dão uma falsa medida de domínio dos conteúdos; e assim por diante. Mas se pararmos de pensar no teste como a "vareta de óleo" que mede a aprendizagem – se pensarmos nele como oferecendo a prática de recuperar da memória as informações aprendidas em vez de como mera "avaliação" abrimos nossas mentes para outra possibilidade: *o uso dos testes como ferramenta para a aprendizagem*.

Um dos mais contundentes resultados de pesquisa é o poder da recuperação ativa de informações – ou seja, de fazer testes – para fortalecer a memória. Quanto mais esforço exige a recuperação de informações, mais forte é o benefício. Compare o simulador de voo e a palestra de PowerPoint. Compare um questionário com a releitura. O ato de recuperar da memória as informações aprendidas traz dois benefícios profundos. Primeiro: revela a você o que você sabe e não sabe, e, portanto, onde concentrar os estudos adicionais para melhorar nas áreas em que você é fraco. Segundo: recordar o que você aprendeu estimula o seu cérebro a reconsolidar a memória, o que fortalece as conexões com o que você já sabe e torna mais fácil de recordar esse conhecimento no futuro. Com efeito, recuperar as informações – testar a si próprio – interrompe o esquecimento. Analisemos uma aula de ciências no 8º ano do ensino fundamental. Para a aula em questão, em uma escola dos anos finais do ensino fundamental em Columbia, Illinois, os pesquisadores se organizaram para que parte do conteúdo abrangido durante o curso fosse o tema de testes de poucas consequências para os alunos (com *feedback*) em três momentos ao longo do semestre. Outra parte do conteúdo nunca foi testada por meio de provas, mas foi estudada em três revisões sucessivas. Em um teste realizado um mês depois, qual conteúdo foi mais bem relembrado? Em média, os alunos pontuaram A no conteúdo incluído nos testes e C+ no conteúdo revisado, mas não incluído neles.[13]

No caso de Matt Brown, mesmo após 10 anos pilotando o mesmo jato comercial, a cada seis meses, o empregador dele reforça o conhecimento dos pilotos por meio de uma bateria de testes e simulações de voo que exigem recuperar as informações e as manobras que são essenciais para manter o controle de sua aeronave. Como Matt salienta, você raramente se depara com uma emergência; por isso, se não pratica o que é necessário fazer, não há como reforçar a memória.

Esses dois casos – a pesquisa em sala de aula e a experiência de Matt Brown em atualizar o seu conhecimento – salientam o papel crucial da prática de recuperar informações para manter nossos conhecimentos acessíveis a nós para quando precisarmos deles. O poder de recuperar informações de modo ativo é o tema do Capítulo 2.[14]

A LIÇÃO

Primordialmente, lidamos com a aprendizagem de maneira errada, e estamos dando maus conselhos àqueles que nos seguem. Boa parte daquilo que achamos que sabemos sobre como aprender é aceito com base em crenças e intuições, mas não se sustenta sob pesquisas empíricas. A persistente ilusão de que já sabemos de algo nos leva a trabalhar com estratégias improdutivas – conforme relatado no Capítulo 3, isso acontece até mesmo com pessoas que participaram de estudos empíricos e viram as evidências com os próprios olhos, em primeira mão. As ilusões têm um grande poder de persuasão. Um dos melhores hábitos que um aluno pode incutir em si mesmo é realizar frequentemente autotestes com provas para recalibrar sua compreensão sobre o que ele sabe e não sabe.

A segundo-tenente Kiley Hunkler, formada em 2013 na Academia Militar dos Estados Unidos, de West Point, e ganhadora da prestigiosa bolsa de estudos Rhodes, cuja trajetória narramos no Capítulo 8, usa a expressão "estabelecer um azimute" para descrever como ela realiza testes práticos para ajudá-la a refocalizar seus estudos. Na navegação terrestre, extrair um azimute significa subir em uma colina, avistar um objeto no horizonte na direção que você está viajando e ajustar sua bússola para garantir que você continuará se aproximando de seu objetivo enquanto se esgueira no meio da floresta.

A boa notícia é que hoje conhecemos estratégias simples e práticas que qualquer pessoa pode usar, em qualquer momento da vida, para aprender melhor e lembrar-se por mais tempo: várias formas de práticas de recuperar informações, tais como testes consequências nas notas e autotestes; prática espaçada ou distribuída; intercalação de práticas de tópicos ou habilidades diferentes, mas relacionadas; tentativas de resolução de um problema antes de alguém lhe ensinar a solução; destilação das regras ou princípios básicos que diferenciam os tipos de problemas, e assim por diante. Nos capítulos seguintes, vamos descrevê-las em profundidade. E, como a aprendizagem é um processo repetitivo, que exige revisitar o que você já aprendeu antes e continuamente atualizar essas informações, conectando-as com novos conhecimentos, voltamos a abordar esses tópicos várias vezes ao longo do caminho. No final, no Capítulo 8, condensamos tudo isso, com dicas e exemplos específicos de como colocar em prática essas ferramentas.

2

PARA APRENDER, RECUPERE AS INFORMAÇÕES

Uma tarde, no final de 2011, Mike Ebersold foi chamado à sala de emergência de um hospital para examinar um caçador de cervos de Wisconsin que havia sido encontrado inconsciente em uma lavoura de milho. O caçador tinha sangue na parte de trás da cabeça, e os homens que o haviam encontrado e trazido presumiam que talvez ele tivesse tropeçado e batido o crânio em algo.

Ebersold é neurocirurgião. A lesão apresentava uma protrusão cerebral, e ele a identificou como resultante de ferimento à bala. O caçador recuperou a consciência na sala de emergência, mas, quando indagado como havia se ferido, ele não tinha nem ideia.

Mais tarde, ao recontar o incidente, Ebersold disse:

> Alguém de certa distância deve ter disparado o que aparentava ser uma espingarda de calibre 12, a bala fez uma parábola sabe-se lá a que distância, atingiu esse sujeito na nuca, fraturou o crânio dele e se alojou a 2,5 cm no interior do cérebro. O projetil já devia ter perdido a força, senão teria penetrado mais fundo.[1]

Ebersold é alto, esguio e tem como antepassados a família Wapasha, chefes da tribo Dakota, e a família Rocque, comerciantes franceses que povoaram essa região do vale do rio Mississippi em que os irmãos Mayo mais tarde fundariam sua famosa clínica. O treinamento formal de Ebersold abrangia quatro anos de graduação, quatro anos de escola de medicina e sete anos de treinamento em neurocirurgia – construindo uma base de habilidades e conhecimentos que foi ampliada e aprofundada por meio de cursos de atualização com seus colegas e o exercício profissional na Clínica Mayo e em outros lugares. Ele se apresenta com a modéstia típica do centro-oeste, contrastando com uma carreira que inclui uma extensa lista de pacientes famosos que têm procurado seus préstimos. Quando o presidente Ronald Reagan caiu do cavalo e precisou tratar das lesões decorrentes da queda, Ebersold acompanhou a cirurgia e os cuidados pós-operatórios. Quando o xeique Zayed bin Sultan Al Nahyan, presidente dos Emirados Árabes Unidos, precisou de uma delicada intervenção na coluna vertebral, o xeique e aparentemente metade das forças de segurança e da cúpula daquele país se instalaram em Rochester, enquanto Mike Ebersold fazia o trabalho e supervisionava a recuperação de Zayed. Após uma longa carreira na Clínica Mayo, Mike voltou para ajudar na clínica em Wisconsin, mostrando gratidão pelos primórdios de sua formação médica. O caçador cujo azar o colocou na trajetória de um projétil perdido calibre 12 provavelmente nem se deu conta da sorte que teve pelo fato de Mike estar em prontidão naquele dia.

O projétil havia entrado em uma área do crânio embaixo da qual existe um grande canal venoso, feito de tecidos moles e que drena a cavidade do cérebro. Com sua experiência, ao examinar o caçador, Ebersold percebeu que, no momento de abrir a ferida, havia grande probabilidade de constatar que a veia estava dilacerada. Ele descreveu a situação assim:

> Você diz a si mesmo: "Este paciente vai precisar de cirurgia. Há tecido cerebral saindo da ferida. Temos que limpar o local e fazer o reparo da melhor maneira possível, mas, ao fazê-lo, podemos danificar aquela veia grande e isso pode ser muito, muito grave".
>
> Então você repassa a lista de verificação. E diz: "Talvez eu precise de uma transfusão de sangue para este paciente", então providencia um pouco de sangue. Revisa os passos A, B, C e D. Prepara a sala de cirurgia, avisando a equipe de antemão sobre o que podem encontrar. Tudo isso é uma espécie de protocolo, muito parecido com um policial se preparando para mandar um carro parar para examinar os documentos do condutor:* você sabe o que reza a cartilha, já está familiarizado com todas essas etapas.
>
> Em seguida, ao entrar na sala de cirurgia, você continua no "modo" em que há tempo para pensar nos detalhes. Você diz: "Puxa vida, não quero apenas chegar e arrancar o projétil. Afinal, há o risco de um sangramento importante. Em vez disso, vou tentar trabalhar em torno das bordas e liberar o local, sempre atento ao que possa dar errado. Só então eu vou extirpar o projétil".

---

* N. de R.T.: Nos Estados Unidos, este é um momento de grande perigo, pois se for um criminoso, pode atacar o policial, para escapar da prisão.

Descobriu-se que o projétil e o osso estavam alojados na veia, atuando como plugues, outro lance de sorte para o caçador. Se o ferimento não tivesse sido estancado no campo, a vítima não teria sobrevivido por mais de dois ou três minutos. Quando Ebersold removeu a bala, os pedaços de osso fraturado se soltaram e o sangue jorrou pela veia.

> Em cinco minutos, você já perdeu duas ou mais unidades de sangue e agora meio que desativa o modo em que está analisando o problema e estudando as alternativas. Agora você age por reflexo, mecanicamente. Sabe que o ferimento vai sangrar muito, mas muito mesmo, então você dispõe de um tempo brevíssimo. Você está pensando apenas: "Tenho que fazer uma sutura em torno desta estrutura, e sei, por experiência prévia, que tenho de fazê-la desta forma particular".

A veia em questão, que tem aproximadamente o tamanho do mindinho de uma pessoa adulta, estava seccionada em vários locais ao longo de uma distância de 4 cm. Ela precisava ser amarrada acima e abaixo da ruptura, mas é uma estrutura plana que ele conhece bem: você simplesmente não consegue fazer um ponto ao redor dela, pois, quando você aperta, o tecido se rasga e a ligadura vaza. Trabalhando urgente e mecanicamente, Mike recorreu a uma técnica que ele havia desenvolvido por necessidade em cirurgias anteriores envolvendo essa veia. Cortou dois pedacinhos de músculo, de onde a pele do paciente tinha sido aberta na cirurgia, importou-os ao local e costurou neles as extremidades da veia estraçalhada. Esses plugues de músculo serviram para tapar a veia sem alterar sua forma natural nem rasgar o tecido. É uma solução que Mike aprendeu sozinho – solução que, segundo ele, você não vai encontrar escrita em lugar nenhum, mas que é útil no momento, para dizer o mínimo. Nos sessenta e poucos segundos que ele levou para fazer o procedimento, o paciente perdeu outros duzentos centímetros cúbicos de sangue, mas tão logo os plugues foram colocados, o sangramento estancou. "Algumas pessoas não conseguem sobreviver ao fechamento dessa veia sinusal. Elas têm a pressão cerebral aumentada, pois o sangue não drena adequadamente. Mas esse paciente foi um dos afortunados que conseguiram." O caçador saiu do hospital uma semana mais tarde. Ficou com a visão periférica um pouco prejudicada, mas, afora isso, saiu extraordinariamente incólume de um encontro súbito com a morte.

A REFLEXÃO É UMA FORMA DE PRÁTICA

Que inferências podemos extrair dessa história sobre como aprendemos e lembramos? Em neurocirurgia (e, sem dúvida, em todos os aspectos da vida desde que você deixa o útero), há um tipo essencial de aprendizagem que vem da reflexão sobre a experiência pessoal. Ebersold a descreveu assim:

> Muitas vezes aparecia algo na cirurgia que me colocava em dificuldades, e então eu ia para casa aquela noite pensando no que havia acontecido e no que eu poderia fazer, por exemplo, para melhorar a forma de realizar a sutura. Como vou conseguir pegar um pedaço maior ou menor de tecido com minha agulha? Ou: será que os pontos devem ficar mais perto uns dos outros? E se eu modificasse o método assim ou assado? Depois, no dia seguinte, eu experimentava aquilo e observava se funcionava melhor. Ou, mesmo se não fosse no dia seguinte, ao menos eu pensava no assunto, e, ao fazer isso, não apenas revisitava o que aprendera em palestras ou observando os outros realizando cirurgias, mas também complementava isso acrescentando algo meu próprio, que eu não havia aprendido durante o processo de ensino.

A reflexão pode envolver várias atividades cognitivas que conduzem a uma aprendizagem mais forte: recuperar da memória o conhecimento e o prévio treinamento, conectando-os a novas experiências, visualizando e mentalmente ensaiando o que poderia ser feito diferente na próxima vez.

Foi esse tipo de reflexão que originalmente levou Ebersold a tentar uma nova técnica para restaurar a veia sinusal na parte de trás da cabeça, técnica que ele praticou em sua mente e na sala de cirurgia até se tornar uma espécie de manobra reflexiva na qual você pode confiar quando o sangue de seu paciente está jorrando na base de duzentos centímetros cúbicos por minuto.

Para garantir que o novo aprendizado esteja disponível quando for necessário, Ebersold assinala: "você memoriza a lista de coisas com as quais precisa se preocupar em certa situação: as etapas A, B, C e D" e se concentra nelas. Então chega um momento em que você se vê em uma situação crítica e deixa de ser uma questão de raciocinar a sequência de passos, é uma questão de tomar reflexivamente a ação correta. "A menos que você continue a recordar dessa manobra, ela não vai se tornar um reflexo. Como um piloto de automobilismo em uma situação perigosa ou um atacante no futebol americano se esquivando de um bloqueio, você tem que agir de modo instintivo antes mesmo de ter tempo para pensar. Recordar repetidamente, praticar repetidamente. Isso é importante mesmo."

O EFEITO DO TESTE

Uma criança amarrando ramos de mirtilos em um cordão vai pendurá-los em uma na árvore, mas descobre que os frutos vão escorregar outro lado. Sem um nó, não há como fazer uma fieira. Sem o nó, não há colar, não há bolsa enfeitada com contas, não há magníficas tapeçarias. A recuperação de informações ata o nó para a memória. A repetida recuperação de informações faz a amarração e acrescenta uma alça para acelerar o processo.

Desde o remoto ano de 1885, os psicólogos têm feito diagramas com "curvas de esquecimento" que ilustram apenas o quão rápido nossos mirtilos escorregam do cordão. Em um tempo brevíssimo, perdemos algo em torno de 70% de tudo o que lemos ou ouvimos falar. Depois disso, o esquecimento começa a desacelerar, e os últimos 30%, aproximadamente, esvanecem mais devagar, mas a lição é clara: um desafio essencial para melhorar a maneira como aprendemos é encontrar uma forma de interromper o processo de esquecimento.[2]

O poder da recuperação de informações como ferramenta de aprendizagem é conhecido entre os psicólogos como o efeito do teste.* Em sua forma mais comum, os testes são usados para medir a aprendizagem e atribuir notas na escola, mas sabemos há muito tempo que o ato de recuperar da memória os conhecimentos tem o efeito de tornar mais fácil lembrar-se desses conhecimentos novamente no futuro. Em seu ensaio sobre a memória, Aristóteles escreveu: "O exercício de repetidamente recordar de algo fortalece a memória". Francis Bacon escreveu sobre esse fenômeno, assim como o psicólogo William James. Hoje, sabemos com base em pesquisas empíricas que praticar a recuperação de informações permite a aprendizagem se fixar bem melhor do que a reexposição ao material original. Esse é o efeito do teste, também conhecido como o efeito da prática de recuperar informações.[3]

Para ser mais eficaz, a recuperação de informações deve ser repetida várias vezes, em sessões espaçadas, de modo que o ato de se lembrar de alguma coisa, em vez de se tornar uma recitação mecânica, exija certo esforço cognitivo. A recordação repetida parece ajudar a lembrança a se consolidar em uma representação coesa no cérebro; também parece fortalecer e multiplicar as rotas neurais pelas quais os conhecimentos podem ser recuperados posteriormente. Nas últimas décadas, os estudos têm confirmado o que Mike Ebersold e todo e qualquer piloto de jato, *quarterback*** experiente e adolescente craque em enviar mensagens de texto sabe por experiência própria – que a recuperação de informações pode incorporar os conhecimentos e as habilidades a ponto de torná-las como um reflexo: o cérebro age antes que a mente tenha tempo de pensar.

Contudo, apesar de tudo que as pesquisas e as experiências pessoais nos revelam sobre o poder do teste como ferramenta de aprendizagem, professores e alunos em contextos educativos tradicionais raramente o utilizam. Assim, a técnica continua pouco compreendida ou utilizada por professores ou alunos como ferramenta de aprendizagem em contextos educativos tradicionais.

---

* N. de T.: *Testing effect*, também traduzido como "efeito de testagem".
** N. de R.T.: Atacante em futebol americano.

Em 2010, o jornal *The New York Times* publicou um estudo científico revelador. Alunos que liam um texto e, em seguida, faziam um teste que pedia para recordar o que tinham lido, retinham surpreendentes 50% a mais das informações uma semana depois do que os alunos que não tinham sido testados. Isso parece uma boa notícia, mas eis como ela foi recebida em muitos comentários *on-line*:

> Novamente, outro autor confunde aprendizagem com recordar informações.

> Pessoalmente, eu gostaria de evitar os testes ao máximo, em especial, com a minha nota na berlinda. Tentar aprender em um ambiente repleto de estresse não é um modo de ajudar a reter informações.

> Ninguém deve se importar se a memorização é reforçada pela prática dos testes ou não. Nossos filhos nem conseguem *fazer* muita coisa mesmo.[4]

Esqueça a memorização, argumentaram muitos; a educação tem a ver com habilidades de ordem superior. Humm... Se a memorização é irrelevante para a resolução de problemas complexos, não conte isso a seu neurocirurgião. A frustração que muitas pessoas sentem em relação aos testes padronizados, como o ENEM ou o ENADE, no Brasil, aplicados com o único propósito de medir a aprendizagem, é compreensível, mas nos impede de reconhecer uma das mais poderosas ferramentas de aprendizagem disponíveis para nós. Estabelecer uma contraposição entre a aprendizagem de conhecimentos básicos diante do desenvolvimento de pensamento criativo é um equívoco. Os dois precisam ser cultivados. Quanto mais sólido for o conhecimento de alguém sobre o assunto em questão, mais requintada poderá ser a sua criatividade ao abordar um novo problema. Exatamente da forma como os conhecimentos de nada servem sem o exercício da engenhosidade e da imaginação, a criatividade na ausência de uma robusta base de conhecimento constrói um castelo de cartas.

ESTUDANDO O EFEITO DO TESTE NO LABORATÓRIO

O efeito de um teste tem um *pedigree* sólido nas pesquisas empíricas. A primeira investigação em grande escala foi publicada em 1917. Crianças do 3º, 5º, 6º e 8º anos estudaram breves biografias do *Quem é quem na América*. Algumas delas foram orientadas a passar diferentes períodos de tempo de estudo erguendo o olhar e recitando o conteúdo baixinho, de si para si. Aquelas que não fizeram isso simplesmente continuaram a reler o material. No final do período, todas as crianças foram convidadas a escrever o que conseguiam se lembrar. O teste de recordação foi repetido três a quatro horas mais tarde. Todos os grupos que se envolveram na recitação mostraram melhor retenção em comparação aos que não recitaram, mas tinham apenas continuado a revisar o material. Os melhores resultados foram daqueles que dedicaram cerca de 60% do tempo de estudo para a recitação.

Um segundo estudo histórico, publicado em 1939, testou mais de três mil alunos do 6º ano em Iowa. As crianças estudaram artigos de 600 palavras e então fizeram testes em vários momentos, antes de um teste final, dois meses mais tarde. O experimento mostrou dois resultados interessantes: quanto mais tempo o primeiro teste foi adiado, maior o esquecimento. Em segundo lugar, assim que o aluno fazia o teste, o esquecimento quase cessava, e a pontuação do aluno em testes seguintes baixava muito pouco.[5]

Por volta de 1940, o interesse voltou-se ao estudo do esquecimento, desviando o foco da investigação do potencial do teste como forma de praticar a recuperação de informações e como ferramenta de aprendizagem. O mesmo aconteceu com o uso dos testes como ferramenta de pesquisa: já que o teste interrompe o esquecimento, você não pode usá-lo para medir o esquecimento, pois isso "contamina" a pesquisa.

O interesse no efeito do teste ressurgiu em 1967, com a publicação de um estudo mostrando que os participantes de uma pesquisa que eram apresentados a uma lista de 36 palavras mostraram o mesmo aprendizado a partir de testes repetidos após a exposição inicial às palavras do que a partir de estudos repetidos. Esses resultados (de que fazer os testes conduzia à mesma quantidade de aprendizagem do que estudar) desafiaram as crenças de então, despertaram a atenção dos investigadores para o potencial do teste como ferramenta de aprendizagem e estimularam uma onda de pesquisa sobre os testes.

Em 1978, pesquisadores descobriram que o estudo intensivo ("meter a cara nos livros") leva à maior pontuação em um teste imediato, mas resulta em esquecimento mais rápido em comparação à prática de recuperar informações. Em um segundo teste, dois dias após o teste inicial, os praticantes do estudo intensivo tinham se esquecido de 50% daquilo que haviam sido capazes de se lembrar no teste inicial, enquanto aqueles que tinham passado o mesmo tempo na prática de recuperar informações em vez de estudar se esqueceram de apenas 13% das informações inicialmente recordadas.

Um estudo posterior buscou compreender qual efeito a realização de testes múltiplos teria na retenção de longo prazo dos participantes. Os alunos ouviram uma história que denominava 60 objetos concretos. Aqueles alunos que foram testados logo após a exposição recordaram de 53% dos objetos nesse teste inicial, mas apenas 39% uma semana mais tarde. Por outro lado, um grupo de alunos que aprendeu o mesmo material, mas só foi testado uma semana depois, recordou 28%. Assim, fazer um único teste impulsionou o desempenho em 11% após uma semana. Mas qual seria o efeito de três testes imediatos em comparação com um só? Outro grupo de alunos foi testado três vezes após a exposição inicial. Uma semana depois, eles foram capazes de recordar 53% dos objetos – o mesmo valor obtido no teste inicial para o grupo que recebeu um teste. Com efeito, o grupo que recebeu três testes tinha sido "vacinado" contra o esquecimento, comparado ao grupo de apenas um teste, e o grupo de apenas um teste lembrou-se mais do que aqueles que não receberam teste algum imediatamente após a exposição. Assim, e de acordo com pesquisas posteriores, múltiplas sessões da prática de recuperar informações são geralmente melhores do que uma, em especial se as sessões de teste forem espaçadas no tempo.[6]

Em outro estudo, pesquisadores mostraram que simplesmente pedir ao participante que preenchesse as letras que faltavam de uma palavra resultava em melhor lembrança da palavra. Considere uma lista de pares de palavras. Para um par como *pé-sapato*, aqueles que estudaram o par intacto tiveram baixa recordação posterior em comparação àqueles que estudaram o par com base em uma pista tão óbvia quanto *pé-s_ _ _ _o*. Essa experiência foi uma demonstração do que os pesquisadores chamam de "efeito de geração". O modesto esforço necessário para gerar a resposta com pistas enquanto estudava os pares fortaleceu a memória da palavra alvo testada mais tarde (sapato). Curiosamente, esse estudo constatou que a capacidade de recordar o par de palavras em testes posteriores era maior se a prática de recuperar informações fosse retardada por 20 pares de palavras intermediários do que se viesse logo após o estudo do par.[7] Por que isso acontecia? Um argumento sugeriu que o maior esforço exigido pela recordação postergada solidificou melhor a memória. Os pesquisadores começaram a se perguntar se o cronograma na aplicação de testes importava.

A resposta é sim. Quando a prática de recuperar é espaçada ou escalonada no tempo, permitindo que um certo esquecimento ocorra entre os testes, ela conduz à retenção de longo prazo mais forte do que quando é intensiva.

Os pesquisadores começaram a buscar oportunidades de levar suas indagações para fora do laboratório e inseri-las em sala de aula, usando os tipos de conteúdo que os alunos são obrigados a aprender na escola.

ESTUDANDO O EFEITO DO TESTE "NO MEIO NATURAL"

Em 2005, com nossos colegas, fizemos uma proposta a Roger Chamberlain, o diretor de uma escola dos anos finais do ensino fundamental nas proximidades de Columbia. Os efeitos positivos da prática de recuperar informações tinham sido demonstrados muitas vezes em contextos de laboratório controlados, mas raramente no contexto de uma sala de aula comum. Será que o diretor, os professores, as crianças e os pais da Columbia Middle School gostariam de participar de um estudo para ver como funcionava o efeito da realização dos testes "no meio natural"?

Chamberlain mostrou certa preocupação. Se a pesquisa tivesse a ver apenas com memorização, ele não estava muito interessado. Nas palavras dele, seu objetivo era alçar os alunos da escola a formas superiores de aprendizagem – análise, síntese e aplicação. E ele estava preocupado com seus professores, um corpo docente vibrante, aplicando currículos e variados métodos instrutivos que ele relutava em interromper. Por outro lado, os resultados da pesquisa poderiam ser instrutivos, e a participação traria estímulos na forma de lousas interativas e "respondedores" – sistemas de resposta automatizados – para as salas de aula dos professores participantes. Dinheiro para novas tecnologias é algo cronicamente escasso.

Uma professora de estudos sociais do 6º ano, Patrice Bain, ficou ansiosa para experimentar. Para os pesquisadores, a chance de trabalhar em sala de aula era animadora e os termos da escola foram aceitos: o estudo seria minimamente invasivo e se adaptaria aos currículos, planos de aula, formatos de teste e métodos de ensino existentes. Os mesmos livros didáticos seriam usados. A única diferença na sala de aula seria a introdução de ocasionais e breves questionários. O estudo seria realizado durante três semestres (um ano e meio), ao longo de vários capítulos do livro de estudos sociais, abordando tópicos como o antigo Egito, a Mesopotâmia, a Índia e a China. O projeto foi iniciado em 2006. Ficou comprovado que a decisão fora acertada.

Para as seis turmas de estudos sociais, uma assistente de pesquisa, Pooja Agarwal, projetou uma série de provas (*quizzes*) que testariam os alunos em aproximadamente um terço do conteúdo abordado pela professora. Seriam testes "sem consequências", ou seja, a pontuação neles não valia para a nota. A professora saía da sala antes de cada teste, a fim de desconhecer qual conteúdo estava sendo testado. Um teste era fornecido no início da aula, sobre o conteúdo de leitura designado que ainda não havia sido discutido em aula. Um segundo era aplicado no final da aula, após a professora ter abordado o conteúdo na aula do dia. E um teste de revisão era aplicado 24 horas antes de cada prova da disciplina.

Havia a preocupação de que, caso os alunos na prova final obtivessem melhor desempenho no conteúdo que havia sido tema dos questionários em comparação ao conteúdo não incluído nos questionários, seria possível argumentar que o simples ato de reexposição ao conteúdo nos questionários era responsável pela aprendizagem superior, e não a prática de recuperar informações. Para compensar essa vantagem, o conteúdo não incluído nos questionários era entremeado com o conteúdo incluído nos questionários, na forma de simples declarações de revisão, como "O rio Nilo tem dois afluentes principais: o Nilo Branco e o Nilo Azul", sem a necessidade de qualquer prática de recuperar informações. Os fatos se tornaram alvos de questionários para algumas turmas, mas apenas reestudados por outras.

Os questionários exigem apenas alguns minutos de tempo de sala de aula. Após a professora sair da sala, Agarwal projetava uma série de *slides* no quadro na frente da sala e lia-os para os alunos. Cada *slide* apresentava ou uma questão de múltipla escolha ou uma afirmação. Quando o *slide* continha uma pergunta, os estudantes utilizavam *clickers* (aparelhos portáteis, parecidos com um telefone celular) para indicar sua escolha de resposta: A, B, C ou D. Quando todos tinham respondido, a resposta correta era revelada, de modo a fornecer *feedback* e corrigir erros. (Embora os professores não estivessem presentes durante esses testes, sob circunstâncias normais, com os professores administrando, eles logo perceberiam em que medida os alunos acompanhavam o conteúdo estudado e usariam os resultados para orientar novos debates ou estudos.)

As provas da unidade foram os testes normais, de lápis e papel, aplicados pelos professores. Provas também foram aplicadas no final do semestre e no final do ano. Os alunos tinham sido expostos a todos os conteúdos testados nessas provas, por meio das lições normais do professor em sala de aula, temas de casa, planilhas, e assim por diante, mas também tinham respondido a três testes sobre um terço do conteúdo, e tinham visto outro terço apresentado para estudo extra, em três ocasiões. O restante do material não foi incluído nos testes nem nas revisões extras em sala de aula, além da aula inicial e de outras leituras que o aluno porventura tivesse feito.

Os resultados foram convincentes: as crianças tiveram notas mais altas no conteúdo incluído nos testes em comparação ao conteúdo não incluído. Além disso, os resultados dos testes para o conteúdo que havia sido revisado na forma de afirmações, mas não incluído neles, não foram melhores do que aqueles do conteúdo não revisado. Mais uma vez, demonstrou-se que a mera releitura não ajuda muito.

Em 2007, a pesquisa foi ampliada para as turmas de ciências do 8º ano, abrangendo genética, evolução e anatomia. O regime foi o mesmo e os resultados igualmente impressionantes. Ao fim de três semestres, os alunos do 8ª ano em média pontuaram 79% (nota C+) no material de ciências não incluído nos testes, comparados com 92% (nota A-) no material incluído nos testes.

O efeito do teste persistiu por oito meses mais tarde, nas provas de fim de ano, confirmando o que muitos estudos de laboratório haviam mostrado sobre os benefícios de longo prazo da prática de recuperar informações. Sem dúvida, o efeito teria sido maior se a prática de recuperar informações tivesse continuado e ocorrido uma vez por mês, digamos, nos meses seguintes.[8]

A lição tirada a partir desses estudos foi significativa para muitos membros do quadro docente da Columbia Middle School. Muito tempo após concluir sua participação nos estudos de pesquisa, até hoje as aulas de estudos sociais de Patrice Bain para o 6º ano continuam a seguir uma programação de testes antes das aulas, testes após as aulas e depois um teste de avaliação antes da prova final sobre o capítulo. Jon Wehrenberg, professor de história do 8º ano que não fez parte da pesquisa, inseriu a prática de recuperar informações em sua sala de aula de muitas formas diferentes, incluindo testes. Além disso, ele fornece ferramentas *on-line* extras em seu *site* na *web*, como *flashcards* e jogos. Após ler trechos sobre a história da escravidão, por exemplo, seus alunos são convidados a escrever 10 fatos sobre a escravidão acerca dos quais eles não tinham conhecimento antes de ler os trechos. Ou seja, não são necessárias engenhocas eletrônicas para a prática de recuperar informações.

Alunos do 6º e 7º anos que precisavam melhorar suas habilidades de leitura e compreensão sentaram-se em um período das aulas de inglês da professora Michelle Spivey com seus livros de leitura abertos em uma história divertida. Cada aluno era convidado a ler um parágrafo em voz alta. Quando um aluno ou uma aluna vacilava, a professora Spivey o incentivava a tentar de novo. Quando a leitura era correta, ela desafiava a turma a explicar o significado do trecho e a imaginar o que poderia estar acontecendo nas mentes dos personagens. Tratava-se de recuperar informações e elaborar; novamente, sem necessidade de nenhuma parafernália tecnológica.

Os questionários na Columbia Middle School são eventos que não causam estresse. Após concluir os estudos da pesquisa, os alunos foram convidados a expor seus pontos de vista sobre isso. Sessenta e quatro por cento dos alunos afirmaram que responder aos testes reduziu sua ansiedade em relação às provas da unidade, e 89% tiveram a sensação de que a aprendizagem aumentou. As crianças expressaram decepção nos dias em que os *clickers* não foram utilizados, pois a atividade interrompia a exposição do professor e era agradável.

O que o estudo indicava? O diretor Chamberlain, ao ser perguntado sobre o que achava dos resultados, respondeu apenas:

> A prática de recuperar informações tem um impacto significativo na aprendizagem das crianças. Isso nos diz que ela é valiosa, e que os professores, com boas razões, podem incorporá-la em sua prática de sala de aula.[9]

*

Será que efeitos similares são encontrados em alunos mais velhos?

Andrew Sobel leciona economia política internacional na Washington University, em St. Louis, curso expositivo frequentado por 160-170 alunos, principalmente no primeiro e no segundo anos da faculdade. Ao longo de vários anos, ele notou um problema crescente com a assiduidade. Lá pela metade do semestre, em uma aula normal, 25-35% dos alunos da turma estavam ausentes, em comparação com o começo do semestre, quando talvez 10% estariam ausentes. O problema não era uma exclusividade de suas turmas, afirma ele. Muitos professores fornecem aos alunos as apresentações em PowerPoint, de modo que os alunos simplesmente param de comparecer às aulas. Sobel tentou combater isso retendo seus *slides*, mas, no final do semestre, muitos alunos deixaram de comparecer de qualquer forma. O programa do curso incluía dois testes principais, um no meio do semestre e o outro no final. No intuito de descobrir um modo de alavancar a assiduidade, Sobel substituiu as provas finais por nove testes surpresa. Como os testes seriam determinantes para a nota do curso e aconteceriam sem aviso prévio, os alunos passaram a considerar prudente comparecer às aulas.

Os resultados foram angustiantes. Ao longo do semestre, um terço ou mais dos alunos debandou. "Eu fui realmente massacrado no *feedback* dos alunos", contou Sobel. "Os jovens odiaram. Se eles não iam bem em um teste, abandonavam o curso em vez de esperar uma nota ruim. Daqueles que perseveraram, notei uma bifurcação entre aqueles que realmente apareciam e se esforçavam, e aqueles que não se dedicavam. Eu me vi na situação de distribuir A+, coisa que eu nunca fizera antes, e mais Cs do que eu jamais havia dado."[10]

Com tanta resistência, ele teve pouca escolha além de desistir da experiência e restabelecer o antigo formato: palestras expositivas com uma prova no meio de semestre e outra no final. Alguns anos mais tarde, no entanto, após ouvir uma apresentação sobre os benefícios dos testes para a aprendizagem, ele acrescentou um terceiro teste principal durante o semestre para ver qual efeito isso poderia ter na aprendizagem de seus alunos. O desempenho deles melhorou, mas não tanto quanto ele esperava, e os problemas de frequência persistiram.

Ele coçou a cabeça e mudou o programa de novo. Dessa vez, anunciou que haveria nove testes durante o semestre e explicitou a data em que cada um seria aplicado. Ou seja, não haveria surpresas e nem provas no meio e no final do semestre, porque ele não queria abrir mão de seu tempo de aula.

Apesar dos temores de que as matrículas fossem despencar novamente, na verdade, elas aumentaram um pouco.

> Ao contrário dos testes surpresa, que os jovens odiavam, esses constavam todos na ementa da disciplina. Se eles perdessem um, seria culpa deles mesmos. Não seria porque eu os surpreendi ou estava sendo maldoso. Assim, eles se sentiram confortáveis com a situação.

Satisfeito, Sobel percebeu que o comparecimento também melhorou. "Os alunos faltavam algumas aulas nos dias em que eles não tinham testes, em especial no semestre de primavera, mas compareciam nos dias em que estavam marcados os testes."

Assim como o curso, os testes eram cumulativos, incluindo os assuntos anteriormente estudados e as questões eram similares àquelas das provas que ele costumava aplicar, mas a qualidade das respostas obtidas no meio do semestre era muito melhor do que a que ele estava acostumado a ver nas provas. Após cinco anos nesse novo formato, ele está plenamente satisfeito. "A qualidade dos debates em sala de aula melhorou bastante. Percebo uma enorme diferença em seus trabalhos escritos, só de passar de três provas para nove testes." No final do semestre, ele pediu aos alunos para escrever parágrafos sobre os conceitos abordados na aula; às vezes, um ensaio de uma página inteira. Com isso, concluiu que a sua qualidade é comparável com a que ele costuma ver em suas aulas para alunos de anos mais avançados.

> Qualquer um pode aplicar essa fórmula. Mas também me dei conta: minha nossa, se eu tivesse feito isso anos atrás, eu teria ensinado muito mais coisas a eles! O aspecto interessante em adotar essa estratégia é que agora eu reconheço: por mais que eu me considere um bom professor, meu ensino é apenas um componente da aprendizagem deles. A maneira pela qual estruturo essa aprendizagem tem muito a ver com isso, talvez ainda mais.

Nesse meio tempo, o número de matriculados na disciplina subiu para 185 e está aumentando.

EXPLORANDO AS *NUANCES*

O exemplo de Andy Sobel não é rigorosamente científico e provavelmente reflete uma série de influências favoráveis, entre as quais não podem ser ignoradas as vantagens cumulativas da aprendizagem que aumentam como juros compostos quando o conteúdo do curso é desenvolvido em regime de testes ao longo de todo o semestre. Ainda assim, a experiência dele está em linha com pesquisas empíricas projetadas para separar os efeitos e as *nuances* dos testes.

Por exemplo, em um experimento, alunos universitários estudaram trechos em prosa sobre vários temas científicos, semelhantes aos ensinados na faculdade. Em seguida, ou realizaram um teste de recordação imediatamente após a exposição inicial, ou reestudaram o conteúdo. Após um lapso de dois dias, os alunos que realizaram o teste inicial recordaram mais do conteúdo do que aqueles que apenas o reestudaram (68% *versus* 54%), e essa vantagem foi mantida uma semana mais tarde (56% *versus* 42%). Outro experimento constatou que, após uma semana, os alunos do grupo de apenas estudo apresentaram maior esquecimento do que inicialmente tinham sido capazes de recordar, esquecendo 52%, em comparação aos alunos do grupo de testes repetidos, que esquecerem somente 10%.[11]

*

De que modo dar *feedback* sobre as respostas erradas às questões do teste afeta a aprendizagem? Estudos mostram que dar *feedback* fortalece mais a retenção do que apenas aplicar os testes. Mas, curiosamente, alguns dados mostram que postergar o *feedback* por um tempo produz melhor aprendizagem no longo prazo do que dar *feedback* imediato. Esse achado é contraintuitivo, mas é consistente com as descobertas dos pesquisadores sobre como aprendemos tarefas motoras, como fazer uma bandeja no basquete ou dar uma tacada de aproximação a um longínquo *green* no golfe. Na aprendizagem motora, tentativa e erro com *feedback* postergado é um modo mais incômodo, porém eficaz, de adquirir uma habilidade, comparado com a tentativa de correção por meio de *feedback* imediato. O *feedback* imediato funciona como as rodinhas de segurança para o ciclista aprendiz: o ciclista mirim rapidamente, mas se torna dependente da presença continuada da correção oferecida pelas rodinhas.

No caso da aprendizagem motora, uma teoria sustenta que, quando o *feedback* é imediato, ele se torna parte da tarefa, e, mais tarde, em um contexto do mundo real, sua ausência se torna uma lacuna no automatismo estabelecido, atrapalhando o desempenho. Outra ideia sustenta que interrupções frequentes para *feedback* tornam as sessões de aprendizagem muito variáveis, impedindo o estabelecimento de um padrão estabilizado de desempenho.[12]

Na sala de aula, o *feedback* postergado também gera melhor aprendizagem de longo prazo do que o *feedback* imediato. No caso dos alunos estudando trechos em prosa sobre temas científicos, alguns foram expostos ao trecho novamente mesmo enquanto eram convidados a responder questões sobre o assunto, proporcionando-lhes *feedback* contínuo durante o teste, como se fosse uma prova com consulta de material. Os alunos do outro grupo fizeram o teste sem ter acesso ao material de estudo e só depois receberam o trecho e foram orientados a reexaminar suas respostas. Claro, o grupo que consultou o material teve melhor desempenho no teste imediato, mas aqueles que receberam *feedback* corretivo após completar o teste retiveram melhor a aprendizagem em outro teste realizado mais tarde. *Feedback* postergado sobre testes escritos pode ajudar, porque dá ao aluno uma prática espaçada no tempo; conforme discutido no próximo capítulo, a prática espaçada no tempo melhora a retenção do conhecimento.[13]

*

Será que alguns tipos de práticas de recuperar informações são mais eficazes para a aprendizagem de longo prazo do que outros? Os testes que exigem que o aluno forneça a resposta, como um ensaio ou teste de respostas curtas, ou a simples prática com *flashcards*, parecem ser mais eficazes do que testes de simples reconhecimento, como múltipla escolha ou testes de falso/verdadeiro. No entanto, até mesmo testes de múltipla escolha, como aqueles usados na Columbia Middle School, podem gerar fortes benefícios. Embora qualquer tipo de prática de recuperar informações geralmente beneficie a aprendizagem, parece existir a implicação de que, onde mais esforço cognitivo é necessário para a recuperação, melhores são os resultados de retenção. A prática de recuperar informações tem sido amplamente estudada nos últimos anos, e uma análise desses estudos mostra que mesmo um único teste em uma turma pode produzir uma grande melhoria na pontuação da prova final, e os ganhos de aprendizagem continuam a aumentar à medida que aumenta o número de testes.[14]

Sejam quais forem as teorias que a ciência nos diga serem as corretas sobre *como* a recuperação repetida fortalece a memória, as pesquisas empíricas nos mostram que o efeito do teste é real – que o ato de recuperar uma lembrança modifica a memória, tornando-a mais fácil de ser recuperada mais tarde.

*

Até que ponto a prática de recuperar informações é usada como técnica de estudo? Um levantamento revelou que alunos universitários basicamente ignoravam sua eficácia. Em outro levantamento, apenas 11% dos alunos universitários afirmaram que utilizavam essa estratégia de estudo. Mesmo quando realmente relataram que se aplicavam testes, declararam que o faziam principalmente para descobrir o que não sabiam, de modo que pudessem estudar mais esse conteúdo. Esse é um uso perfeitamente válido dos testes, mas poucos alunos percebem que a recuperação, por si só, cria maior retenção.[15]

*

Fazer testes repetidos é simplesmente um modo de dinamizar uma aprendizagem do tipo decoreba? Na realidade, as pesquisas indicam que os testes, em comparação a reler, podem facilitar e melhorar a transferência de conhecimentos a novos contextos e problemas, além de aprimorar a capacidade de reter e recuperar conteúdos não testados, mas que tenham relação com o incluído nos testes. Sobre esse ponto, são necessárias pesquisas adicionais, mas parece que a prática de recuperar pode tornar as informações mais acessíveis quando elas forem necessárias em vários contextos.

*

Os alunos resistem em considerar os testes como uma ferramenta para a aprendizagem? Em geral, os alunos não gostam da ideia de fazer testes, e não é difícil perceber o porquê, em especial no caso dos testes com consequências para as notas, como as provas parciais e finais do semestre, onde a avaliação traz consequências significativas. Todavia, em todos os estudos sobre testes que relataram as atitudes dos alunos, os que foram testados com mais frequência classificavam suas aulas mais favoravelmente no final do semestre do que aqueles testados com menos frequência. Aqueles que foram testados mais frequentemente chegaram ao fim do semestre dominando o conteúdo e não precisaram "meter a cara nos livros" para as provas.

*

De que modo realizar um teste afeta o estudo posterior? Após um teste, os alunos investem mais tempo reestudando o material que não dominavam e aprendem mais com isso do que seus pares que reestudam o conteúdo sem terem sido testados. Os alunos cujas estratégias de estudo enfatizam a releitura, mas não testam a si próprios, revelam excesso de confiança sobre seu domínio do conteúdo. Os alunos que foram testados ao longo do curso têm uma dupla vantagem sobre aqueles que não foram: uma sensação mais exata do que sabem e não sabem, e o fortalecimento da aprendizagem que resulta da prática de recuperar informações.[16]

*

Existe algum benefício adicional, indireto, de testes frequentes de baixo impacto em salas de aula? Além de fortalecer a aprendizagem e a retenção, um regime desse tipo de testes melhora a assiduidade do aluno. Aumenta o estudo antes da aula (porque os alunos sabem que vão ser testados), aumenta a atenção durante as aulas se os alunos são testados ao seu final e capacita os alunos a melhor calibrar o que sabem e onde precisam caprichar mais. É um antídoto contra confundir a fluência textual, resultante de repetidas leituras, com o domínio do assunto. Frequentes testes que não contam para a nota ajudam a diminuir a ansiedade provocada pelas provas entre os alunos, por serem um meio de diluir as avaliações ao longo do ano: dessa maneira, não há mais um teste único que seja um evento decisivo, de sucesso ou fracasso. E esse tipo de teste permite que os instrutores identifiquem lacunas na compreensão dos alunos e adaptem sua instrução para preenchê-las. Esses benefícios dos testes de consequências reduzidas se verificam independentemente de a instrução ser feita *on-line* ou em sala de aula.[17]

A LIÇÃO

A prática de recuperar da memória novos conhecimentos ou habilidades é uma poderosa ferramenta para a aprendizagem e a retenção duradoura. Isso é verdadeiro para qualquer coisa que o cérebro é solicitado a lembrar e recordar novamente no futuro – fatos, conceitos complexos, resolução de problemas técnicos, habilidades motoras.

A *prática de recuperar informações com esforço* resulta em aprendizagem e retenção mais fortalecidas. Somos facilmente seduzidos a acreditar que a aprendizagem é melhor quando é mais fácil, mas as pesquisas mostram o contrário: quando a mente precisa trabalhar, melhor a aprendizagem se fixa. Quanto maior o esforço para recuperar a aprendizagem, desde que você tenha sucesso em recuperá-la, mais aquela aprendizagem é fortalecida pela recuperação. Após um teste inicial, *postergar a subsequente prática de recuperar informações* é mais poderoso para reforçar a retenção do que a prática imediata, pois a recuperação postergada exige mais esforço.

Recuperar informações de modo repetido não só torna as lembranças mais duradouras, mas produz conhecimentos que podem ser recuperados mais facilmente, em contextos mais variados e aplicados a uma variedade mais ampla de problemas.

Embora meter a cara nos livros possa produzir melhores notas em provas imediatas, a vantagem se esvai rápido, pois há muito maior esquecimento após a releitura do que após a prática de recuperar informações. Os benefícios da prática de recuperar informações são *de longo prazo*.

A *simples inclusão de um teste* (prática de recuperar informações) em aula resulta em uma grande melhoria nas notas das provas finais, e os ganhos continuam a aumentar à medida que aumenta o número de testes em sala de aula.

A realização dos testes não precisa ser apenas uma iniciativa do instrutor. Os alunos podem realizar tal prática de recuperar informações em qualquer lugar; não existe a necessidade de testes em sala de aula. Os *flashcards*, a maneira pela qual os alunos do 2º ano aprendem a tabuada, também podem funcionar com a mesma perfeição para alunos de qualquer idade aplicarem autotestes sobre anatomia, matemática ou leis. Testar a si próprio talvez não seja uma proposta atraente para os estudantes, pois exige mais esforço do que reler, mas, como já foi observado, quanto maior o esforço para recuperar a informação, mais ela será retida.

Os alunos que realizam testes apresentam *melhor compreensão sobre seu progresso* do que aqueles que simplesmente releem o material. Da mesma forma, esses testes permitem que o instrutor *detecte lacunas e concepções erradas* e adapte a instrução para corrigi-las.

Fornecer aos alunos um *feedback corretivo* após os testes os impede de reter incorretamente o conteúdo que eles haviam entendido mal e gera melhor aprendizagem das respostas corretas.

Os alunos em salas de aula que incorporam testes de escassas consequências para as notas acabam por adotar esta prática. Os alunos que são testados com frequência classificam suas aulas mais favoravelmente.

*

E quanto às preocupações iniciais de Roger Chamberlain sobre a prática de testes na Columbia Middle School – de que isso poderia se tornar nada mais do que um caminho glorificado para a aprendizagem tipo decoreba?

Quando o indagamos sobre isso após o término da pesquisa, ele fez uma pausa e meditou por um momento.

> O que realmente me fez sentir confortável foi o seguinte: para as crianças serem capazes de avaliar, sintetizar e aplicar um conceito em contextos diferentes, elas vão ser muito mais eficientes em alcançar esses objetivos quando tiverem a base de conhecimentos e de retenção, de modo que não percam tempo tentando voltar e descobrir o que essa palavra pode significar ou de que se trata esse ou aquele conceito. Isso permite que os alunos alcancem um nível de proficiência mais elevado.

3

A PRÁTICA ESPAÇADA E INTERCALADA

Talvez não pareça intuitivo que a prática de recuperar informações da memória seja uma estratégia de aprendizagem mais poderosa do que revisar e reler repetidas vezes, mas a maioria de nós acha normal a importância de recuperar informações nos esportes: é o que chamamos de "prática+prática+prática". Mas ela pode assumir várias formas, e, com frequência, os tipos mais úteis para fixar a aprendizagem não são intuitivos.

Analise este exemplo surpreendente: um grupo de crianças de 8 anos de idade praticou o arremesso de saquinhos de feijão em cestas na aula de educação física. Metade do grupo arremessou em uma cesta a 90 cm de distância. A outra metade diversificou com arremessos em cestas a 60 cm e 1,20 m de distância. Após 12 semanas com esse treinamento, todas elas foram testadas em arremessar em uma cesta a 90 cm de distância. Sem sombra de dúvida, as crianças com desempenho melhor foram aquelas que haviam praticado em cestas a 60 cm e 1,20 m de distância, mas *nunca em cestas a 90 cm de distância*.[1]

O que explica esse resultado? Vamos voltar para os saquinhos de feijão, mas primeiro vamos dar uma rápida pincelada em um mito amplamente difundido sobre como aprendemos.

O MITO DA PRÁTICA INTENSIVA

A maioria de nós acredita que a aprendizagem é melhor quando você tem um propósito focado e específico: é a prática+prática+prática que supostamente vai gravar uma habilidade na memória. A fé na prática focada e repetitiva de uma coisa de cada vez até memorizar está arraigada entre os professores escolares, atletas, instrutores corporativos e alunos. Os pesquisadores norte-americanos chamam esse tipo de prática de "intensiva" e nossa fé repousa em grande parte no simples fato de que, ao adotá-la, conseguimos enxergar que ela faz a diferença. No entanto, apesar do que nossos olhos nos dizem, essa fé não se justifica.

Se a aprendizagem pode ser definida como adquirir novos conhecimentos ou habilidades e ser capaz de aplicá-los mais tarde, então o *quão rápido* você adquire algo é apenas parte da história. Mas o que interessa é se o que foi aprendido *continua lá* quando você precisa utilizá-lo em sua rotina. Embora praticar seja crucial para a aprendizagem e a memória, estudos têm mostrado que a prática é muito mais eficaz quando é dividida em períodos de treinamento que são espaçados. Os ganhos rápidos produzidos pela prática intensiva muitas vezes são evidentes, mas o rápido esquecimento que vem a seguir não o é. A prática que é espaçada no tempo, intercalada com outra aprendizagem e variada produz melhor domínio, retenção mais duradoura e mais versatilidade. Mas esses benefícios têm um preço: quando a prática é espaçada, intercalada e variada, ela exige mais esforço. Você sente o maior esforço, mas não os benefícios que o esforço produz. A aprendizagem dá a sensação de ser mais lenta com esse tipo de prática, e você não obtém a rápida evolução e motivação que está acostumado a ver na prática intensiva. Até mesmo em estudos em que os participantes mostraram resultados superiores a partir da aprendizagem espaçada, eles não percebem a melhoria; *acreditam* que aprenderam melhor o conteúdo onde a prática foi intensiva.

Não importa para onde você olhe, em quase todos os lugares você encontra exemplos de prática intensiva: estágios de verão para imersão em língua estrangeira, escolas que oferecem concentração em um único assunto com a promessa de aprendizagem rápida, seminários de educação continuada para profissionais em que o treinamento é condensado em um único fim de semana. "Meter a cara nos livros" para ir bem nas provas é uma forma de prática intensiva. Parece uma estratégia produtiva, e pode ser eficiente para gravar o conteúdo até o dia seguinte ou na prova parcial do semestre. Mas a maior parte do conteúdo terá sido esquecida há muito tempo quando você se sentar para realizar a prova final. Espaçar sua prática parece menos produtivo pela própria razão de que acontece certo esquecimento e você precisa se esforçar mais para recordar os conceitos. Você não tem a sensação de saber "na ponta da língua". O que você não percebe no momento é que esse esforço extra está tornando a aprendizagem mais profunda.[2]

PRÁTICA ESPAÇADA

Os benefícios de espaçar as sessões de prática estão há muito tempo confirmados, mas, para um exemplo bem ilustrativo, considere este estudo com 38 médicos residentes de cirurgia. Eles realizaram uma série de quatro aulas breves sobre a microcirurgia de como suturar vasos diminutos. Cada aula incluiu uma parte expositiva e uma parte prática. Metade dos médicos concluiu todas as quatro aulas em um único dia, que é o cronograma normal para profissionais em exercício. Os outros concluíram as mesmas quatro aulas, mas com intervalo de uma semana entre elas.[3]

Em um teste aplicado um mês após sua última sessão, aqueles cujas aulas tinham sido espaçadas em uma semana superaram seus colegas em todos os quesitos – tempo decorrido para completar a cirurgia, número de movimentos manuais e sucesso em reatar as aortas seccionadas e pulsantes de ratos vivos. A diferença no desempenho entre os dois grupos foi impressionante. Os residentes que tinham feito todas as quatro aulas em um único dia não só obtiveram notas mais baixas em todas as avaliações, mas 16% deles danificaram os vasos dos ratos a ponto de impedir a restauração e foram incapazes de completar suas cirurgias.

Por que a prática espaçada é mais eficaz do que a prática intensiva? Parece que incorporar a nova aprendizagem na memória de longo prazo requer um processo de consolidação, pelo qual os vestígios de memória* (as representações cerebrais da nova aprendizagem) ganham significado, sendo fortalecidos e conectados aos conhecimentos prévios – processo que se desenrola ao longo de várias horas e pode demorar vários dias. A prática intensa e ininterrupta se apoia na memória de curto prazo. A aprendizagem duradoura, no entanto, requer tempo para as repetições mentais e os outros processos de consolidação. Portanto, a prática espaçada funciona melhor. O maior esforço necessário para recuperar a aprendizagem após um pouco de esquecimento tem o efeito de reiniciar a consolidação, fortalecendo a memória ainda mais. Exploramos algumas das teorias sobre esse processo no próximo capítulo.

PRÁTICA INTERCALADA

Intercalar a prática de duas ou mais disciplinas ou habilidades também é uma alternativa mais poderosa do que a prática intensiva. A seguir, apresentamos um exemplo disso. Dois grupos de universitários receberam ins-

---

* N. de T.: No original, *memory traces*, traços ou rastros de memória.

truções de como encontrar os volumes de quatro sólidos geométricos pouco conhecidos (cunha, esferoide, cone esférico e meio cone). Em seguida, um grupo trabalhou um conjunto de problemas agrupados por seu tipo (quatro problemas para calcular o volume de uma cunha, depois quatro problemas para um esferoide, etc.). O outro grupo trabalhou os mesmos problemas, mas a sequência foi diversificada (intercalada), em vez de agrupada por tipo de problema. Considerando o que já apresentamos, os resultados talvez não o surpreendam. Durante a prática, os alunos que trabalharam os problemas agrupados (isto é, em prática intensiva) obtiveram um acerto de 89%, em comparação com apenas 60% para aqueles que trabalharam os problemas em sequência diversificada. Mas, no teste final, uma semana mais tarde, os alunos que tinham praticado a resolução de problemas agrupados por tipo acertaram em média apenas 20%, enquanto os alunos cuja prática foi intercalada acertaram em média 63%. A mescla de tipos de problemas, que impulsionou o desempenho no teste final em notáveis 215%, na verdade *obstruiu* o desempenho na aprendizagem inicial.[4]

Suponha agora que você seja um instrutor em uma empresa tentando ensinar aos funcionários um novo e complicado processo que envolve 10 procedimentos. A maneira comum de fazer isso é treinar o procedimento 1, repetindo-o muitas vezes até que os alunos pareçam tê-lo absorvido. Em seguida, você avança para o procedimento 2, faz muitas repetições do 2, consegue que os alunos o absorvam, e assim por diante. Isso parece produzir uma rápida aprendizagem. Como seria a prática intercalada nesse contexto? Você pratica o procedimento 1 apenas algumas vezes, então alterna para o procedimento 4, depois alterna para o 3, então para o 7, e assim por diante. (No Capítulo 8, veremos como a empresa Farmers Insurance treina novos corretores de seguros em uma série de exercícios em espiral que reciclam conjuntos de habilidades essenciais em uma sequência aparentemente aleatória, que a cada vez adiciona camadas de contexto e significado.)

A aprendizagem a partir da prática intercalada dá a sensação de ser mais lenta do que a aprendizagem a partir da prática intensiva. Professores e alunos percebem a diferença. Conseguem notar que sua compreensão de cada elemento está ocorrendo mais devagar, e a vantagem compensatória de longo prazo não lhes fica aparente. Por isso, a intercalação é impopular e raramente aplicada. Os professores não gostam dela porque parece morosa. Os alunos consideram-na confusa: mal começam a captar o novo conteúdo, e, antes de estar com ele na ponta da língua, são forçados a alternar. Mas a pesquisa mostra de modo inequívoco que o domínio e a retenção de longo prazo são muito melhores com a prática intercalada do que com a intensiva.

PRÁTICA VARIADA

Certo, e quanto ao estudo com os saquinhos, em que as crianças que *nunca* tinham praticado o arremesso a 90 cm de distância mostraram melhor desempenho do que as crianças que *apenas* tinham praticado naquela distância?

O estudo dos saquinhos de feijão centra-se no domínio das habilidades motoras, mas muitas evidências têm demonstrado que o princípio básico se aplica também à aprendizagem cognitiva. A ideia fundamental é de que a prática *variada* – como arremessar seus saquinhos de feijão em cestas a distâncias diversificadas – melhora sua capacidade de transferir a aprendizagem a partir de uma situação e aplicá-la com êxito a outra situação. Você desenvolve uma compreensão mais ampla das relações entre as diferentes condições e os movimentos necessários para executá-los com sucesso; você discerne melhor o contexto e desenvolve um "vocabulário de movimento" mais flexível – movimentos diferentes para diferentes situações. A decisão sobre se o treinamento variável (p. ex., arremessos a 60 e 120 cm de distância) deve incluir a tarefa específica (arremesso a 90 cm) ainda requer estudos adicionais.

As evidências favorecendo o treinamento variável foram apoiadas por estudos recentes de neuroimagem sugerindo que os tipos diferentes de prática mobilizam partes diferentes do cérebro. A aprendizagem de habilidades motoras a partir da prática variada, que é cognitivamente mais desafiadora do que a prática intensiva, aparenta ser localizada em uma área do cérebro associada ao processo mais difícil de aprender habilidades motoras de ordem superior. Por outro lado, a aprendizagem de habilidades motoras a partir da prática intensiva parece ser localizada em uma área diferente do cérebro que é usada para a aprendizagem de habilidades motoras cognitivamente mais simples e menos desafiadoras. A inferência é que a aprendizagem adquirida por meio da forma de prática intensiva e menos desafiadora é codificada em uma representação mais simples ou comparativamente empobrecida do que a aprendizagem obtida a partir da prática variada e mais desafiadora, que exige mais potência cerebral e codifica a aprendizagem em uma representação mais flexível que pode ser aplicada de forma mais ampla.[5]

Entre os atletas, a prática intensiva há muito tempo tem sido a regra: jogue a bola na cesta com o arremesso estilo gancho, tente o *putt* de seis metros no golfe, treine o tênis rebatendo de *backhand*, lance a bola, de novo e de novo – até conseguir fazer direito e treinar sua "memória muscular". Pelo menos, essa tem sido a ideia. Embora um pouco devagar, os benefícios do treinamento variável para a aprendizagem motora vêm ampliando sua aceitação. Analise o passe de primeira no hóquei. É quando você recebe o disco e imediatamente o devolve a um companheiro de equipe que está deslizando no gelo, mantendo a marcação incapaz de pressionar o jogador que domina o disco. Jamie Kompon, quando era assistente técnico do Los Angeles Kings, tinha o hábito de fazer a prática da equipe com passes de primeira na mesma posição no rinque. Mesmo que durante a prática esse movimento seja intercalado com uma sequência de outros movimentos, se você o executa sempre no mesmo lugar no rinque ou na mesma sequência de movimentos, está apenas, por assim dizer, jogando seus saquinhos de feijão na cesta de 90 cm de distância. Agora, Kompon descobriu a diferença e modificou seus exercícios. Desde que conversamos, ele passou para o Chicago Blackhawks. Aqui teríamos dito "Fique de olho naqueles Blackhawks pois têm um novo técnico", mas, enquanto revisávamos o texto, Kompon e sua equipe já haviam conquistado a Copa Stanley. Será mera coincidência?

Os benefícios da prática variável para a aprendizagem de habilidades cognitivas em oposição às habilidades motoras foram mostrados em uma experiência recente que adaptou o teste do saquinho de feijão à aprendizagem verbal: neste caso, os alunos resolveram anagramas – ou seja, mudaram as letras para formar palavras (*tamoce* torna-se *cometa*). Alguns participantes praticavam o mesmo anagrama de modo repetido, enquanto outros praticavam múltiplos anagramas para a mesma palavra. Ao serem todos testados no mesmo anagrama que o grupo anterior havia praticado, o último grupo obteve melhor desempenho! Os mesmos benefícios se aplicam se você estiver praticando para identificar espécies de árvores, diferenciar os princípios da jurisprudência ou dominar um novo programa de computador.[6]

DESENVOLVENDO HABILIDADES DE DIFERENCIAÇÃO

Em comparação com a prática intensiva, uma vantagem significativa da intercalação e da variação é que elas nos ajudam a aprender melhor a como avaliar o contexto e diferenciar os problemas, selecionando e aplicando a solução correta a partir de um leque de possibilidades. No ensino tradicional da matemática, a prática intensiva está incorporada no livro-texto: cada capítulo é dedicado a um tipo particular de problema, que você estuda em aula e depois pratica resolvendo, digamos, 20 exercícios como tema de casa antes de seguir em frente. O capítulo seguinte do livro-texto traz um tipo diferente de problema, e você mergulha no mesmo tipo de aprendizagem e prática concentradas daquela solução. E assim você marcha, capítulo após capítulo, ao longo do semestre. Mas então, na prova final, surpresa! Eis que os problemas estão todos misturados. Você os observa um por um e indaga a si mesmo: *qual algoritmo eu uso?* Estava no Capítulo 5, 6 ou 7? Se você aprende sob condições de repetição intensiva ou em blocos, você não pratica esse crucial processo de classificar. Mas é assim que a vida geralmente se desenrola: vislumbramos os problemas e as oportunidades de forma imprevisível e fora de sequência. Para que nossa aprendizagem tenha valor prático, devemos ser especialistas em discernir "Que tipo de problema é este?", a fim de que possamos escolher e aplicar a solução adequada.

Vários estudos têm demonstrado melhoria nos poderes de diferenciação quando obtidos por meio da prática variada e intercalada. Um estudo envolveu aprender a atribuir as pinturas aos artistas que as criaram, e outro focalizou aprender a identificar e classificar os pássaros.

Inicialmente, os pesquisadores previram que a prática intensiva na identificação de obras dos pintores (isto é, estudar muitos exemplos de obras de um pintor antes de passar a estudar muitos exemplos de obras de outro artista) ajudaria os alunos a aprender melhor as características definidoras do estilo de cada artista. A prática intensiva de obras de cada artista, um de cada vez, melhor permitiria os alunos a mais tarde correlacionar cada obra com o respectivo artista que a criou, em comparação com a exposição intercalada de obras de artistas diferentes. A ideia era que a intercalação seria muito difícil e confusa; os alunos nunca seriam capazes de distinguir as dimensões relevantes. Os pesquisadores estavam errados. As *semelhanças* entre as obras de um pintor que os alunos aprenderam por meio da prática intensiva provaram ser menos úteis do que as *diferenças* entre as obras de vários pintores que os alunos aprenderam por meio da intercalação. Intercalar permitiu melhor diferenciação e produziu melhores pontuações em um teste posterior, o qual exigia correlacionar as obras com os respectivos pintores. O grupo de intercalação também revelou melhor capacidade em correlacionar os nomes dos pintores corretamente a novos exemplos de sua obra que o grupo nunca tinha visualizado durante a fase de aprendizagem. Apesar desses resultados, os alunos que participaram dessas experiências persistiram em sua preferência pela prática intensiva, convencidos de que ela lhes trazia mais benefícios. Mesmo após realizar o teste e ter percebido, com base em seu próprio desempenho, que a intercalação era a melhor estratégia para a aprendizagem, eles se apegavam a sua crença de que a visualização concentrada de pinturas de um artista era a melhor tática. Os mitos da prática intensiva são difíceis de exorcizar, até mesmo quando você experimenta as evidências.[7]

O poder da prática intercalada para melhorar a capacidade de diferenciação tem sido confirmado em estudos de pessoas aprendendo a classificar os pássaros. Aqui, o desafio é mais complexo do que parece. Um estudo abordou 20 diferentes famílias de pássaros (tordos, andorinhas, carriças, tentilhões, e assim por diante). Dentro de cada família, os alunos eram apresentados a uma dúzia de espécies (Tordos-pardo, tordos-de-bico-curvo, tordos-de-bendire, etc.). Para identificar uma família de pássaros, você analisa uma vasta gama de características, como tamanho, plumagem, comportamento, localização, forma do bico, cor da íris, e assim por diante. Um problema na identificação de pássaros é que os membros de uma família compartilham muitas características em comum, mas não todas. Por exemplo, nem todos os tordos têm bicos compridos, levemente curvados. Existem traços que são *típicos* de uma família, mas nenhum deles ocorre em *todos* os membros dessa família e podem servir de identificadores exclusivos. Como as regras de taxonomia só podem contar com esses traços característicos, e não com os traços definidores (aqueles que distinguem cada membro), a classificação de pássaros envolve aprender conceitos e fazer apreciações, não apenas memorizar características. A prática intercalada e variável provou-se mais útil do que a prática intensiva para aprender os conceitos básicos que unem e diferenciam as espécies e as famílias.

Parafraseando uma conclusão de um desses estudos, a recordação e o reconhecimento exigem o "conhecimento factual", considerado um nível de aprendizagem inferior ao do "conhecimento conceitual". O conhecimento conceitual exige uma compreensão das inter-relações dos elementos básicos dentro de uma estrutura maior, que lhes permitem funcionar juntos. O conhecimento conceitual é necessário para a classificação. Seguindo essa lógica, algumas pessoas argumentam que a prática de recuperar informações (fatos e modelos) não funcionaria como estratégia para compreender as características gerais que são necessárias para níveis superiores de comportamento intelectual. Os estudos de classificação de pássaros sugerem o oposto: as estratégias de aprendizagem que ajudam os alunos a identificar e discernir protótipos complexos (semelhanças familiares) podem ajudá-los a compreender os tipos das diferenças contextuais e funcionais que vão além da aquisição de formas simples de conhecimento e alcançam a esfera superior de compreensão.[8]

MELHORANDO A COMPREENSÃO DE PROBLEMAS COMPLEXOS EM ALUNOS DE MEDICINA

A distinção entre o conhecimento direto dos fatos e a aprendizagem mais profunda que permite a utilização flexível do conhecimento pode ser um pouco confusa, mas se coaduna com o pensamento de Douglas Larsen, da Washington University Medical School, em St. Louis. Segundo ele, as habilidades exigidas para a classificação dos pássaros são semelhantes às exigidas de um médico para diagnosticar o que há de errado com um paciente. "A variedade é importante porque nos ajuda a perceber mais *nuances* nas coisas, que então podem ser comparadas", afirma ele.

> Na medicina, deparamo-nos muito com isso, no sentido de que cada consulta a um paciente é um teste. Existem muitas camadas de memória

explícita e implícita envolvidas na capacidade de diferenciar sintomas e suas inter-relações.

A memória implícita é a recuperação automática de experiências passadas ao interpretar uma nova. Por exemplo, o paciente entra e lhe faz um relato. Enquanto escuta, você está conscientemente percorrendo sua biblioteca mental para ver o que se encaixa, e, ao mesmo tempo, também, inconscientemente, sonda suas experiências passadas para ajudar a interpretar o que o paciente está lhe dizendo. "Então chega a hora de decidir com base nesta apreciação", afirma Larsen.[9]

Larsen é um neurologista pediátrico que atende pacientes no hospital clínico da universidade. Ele é uma pessoa ocupada: além de praticar medicina, supervisiona o trabalho dos médicos em formação, leciona, e, quando o tempo permite, conduz pesquisas em educação médica, trabalhando em colaboração com os psicólogos cognitivos. Ele se inspira em todas essas funções para remodelar e fortalecer o currículo escolar da Neurologia Pediátrica.

Como seria de esperar, a faculdade de medicina emprega um vasto espectro de técnicas instrucionais. Além de palestras expositivas em sala de aula e laboratórios, os alunos praticam ressuscitações e outros procedimentos em manequins de alta tecnologia, em três centros de simulação que a escola mantém. Cada "paciente" é ligado a monitores, tem batimentos cardíacos, pressão arterial, pupilas que se dilatam e se contraem, além da capacidade de ouvir e falar, graças a um controlador que observa e opera o manequim a partir de uma sala na retaguarda. A escola também faz uso de "pacientes padrão", ou seja, atores que executam roteiros e exibem sintomas que os alunos são obrigados a diagnosticar. O centro está configurado como uma clínica médica normal e os alunos devem mostrar proficiência em todos os aspectos de um encontro com o paciente, desde a postura à beira da cama, as habilidades para o exame físico e a lembrança de indagar todo o espectro de questões pertinentes, até chegar a um plano de diagnóstico e tratamento.

Com base em estudos sobre esses métodos de ensino, Larsen chegou a algumas conclusões interessantes. Em primeiro lugar (e isso pode parecer autoevidente): você tem um melhor desempenho em um teste para demonstrar sua competência em atender pacientes em uma clínica se sua experiência de aprendizagem envolveu atender pacientes em uma clínica. Apenas ler sobre pacientes não é suficiente. Porém, em provas escritas finais, alunos de medicina que examinaram pacientes e aqueles que aprenderam por meio de testes escritos tiveram desempenho igual. A razão é que, um teste escrito já contém um considerável grau de estruturação e as informações pedidas ao aluno são muito específicas. Ao examinar o paciente, você tem de escolher sozinho o modelo mental adequado e as etapas a seguir. Ter praticado esses passos em pacientes verdadeiros ou pacientes simulados melhora o desempenho em relação a apenas ler sobre como fazer isso. Em outras palavras, o tipo de prática de recuperar informações que demonstra maior eficácia é o que reflete o que você vai fazer com o conhecimento mais tarde. Não é apenas o que você sabe, mas como você pratica o que sabe que determina quanto a aprendizagem lhe será útil mais tarde. Como reza o ditado: "Pratique como você joga e você vai jogar como pratica". Essa conclusão se alinha com outras pesquisas sobre aprendizagem e com algumas das mais sofisticadas práticas de treinamento na ciência e na indústria, incluindo o uso cada vez mais amplo de simuladores – não só para aviadores e alunos de medicina, mas para policiais, pilotos de rebocadores marítimos e pessoal de quase todos os campos que você possa imaginar que necessitem o domínio de habilidades e conhecimentos complexos e onde seja elevado o impacto de aprender certo. A aprendizagem a partir dos livros não é suficiente nesses casos; a experiência prática é necessária.

Em segundo lugar, embora seja importante que um aluno de medicina alargue a sua visão ao ver uma grande variedade de pacientes manifestando doenças diferentes, colocar muita ênfase na variedade incorre no risco de subestimar a repetida prática de recuperar informações básicas – sobre a forma típica que a doença se apresenta na maioria dos pacientes.

> Há um determinado conjunto de doenças que desejamos que vocês conheçam muito bem – afirma Larsen. Por isso, vamos exigir que vocês façam muitos e muitos atendimentos a esses pacientes padronizados, avaliando seu desempenho, até realmente aprenderem e conseguirem nos mostrar: "Eu realmente faço isso direito". Não é isto ou aquilo, variedade *versus* repetição. Precisamos nos certificar de que estamos devidamente equilibrados e também reconhecer que, às vezes, caímos na armadilha da familiaridade. "Já atendi um montão de pacientes com esse problema, não preciso mais fazer atendimentos". Mas, realmente, a repetida prática de recuperar informações é crucial para a retenção de longo prazo, e é um aspecto crucial do treinamento.

Um terceiro aspecto crucial é a experiência prática. Para um médico, atender pacientes fornece um ciclo natural da prática de recuperar informações, de modo espaçado, intercalado e variado.

> Boa parte da medicina se baseia na aprendizagem por experiência. Por esse motivo, após os dois primeiros anos, tiramos os alunos da sala de aula e começamos a colocá-los em situações clínicas. Uma importante questão suscitada é: o que acontece quando a aprendizagem vem junto com a experiência? Vivenciamos muitas experiências com as quais não aprendemos. O que diferencia aquelas que nos ensinam alguma coisa?

Uma forma de prática que nos ajuda a aprender com a experiência, como o neurocirurgião Mike Ebersold narrou no Capítulo 2, é a reflexão. Algumas pessoas são mais propensas ao ato de reflexão do que outras; assim, Doug Larsen ampliou sua pesquisa para estudar como podemos estruturar a reflexão como parte essencial do treinamento, ajudando os alunos a cultivá-la como um hábito. Ele começou a exigir que os alunos redigissem resumos diários ou semanais de suas atividades, como funcionou e o que poderiam fazer diferente na próxima vez para obter melhores resultados. Ele especula que essa reflexão diária, como forma espaçada de prática de recuperar informações, é provavelmente tão crucial na aplicação da medicina no mundo real quanto são questionários e testes em construir as competências na escola de medicina.

E quanto às aulas expositivas, ou a típica conferência de atualização que é comprimida em dois dias? Larsen calcula que os residentes de sua escola passem 10% de seu tempo sentados em conferências, ouvindo palestras. Pode ser uma conversa sobre doenças metabólicas, sobre diferentes doenças infecciosas ou sobre diferentes medicamentos. O orador instala o PowerPoint e começa a apresentá-lo. Em geral, termina tudo com um almoço, após o qual os médicos vão embora.

> No meu ponto de vista, considerando a quantidade de esquecimento que ocorre, é muito desanimador o fato de dedicarmos tantos recursos a uma atividade que, como é feita hoje, as pesquisas sobre aprendizagem nos afirmam ser tão ineficaz. Os alunos de medicina e residentes vão a essas conferências e não têm nenhuma exposição repetida ao assunto. É só uma questão de casualidade se, enfim, eles acabam tendo um paciente no futuro cujo problema se relaciona com o tema da conferência. Caso contrário, eles não estudam o conteúdo, certamente não são testados no conteúdo, apenas ouvem e logo vão embora.

No mínimo, Larsen gostaria que algo fosse feito para interromper o esquecimento: fazer um questionário no final da conferência e acompanhá-lo com uma prática espaçada de recuperar informações. "Tornar o uso dos questionários uma parte padrão da cultura e do currículo. Você já sabe que toda semana vai receber em seu *e-mail* as 10 perguntas que precisa responder."

Ele indaga:

> De que modo estamos projetando sistemas de educação e formação que impeçam – ou ao menos diminuam – o montante de esquecimento que acontece, e nos certificando de que esses sistemas sejam sistemáticos usados em toda a escola em apoio ao que estamos tentando alcançar? Por enquanto, os programas de residência médica estão simplesmente prescrevendo: você deve cumprir o currículo, deve participar das conferências. O assunto

termina aí. Eles montam grandes conferências, atraem todo o corpo docente e fazem suas palestras. E, no final, o resultado efetivamente alcançado não passa de irrisório.[10]

ESSES PRINCÍPIOS SÃO AMPLAMENTE APLICÁVEIS

O futebol americano universitário pode parecer um lugar incongruente para procurar um modelo de aprendizagem, mas uma conversa com o treinador Vince Dooley sobre o regime de prática na University of Georgia's fornece um caso intrigante.

Dooley é taxativo sobre o assunto. Como treinador-chefe da equipe de futebol americano, os Bulldogs entre 1964-1988, ele acumulou espantosas 201 vitórias com apenas 77 derrotas e 10 empates, conquistando seis títulos regionais e um campeonato nacional. Passou a atuar como diretor esportivo da universidade, onde construiu um dos mais impressionantes programas de atletismo no país.

Perguntamos ao treinador Dooley como os jogadores fazem para dominar todas as complexidades do jogo. Suas teorias de treinamento e formação giram em torno do ciclo semanal de um jogo de sábado até o próximo. Nesse curto período, há muito que aprender: estudar o tipo de jogo do adversário em sala de aula, debater estratégias ofensivas e defensivas para enfrentá-lo, levar o debate ao campo de jogo, decompor as estratégias em movimentos das posições individuais e experimentá-los, costurar as partes em um todo e, em seguida, repetir os movimentos até que eles funcionem como um relógio.

Enquanto tudo isso está acontecendo, os jogadores também devem manter suas competências básicas em sua melhor forma: bloqueio, desarme, apanhar a bola, esconder a bola, conduzir a bola. Dooley acredita que (1) você tem de continuar a praticar os fundamentos de vez em quando, para mantê-los impecáveis, caso contrário você está frito, mas (2) precisa mesclar a prática, porque a repetição em excesso é entediante. Os treinadores de cada posição trabalham com os jogadores individualmente sobre habilidades específicas e, em seguida, sobre como eles vão executar suas funções durante o treino da equipe.

E o que mais? Tem a prática dos chutes. Tem a questão de cada jogador dominar o manual de estratégias. E existem as jogadas ensaiadas do repertório da equipe que, muitas vezes, fazem a diferença entre ganhar e perder. Na narrativa de Dooley, as jogadas ensaiadas entram como exemplos da aprendizagem espaçada: são praticadas somente nas quintas-feiras, de modo que sempre haja uma semana entre as sessões, e as jogadas são treinadas em uma sequência variada.

Com tudo isso para ser feito, não é surpreendente que um aspecto crucial do sucesso da equipe seja um cronograma diário e semanal muito específico que intercala os elementos da prática individual e em equipe. O começo da prática em cada dia é estritamente concentrado nos fundamentos da posição de cada jogador. A seguir, os jogadores praticam em pequenos grupos, treinando manobras envolvendo várias posições. Essas partes são gradualmente reunidas e treinadas com toda a equipe. O jogo é acelerado e cadenciado, ensaiado mental e fisicamente. Lá pelo meio da semana, a equipe está treinando as jogadas em tempo real e em plena velocidade.

> Você treina para valer e tem de reagir rápido – explica Dooley. Mas, à medida que se aproxima o dia da partida, você desacelera de novo. Agora faz um tipo de ensaio sem contato físico. A cada vez, o jogo começa basicamente da mesma forma, mas vai mudando conforme a reação do adversário. Então você precisa ser capaz de se adaptar a isso. Você inicia o movimento e fala: "Se eles reagirem assim, então vocês devem fazer isto". Você pratica ajustes. Se você fizer isso muitas vezes em situações diferentes, então será capaz de fazê-lo muito bem, seja qual for a situação que surgir no campo.[11]

Como um jogador fica com o manual de estratégias "na ponta da língua"? Ele leva o manual para casa e repassa as jogadas na cabeça. Pode inclusive ensaiá-las mentalmente. Nem tudo na prática pode ser fisicamente extenuante, afirmou Dooley, ou você ficaria esgotado.

> Então, se o jogo exige que você avance por aqui e depois por ali, você pode ensaiar isso em sua mente, talvez apenas inclinando o corpo como se fosse tomar aquele caminho. E então se algo acontece e lhe obriga a ajustar, você pode fazer isso mentalmente. Lendo o manual de estratégias, ensaiando-o em sua mente, talvez dando um passo ou dois durante o ensaio, você simula algo acontecendo. Assim, esse tipo de ensaio é adicionado ao que você aprende na sala de aula e no campo.

As reuniões finais com o *quarterback* acontecem na manhã de sábado, revisando o plano de jogo e repassando-o mentalmente. Os técnicos ofensivos podem fazer todos os planos que desejarem sobre o jogo hipotético, mas, assim que o jogo começa, a execução repousa nas mãos do *quarterback*.

Para a equipe do treinador Dooley, está tudo ali: recuperação de informações, espaçamento, intercalação, variação, reflexão e elaboração. O experiente *quarterback* que vai para o jogo de sábado – mentalmente executando as jogadas, as reações, os ajustes – está fazendo a mesma coisa que o neurocirurgião experiente que ensaia as etapas do que está prestes a se desenrolar na sala de cirurgia.

A LIÇÃO

Eis um rápido resumo do que sabemos hoje sobre a prática intensiva e as alternativas a ela. Os cientistas vão continuar a aprofundar nossa compreensão.

Cultivamos profundas convicções de que aprendemos melhor por meio de um foco concentrado e de repetição obstinada, e essas crenças são validadas constantemente pela melhoria visível que vem durante a "prática+prática+prática". Mas os cientistas chamam esse desempenho melhorado durante a fase de aquisição de uma habilidade de "força momentânea" e o distinguem da "força básica do hábito". As próprias técnicas que constroem a força do hábito, como espaçamento, intercalação e variação, retardam a aquisição visível e não oferecem a melhoria durante a prática que ajuda a motivar e reforçar nossos esforços.[12]

Meter a cara nos livros, uma forma de prática intensiva, tem sido comparado ao comer exagerado para em seguida vomitar. Muito é consumido, mas a maior parte é regurgitada em pouco tempo. O simples ato de espaçar o estudo e a prática em bocados, permitindo que um tempo decorra entre eles, fortalece a aprendizagem e a memória, com efeito, construindo a força do hábito.

E você perguntaria: qual é o tempo de intervalo? A resposta é simples: o suficiente para que a prática não se torne uma repetição sem sentido. No mínimo, tempo suficiente para que um pequeno esquecimento tenha ocorrido. Um pequeno esquecimento entre as sessões de prática pode ser uma coisa boa, caso esse esquecimento conduza a mais esforço nas práticas, mas você não quer tanto esquecimento ao ponto de que a recuperação das informações envolva essencialmente reaprender o material. Os períodos de tempo entre as sessões de prática deixam as lembranças se consolidarem. O sono parece desempenhar um relevante papel na consolidação de memória, por isso, é bom ao menos um dia entre uma prática e outra.

Algo tão simples como uma pilha *flashcards* pode fornecer um exemplo de *espaçamento*. Entre as repetições de cada cartão individual, você se depara com muitos outros. O cientista alemão Sebastian Leitner desenvolveu seu próprio sistema de prática espaçada de *flashcards*, conhecido como a caixa de Leitner. Pense nisso como uma série de quatro caixinhas de cartões. Na primeira, estão os materiais de estudo (sejam eles *flashcards* com partituras musicais, jogadas de hóquei ou vocabulário de espanhol) que devem ser praticados com frequência, porque você costuma cometer erros com aqueles cartões. Na segunda caixa, estão os *flashcards* em que você é muito bom, e aquela caixa é praticada com menos frequência do que a primeira, talvez a metade das vezes. Os da terceira caixa são praticados com menos frequência do que aqueles na segunda, e assim por diante. Se você erra uma pergunta, comete erros na música, vacila no passe de primeira, você troca o cartão de caixa, de modo a praticá-lo mais vezes. A ideia básica é, simplesmente, que *quanto melhor seu domínio, menos frequente é a prática*, mas, se aquele conhecimento é importante reter, o *flashcard nunca desaparecerá completamente* de seu conjunto de caixas de prática.

Cuidado com a armadilha da familiaridade: a sensação de que você já sabe algo e de que não precisa praticá-lo. Se você saltar o que acha que sabe, isso pode prejudicá-lo durante o autoteste. Doug Larsen afirma: "Você precisa ser disciplinado para dizer: 'Certo, vou conseguir recordar tudo isso e, se não o fizer, onde eu falhei, como não aprendi isso?' Mas se você tiver um teste gerado pelo instrutor, de repente você *precisa* fazê-lo, há uma expectativa, você não pode trapacear, não pode criar atalhos mentais para encurtar o caminho, você simplesmente tem de fazer aquilo".

Os nove questionários que Andy Sobel administra ao longo dos 26 encontros em seu curso de economia política são um exemplo simples de espaçar a prática de recuperar informações, e de intercalar – porque ele mistura, em cada questionário sucessivo, questões pertinentes ao conteúdo do início do semestre.

Intercalar duas ou mais disciplinas durante a prática também proporciona uma forma de espaçamento. A intercalação também pode ajudar a desenvolver sua posterior capacidade de *diferenciar* os vários tipos de problemas e escolher a ferramenta certa a partir de seu crescente ferramental de soluções.

Na intercalação, você não completa um conjunto de prática de um tópico antes de seguir a outro. Você *alterna antes de cada prática estar completa*. Um amigo nosso descreve sua experiência com a prática intercalada: "Vou a uma aula de hóquei e estamos aprendendo habilidades de patinação no gelo, manejo do disco com o taco, tacadas a gol, e eu noto que fico frustrado porque fazemos um pouquinho de patinação, e, bem na hora em que acho que estou pegando o jeito, começamos a treinar o manejo do disco e do taco. Chego em casa frustrado, dizendo: 'Por que esse cara não nos deixa continuar a treinar essas coisas até pegarmos o jeito?'". Esse, na verdade, é um treinador raro, que entende que é mais eficaz distribuir a prática ao longo dessas diferentes habilidades do que aprimorá-las uma de cada vez. O atleta fica frustrado porque a aprendizagem não está acontecendo com rapidez, mas, na próxima semana, ele vai estar melhor em todos os aspectos, a patinação, o manejo do taco, e assim por diante, do que se ele tivesse dedicado cada sessão a aprimorar uma habilidade.

Como na intercalação, a *prática variada* ajuda os alunos a construir um esquema amplo, uma capacidade de avaliar as condições dinâmicas e de adaptar respostas compatíveis. Indiscutivelmente, a intercalação e a variação ajudam os alunos a ir além da memorização e alcançar níveis mais elevados de aprendizagem conceitual e aplicação, construindo aprendizagem mais desenvolvida, profunda e duradoura, o que, em habilidades motoras, se revela como a força do hábito básica.

Algo que os pesquisadores chamam de *"prática em blocos (sequenciais)" é facilmente confundida com práticas variadas.* É como os velhos discos de vinil, que só podiam tocar as músicas na mesma sequência. Na prática em blocos, que é comumente (mas não apenas) encontrada em esportes, um exercício é executado sucessivas vezes. O jogador se movimenta de uma estação para a próxima, realizando uma manobra diferente em cada estação. É assim que o time de hóquei dos LA Kings estava praticando seus passes de primeira, antes de se dar conta e começar a mudar. Seria algo como sempre rever os seus *flashcards* na mesma ordem. Você precisa embaralhá-los. Se você sempre pratica a mesma habilidade da mesma forma, no mesmo lugar no rinque de gelo ou no campo, com o mesmo conjunto de problemas de matemática, ou ao longo da mesma sequência em um simulador de voo, você está deixando sua aprendizagem "passar fome", com racionamento de variedade.

Espaçamento, intercalação e variabilidade são *características naturais* de como conduzimos nossas vidas. Cada consulta ao paciente ou jogo de futebol americano é um teste e um exercício de prática de recuperar informações. Cada *blitz* de rotina para fiscalizar o trânsito é um teste para um policial. E cada fiscalização de trânsito é diferente, trazendo acréscimos à memória implícita e explícita do policial e, se ele prestar atenção, tornando-o mais eficaz no futuro. O termo comum é "aprender com a experiência". Parece que algumas pessoas nunca aprendem. Uma diferença, talvez, entre aquelas que aprendem e não aprendem é se elas cultivaram o hábito da reflexão. *A reflexão é uma forma de prática de recuperar informações* (o que aconteceu, o que eu fiz, como funcionou?), aprimorada com a elaboração (o que eu faria diferente na próxima vez?).

Como Doug Larsen nos lembra, as conexões entre os neurônios do cérebro são muito adaptáveis. "Fazer o cérebro funcionar é realmente o que parece fazer a diferença – formar redes mais complexas, e, em seguida, usar esses circuitos repetidamente, tornando-os mais robustos."

4

ENFRENTE AS DIFICULDADES

Quando Mia Blundetto, aos 23 anos de idade, primeiro-tenente dos Fuzileiros Navais dos Estados Unidos, foi transferida para o setor de logística em Okinawa, ela foi obrigada a entrar no curso de paraquedismo. Dois anos após, ao descrever aquele momento, ela comentou:

> Eu odeio cair, odeio aquela sensação no peito. Não há um dia em minha vida que eu queira saltar de um avião. Só fui escorregar em um toboágua lá pelo 6º, 7º ano do ensino fundamental. Mas eu estava no comando de um pelotão de fuzileiros especializado em montagem e utilização de paraquedas, que saltava de aviões e distribuía cargas. É uma das funções mais desejadas como oficial de logística, dificílima de conquistar. Sabe como é. Meu superior avisou: "Você vai comandar um pelotão de entregas aéreas. Se não topar, vai ser designada a outra função, e a vaga será destinada ao próximo da lista". De jeito nenhum eu deixaria outra pessoa assumir esse cargo que todo mundo almejava. Então eu o encarei olho no olho e disse: "Sim, senhor, vou saltar de aviões".[1]

Mia é uma ambiciosa loira de 1,70 m. O pai dela, Frank, ex-fuzileiro naval, está espantado.

> Ela faz mais puxadas em suspensão na barra do que a maioria dos caras da turma dela. Tem o recorde estadual de Maryland em supino e foi a 6ª colocada na NCAA em levantamento de peso básico. A voz dela é tão mansinha que você nem percebe o potencial que ela tem.

Quando entrevistamos Mia, indagamos a ela se Frank estava sendo coruja. Ela caiu na risada: "Ele gosta de exagerar". Mas ela admitiu os fatos quando pressionada. Até pouco tempo, as mulheres nos Fuzileiros Navais eram obrigadas a fazer apenas flexões parciais na barra,[*] em vez das flexões onde o queixo atinge o plano da barra, mas, em 2014, as regras se tornaram mais rígidas, passando-se a exigir um mínimo de três flexões completas na barra, o mesmo que o mínimo para os homens. A meta é de oito barras para as mulheres e 20 para os homens. Mia faz 13 repetições e está treinando para alcançar 20. Como aluna na Academia Naval, ela se qualificou em dois anos consecutivos para as competições nacionais de levantamento de peso básico – três sequências de supino, agachamento e peso morto – estabelecendo recordes para o Estado de Maryland.

Por isso, sabemos que ela é durona. A aversão a despencar das alturas é um reflexo instintivo de autopreservação, mas sua decisão de aceitar a missão era um desfecho previsível, o tipo de determinação que explica a fama dos fuzileiros navais e dos Blundetto. Mia tem uma irmã e dois irmãos. *Todos* eles são fuzileiros navais na ativa.

No fim das contas, a terceira vez em que Mia saltou pela porta de uma aeronave C-130 para transporte de tropas a 1.250 pés, ela mergulhou direto no paraquedas aberto de outro soldado. Mas estamos colocando o carro na frente dos bois nessa história.

Estamos interessados no treinamento de Mia em paraquedismo porque esse é um excelente exemplo de como certas dificuldades que exigem mais esforço e que desaceleram a aprendizagem – espaçar, intercalar e diversificar a prática, entre outras – compensam plenamente sua inconveniência, pois tornam a aprendizagem mais profunda, mais precisa e mais duradoura. Obstáculos de curto prazo que tornam a aprendizagem mais profunda têm sido chamados de *dificuldades desejáveis*, termo cunhado pelos psicólogos Elizabeth e Robert Bjork.[2]

*

A escola de paraquedismo do exército, em Fort Benning, Geórgia, é projetada para garantir que você aprenda certo e realize certo, e é um modelo de aprendizagem por meio de dificuldades desejáveis. Você não é autorizado a portar um caderno e tomar notas. Você escuta, assiste, ensaia e executa. A escola de paraquedismo é um lugar onde testar é o principal meio instrucional, e o teste é feito praticando. E, como tudo que é militar, a escola de paraquedismo

---

[*] N. de T.: O teste feminino se diferenciava pelo posicionamento estático, sendo anotado o tempo com o queixo acima da barra. Em inglês, a suspensão na barra é *flexed arm hang*, e a puxada em suspensão, *pull-up*.

adota um protocolo rigoroso. Das duas, uma: ou você se torna um ás, ou é uma carta fora do baralho.

A aterragem* com paraquedas (PQD) é a técnica de tocar no chão e rolar de forma a distribuir o impacto na planta dos pés, lateral da panturrilha, lateral da coxa, lateral do quadril e lateral das costas. Existem seis direções possíveis para executar a aterragem ao longo do comprimento de seu corpo, determinadas pelas condições momentâneas, como a direção de sua deriva, o terreno, o vento, e se você está ou não oscilando à medida que se aproxima do solo. Em sua primeira exposição a essa habilidade essencial do paraquedismo, você fica em pé no cascalho, onde a aterragem de PQD é explicada e demonstrada. Então você a experimenta: pratica a aterragem ao longo de diferentes planos de seu corpo, obtém *feedback* corretivo e volta a praticar.

Durante a semana seguinte, o nível de dificuldade vai aumentando. Você salta de uma plataforma a 60 cm de altura. No comando "Preparar", você fica na ponta dos pés, com os joelhos e pés juntos, os braços erguidos. No comando "Aterrar", você pula e executa sua tática de aterragem.

O teste vai ficando cada vez mais difícil. Você se engancha a um cabo de tirolesa a uns 3,5 m de altura, se agarra a uma barra em T acima da cabeça e desliza ao local de pouso, onde, sob comando, você se solta e realiza a aterragem. Você pratica a queda para a direita e para a esquerda, para frente e para trás, diversificando as práticas.

O nível de dificuldade aumenta de novo. Você sobe em uma plataforma a 4 m de altura, onde treina prender-se no cinto de segurança, conferir o equipamento no "sistema de companheiros" (isto é, um aluno confere o equipamento do outro) e saltar de uma porta que simula a da aeronave. O cinto tem tirantes como os de um paraquedas, enganchado a um cabo de tirolesa, mas permite o mesmo arco extenso de suspensão. Assim, quando você salta, tem a sensação momentânea de queda livre, seguida pelas amplas oscilações da suspensão ao deslizar pelo cabo, familiarizando-se com os movimentos de um salto verdadeiro. Mas, no fim das contas, é o instrutor, e não você, quem aciona a liberação, fazendo você cair a uma altura de 60 a 90 cm do chão. Desse modo, agora você está executando sua queda aleatoriamente, a partir de todas as direções, simulando o que está por acontecer.

Em seguida, você sobe em uma torre de 10 m para praticar todos os elementos de um salto e a coreografia de uma saída em massa da aeronave, aprendendo como é a sensação de queda livre das alturas, como lidar com avarias do equipamento e como saltar com uma pesada carga de equipamentos de combate.

---

* N. de T.: Jargão para o momento em que o paraquedista toca o chão. Nos Estados Unidos, o jargão militar é PLF, de *parachute landing fall*.

Por meio de demonstração e simulação, ao progredir nos níveis de dificuldade que devem ser dominados para conseguir passar de um para o outro, você aprende como embarcar na aeronave na condição de membro de uma equipe de salto e a participar da sequência de comando de um pelotão de 30 militares, posicionando-se para uma saída em massa sobre uma zona de salto. Como sair corretamente pela porta de salto, como contar 1 mil, 2 mil, 3 mil, 4 mil e sentir seu paraquedas abrir, ou, se você chegar a 6 mil, puxar a corda do paraquedas reserva; como lidar com linhas de suspensão torcidas, evitar colisões, equilibrar-se no vento, desemaranhar uma linha de controle enrolada; como evitar criar um vácuo para outros paraquedistas; as contingências para pousar em árvores, água ou redes de energia; como saltar de dia ou de noite, em diferentes condições eólicas e climáticas.

Os conhecimentos e as habilidades a serem adquiridos são muitos, e a prática é espaçada e intercalada, tanto por contingências, à medida que você espera sua vez em cada uma das áreas de treinamento, maquetes de aeronaves, plataformas de salto e mecanismos de tirantes, quanto por uma decisão deliberada, a fim de abranger tudo o que deve ser dominado e integrar os componentes díspares. Finalmente, se você chegar à 3ª semana sem desistir, você salta para valer, fazendo cinco saltos de uma aeronave militar para transporte de pessoal. Com a conclusão bem-sucedida do treinamento e cinco saltos bem-sucedidos, você ganha suas insígnias de asas e o certificado de PQD.[*]

No terceiro salto de Mia, ela era a primeira da fila na porta de salto, com 14 saltadores na fila atrás dela e outros 14 atrás do soldado em posição à frente da porta do outro lado.

> Então, o que a primeira pessoa faz, no caso, eu, é entregar sua linha estática ao sargento paraquedista, e tem uma luz que está vermelha ou verde, e você recebe o aviso de um minuto e, logo em seguida, o aviso de 30 segundos. Lá estava eu, parada na frente da porta por alguns minutos, e a vista é maravilhosa. Provavelmente é uma das coisas mais lindas que já vi, mas eu estava apavorada. Não havia nada que pudesse atravessar em meu caminho, nada que eu precisasse pensar além de simplesmente esperar... Esperar pelo "Vai!". O cara da outra porta foi, então eu saltei, e contei 1 mil, 2 mil... e, de repente, no 4 mil, eu tinha um paraquedas verde enrolado ao meu redor! E eu penso: "Este não pode ser meu paraquedas, de jeito nenhum!". Eu teria sentido o meu paraquedas abrindo, a sensação de ser suspensa. Percebi que eu estava em cima do primeiro saltador, então eu meio que nadei para fora do paraquedas dele e tentei me afastar dele.

---

[*] N. de T.: *Airborne certificate*, recebido por militares com treinamento em paraquedismo.

Os paraquedistas são escalonados, mas nos turbulentos quatro segundos até abrir seu paraquedas, você não tem consciência nem controle sobre sua proximidade com os outros. Graças ao treinamento dela, o incidente não teve maiores consequências, mas nos revela algumas coisas. Ela teve medo? Nem um pouco, respondeu ela. Mia estava preparada para lidar com aquilo, e sua autoconfiança lhe deu a frieza para "meio que nadar para fora".

Uma coisa é *sentir-se* confiante sobre seu conhecimento; outra coisa é *demonstrar* domínio. O teste não é apenas uma poderosa estratégia de aprendizagem, é uma potente verificação da realidade sobre o quanto é exata sua própria apreciação sobre o que você sabe fazer. Quando a confiança se baseia em desempenho repetido, demonstrado por meio de testes que simulam as condições do mundo real, você pode se apoiar nela. Encarar a porta de salto sempre pode reacender uma sensação de terror, mas no momento que ela salta, revela Mia, o medo se dissipa.

COMO OCORRE A APRENDIZAGEM

Para ajudar você a entender como a dificuldade pode ser desejável, vamos descrever brevemente aqui como a aprendizagem ocorre.

Codificação

Vamos imaginar que você esteja na pele de Mia, lá no meio do cascalho, assistindo a um instrutor de salto explicar e demonstrar a aterragem com paraquedas. O cérebro converte suas percepções em mudanças químicas e elétricas que formam uma representação mental dos padrões que você observa. Esse processo de converter percepções sensoriais em representações significativas no cérebro ainda não é perfeitamente compreendido. Chamamos o processo de codificação, e chamamos as novas representações dentro do cérebro de *vestígios de memória*. Pense em anotações tomadas ou rascunhadas em um bloquinho, nossa memória de curto prazo.

Muito de como gerimos nossas vidas diárias é guiado por informações efêmeras que abarrotam nossa memória de curto prazo e que são, felizmente, logo esquecidas – como manipular o trinco quebrado no armário que você usou hoje ao se vestir na academia de ginástica; lembrar-se de parar o carro no posto para uma troca de óleo após a malhação. Mas as experiências e a aprendizagem que desejamos guardar para o futuro devem ser tornadas mais fortes e mais duráveis – no caso de Mia, os movimentos distintos que irão permiti-la atingir o chão sem quebrar o tornozelo, ou coisa pior.[3]

Consolidação

O processo de fortalecimento dessas representações mentais para a memória de longo prazo é chamado de consolidação. A nova aprendizagem é volátil: o significado dela não está plenamente formado e, portanto, é modificado com facilidade. Na consolidação, o cérebro se reorganiza e estabiliza os vestígios de memória. Isso pode ocorrer durante várias horas ou mais, e envolve o processamento profundo dos novos conteúdos, durante o qual os cientistas acreditam que o cérebro repete ou ensaia a aprendizagem, dando-lhe significado, preenchendo as lacunas em branco e fazendo conexões com as experiências passadas e com outros conhecimentos já armazenados na memória de longo prazo. O conhecimento prévio é um pré-requisito para dar sentido às novas aprendizagens, e formar essas conexões. Trata-se de uma tarefa importante de consolidação. No caso de Mia, suas consideráveis habilidades atléticas, autoconhecimento físico e experiências representam um grande conjunto de conhecimentos, com o qual os elementos de uma bem-sucedida aterragem com paraquedas encontrariam muitas conexões. Como já observamos, o sono parece ajudar na consolidação da memória, mas, seja lá como for, a consolidação e a transição da aprendizagem para o armazenamento de longo prazo precisam de certo tempo para ocorrer.

Uma analogia adequada como o cérebro consolida a nova aprendizagem pode ser a experiência de redigir um ensaio. O primeiro rascunho é errático, impreciso. Mas nele você descobre o que pretende exprimir ao tentar escrevê-lo. Após algumas revisões, você aguçou o texto e cortou alguns pontos supérfluos. Você coloca o texto de lado e deixa-o fermentar. Ao retomá-lo um ou dois dias depois, o que você queria dizer ficou mais claro em sua mente. Talvez agora você perceba que existem três pontos principais em seu raciocínio. Você os conecta a exemplos e informações adicionais, familiares a seu público. Você reorganiza e reúne os elementos de seu ponto de vista para torná-lo mais eficaz e elegante.

Da mesma forma, com frequência, o processo de aprender algo começa com uma sensação desorganizada e incômoda; nem sempre os aspectos mais importantes ficam salientes. A consolidação ajuda a organizar e a solidificar a aprendizagem, e, em especial, o mesmo acontece com a recuperação de informações após um lapso de tempo, pois o ato de recuperar uma lembrança que está no armazenamento de longo prazo pode fortalecer os vestígios de memória e, ao mesmo tempo, torná-los modificáveis novamente, permitindo-lhes, por exemplo, conectarem-se à aprendizagem mais recente. Esse processo é chamado de reconsolidação. É assim que a prática de recuperar informações modifica e fortalece a aprendizagem.

Suponha que, no 2º dia do curso de paraquedismo, você seja colocado no local para executar sua aterragem com paraquedas e se esforce para recordar a postura correta e aprontar-se – pés e joelhos unidos, joelhos ligeiramente dobrados, olhar no horizonte. Porém, no reflexo de amortecer sua queda, você estica os braços, esquecendo-se de apertar os cotovelos com firmeza em seus flancos. Você poderia ter fraturado o braço ou deslocado o ombro, se fosse um salto de verdade. Esse esforço para reconstruir o que aprendeu no dia anterior é árduo, mas, ao fazê-lo, os elementos essenciais da manobra se tornam mais claros e são reconsolidados em uma memória mais forte. Se você estiver praticando algo "na força bruta", ou seja, de modo repetitivo e sucessivo, quer seja sua aterragem com paraquedas, quer seja a conjugação de verbos estrangeiros, você está se apoiando na memória de curto prazo, e pouquíssimo esforço mental é exigido. Você mostra melhorias gratificantes com muita rapidez, mas ainda não se esforçou o suficiente para fortalecer a representação básica dessas habilidades. Seu desempenho no momento não é uma indicação de aprendizagem duradoura. Por outro lado, se você deixa a memória escapulir um pouco, por exemplo, espaçando ou intercalando a prática, a recuperação de informações é mais difícil, seu desempenho é inferior e você fica decepcionado, mas sua aprendizagem é mais profunda e, no futuro, você a recupera mais facilmente.[4]

Recuperação

É interessante como aprender, relembrar e esquecer funcionam em conjunto. A aprendizagem duradoura e robusta exige que façamos tudo ao mesmo tempo. Em primeiro lugar, à medida que recodificamos e consolidamos os novos conteúdos da memória de curto prazo para a memória de longo prazo, devemos ancorá-los ali com segurança. Em segundo lugar, devemos associar os conteúdos a um conjunto diversificado de pistas que nos torna aptos a relembrar do conhecimento mais tarde. Dispor de eficientes pistas para a memória é um aspecto da aprendizagem, muitas vezes, negligenciado. A tarefa é mais do que transmitir o conhecimento à memória. Ser capaz de recuperá-lo quando precisamos dele é igualmente importante.

Se um escoteiro lhe ensina a fazer diferentes modalidades de nós, o motivo pelo qual você não se lembra de como fazê-los é que você não praticou e aplicou o que aprendeu. Digamos que um belo dia você esteja no parque da cidade e se depare com um escoteiro ministrando uma oficina de como fazer vários tipos de nós. Por impulso, você assiste à aula, que dura cerca de uma hora. O escoteiro demonstra oito ou 10 nós, explica a utilidade de cada nó, convida a todos a treinar os nós e se despede de você, não sem antes lhe entregar um pedaço de corda e um resumo demonstrativo. Decidido a aprender aqueles nós, você volta para casa, mas a vida é corrida, e você não tem tempo para praticá-los. Logo você se esquece daqueles nós, e essa história poderia terminar aqui, sem qualquer aprendizagem. Mas eis que na primavera seguinte você compra um barco de pesca e deseja prender a âncora a uma corda. Com a corda na mão e um tanto perplexo, você se lembra da aula e de que havia um nó para colocar um laço no fim de uma linha. Agora você está em plena prática de recuperar informações. Você localiza seu resumo demonstrativo e reaprende a dar o lais de guia. Você faz um pequeno laço na corda, pega a ponta curta e puxa através do laço, silenciosamente recitando o pequeno dispositivo mnemônico que lhe deram: o coelho sai do buraco, dá uma volta ao redor da árvore e entra de novo no buraco (o buraco é o pequeno laço que se faz no início, e o coelho é a ponta livre da corda que anda para fazer o nó). De novo, é a prática de recuperar informações. Primeiro, você se atrapalha um pouco, mas de súbito consegue dar o nó, uma sofisticada peça artesanal de escoteiro que você sempre sonhou em fazer. Mais tarde, você coloca um pedaço de corda no braço da poltrona onde você está assistindo ao noticiário e, durante os intervalos comerciais, pratica o lais de guia. Você está fazendo prática espaçada. Nas semanas seguintes, você fica surpreso com quantas pequenas tarefas se tornam mais fáceis se você tiver um pedaço de corda com um laço na ponta. Mais prática espaçada. Em meados do verão, você já descobriu todos os usos e propósitos possíveis do nó lais de guia em sua vida.

Conhecimentos, habilidades e experiências que são vívidos e tenham significado, e aqueles que são praticados periodicamente, ficam conosco. Se você sabe que em breve vai saltar de uma aeronave de transporte de tropas, você presta bem atenção quando o instrutor explica quando e como puxar o cordão de seu paraquedas reserva, ou sobre o que pode dar errado a 1.200 pés e como "meio que nadar para fora disso". O ensaio mental que você conduz enquanto está deitado na cama, cansado demais para dormir e desejando que o dia seguinte já tivesse terminado (após um bom salto), é uma forma de prática espaçada, e que lhe ajuda, também.

EXPANDINDO A APRENDIZAGEM: ATUALIZANDO AS PISTAS DE RECUPERAÇÃO

Praticamente não há limites para o montante de aprendizagem que podemos recordar, desde que façamos inter-relações com o que já sabemos. Na verdade, já que a nova aprendizagem depende da aprendizagem prévia, quanto mais aprendemos, mais criamos possíveis conexões para a aprendizagem futura. Nossa capacidade de recuperar informações, porém, é severamente limitada. A maior parte do que você aprende não lhe está acessível o tempo todo. Essa limitação na recuperação de informações tem sua utilidade: se todas as memórias sempre estivessem prontamente à mão, você enfrentaria dificuldades para analisar o grande volume de conteúdos até alcançar o conhecimento que você precisa no momento: onde coloquei meu chapéu, como faço para sincronizar meus dispositivos eletrônicos, quais os ingredientes de um perfeito coquetel Manhattan?

O conhecimento é mais duradouro se estiver profundamente entranhado, ou seja, quando você compreende o conceito de modo firme e completo, se ele tiver importância prática ou forte peso emocional em sua vida e estiver ligado a outros conhecimentos que você guarda na memória. O quão facilmente você consegue gravar o conhecimento nos seus arquivos internos é determinado pelo contexto, pelo uso recente e pelo número e vivacidade das pistas que você conectou com o conhecimento e às quais você pode recorrer para ajudar a resgatá-lo.[5]

Eis agora a parte complicada. À medida que você avança na vida, em geral, precisa se esquecer das pistas associadas às memórias mais antigas, concorrentes, a fim de associá-las de forma conveniente às novas. Para aprender italiano na meia-idade, talvez seja preciso esquecer o francês que estudou no ensino médio, pois sempre que você pensa "ser" e tenta pronunciar o italiano *essere,* brota de seus lábios a palavra *être,* apesar de suas mais sinceras intenções. Viajando na Inglaterra, você tem que suprimir suas referências sobre dirigir no lado direito da estrada, a fim de conseguir estabelecer associações confiáveis para permanecer na esquerda. O conhecimento que estiver bem entranhado, como a fluência verdadeira em francês ou anos de experiência conduzindo no lado direito da estrada é facilmente reaprendido mais tarde, após um período de inatividade ou após ser interrompido pela concorrência com outras pistas de recuperação. Não é o próprio conhecimento que foi esquecido, mas as pistas que lhe permitem encontrar e recuperá-lo. As pistas para a nova aprendizagem (dirigir à esquerda) desalojam aquelas da aprendizagem antiga (se tivermos sorte).

O paradoxo é que certo esquecimento muitas vezes é essencial para as novas aprendizagens.[6] Quando você muda de um PC para um Mac, ou de uma plataforma de Windows para outra, você tem que fazer um colossal esquecimento, a fim de aprender a arquitetura do novo sistema e se tornar hábil em manipulá-la com tamanha naturalidade, para que sua atenção consiga se concentrar em fazer seu trabalho, e não em operar a máquina. O treinamento na escola de paraquedismo fornece outro exemplo: após seu serviço militar, muitos paraquedistas se interessam em combinar essa habilidade com a de controlar incêndios em florestas. Tornam-se os chamados "bombeiros paraquedistas". Os bombeiros paraquedistas usam aeronaves diferentes, equipamentos diferentes e protocolos de salto diferentes. Muitas vezes, ter efetuado o treinamento na escola de paraquedismo do exército é citado como *desvantagem* para os bombeiros paraquedistas, porque você precisa desaprender um conjunto de procedimentos que já praticou ao ponto de torná-los mecânicos, para então substituí-los por outros. Mesmo em casos em que os dois cabedais de aprendizagem pareçam tão semelhantes aos não iniciados – saltar de um avião com um paraquedas nas costas –, talvez você tenha de se esquecer das pistas de um complexo cabedal de aprendizagem que você já possui, se quiser adquirir um novo.

A partir de nossas próprias vidas, já conhecemos esse problema de reatribuir pistas para a memória, mesmo em níveis mais simples. Quando nosso amigo Jack começa a namorar Joan, às vezes chamamos o casal de "Jack e Jill", pois a pista "Jack e" nos lembra da velha cantiga infantil* que está tão profundamente incorporada na memória. Mal tínhamos usado a rima infantil "Jack e" para servir de pista a "Joan", quando, puxa vida: Joan dá o fora nele, e Jack começa a namorar Jenny. Minha nossa! Na metade das vezes, pensávamos em dizer Jack e Jenny, mas acabávamos dizendo Jack e Joan. Teria sido mais fácil se Jack escolhesse uma Katie; assim, a letra K, a última do nome dele, nos daria uma pista ao K inicial do nome dela, mas não tivemos tanta sorte. A aliteração pode ser uma pista útil ou subversiva. Em toda essa confusão, você não se esquece de Jill, Joan ou Jenny, mas "reaproveita" suas pistas para conseguir acompanhar o ritmo dinâmico da ópera da vida de Jack.[7]

Um ponto fundamental é que, à medida que aprendemos coisas novas, não desaparece da memória de longo prazo a maioria do que já aprendemos bem na vida; em vez disso, por meio do desuso ou da reatribuição de pistas, as esquecemos no sentido de sermos incapazes de recordá-las facilmente. Por exemplo, se você está sempre mudando de residência, talvez não seja capaz de se lembrar de um antigo endereço de 20 anos atrás. Mas, ao receber um teste de múltipla escolha, você provavelmente consiga distinguir o endereço com facilidade, pois ele ainda permanece, por assim dizer, nas bagunçadas prateleiras de seu cérebro. Se você mergulhou em escrever histórias sobre seu passado, imaginando as pessoas e os lugares de dias remotos, talvez se surpreenda com as lembranças que começam a voltar à mente, coisas há muito esquecidas. O contexto pode acionar as lembranças, como quando a chave certa funciona para abrir uma velha fechadura. Na obra de sete volumes *Em busca do tempo perdido*, de Marcel Proust, o narrador lamenta sua incapacidade de recordar os dias de sua adolescência na aldeia francesa de seus tios. Um dia, porém, o sabor de um bolo embebido em chá de flor de limão desencadeia uma torrente de recordações, um turbilhão de pessoas e eventos que ele já considerava perdidos há muito tempo. A maioria das pessoas tem experiências como a narrada por Proust, quando uma visão, um som ou aroma evoca uma memória com pleno vigor, até mesmo um episódio em que há anos você não pensava.[8]

---

* N. de T.: Jack and Jill went up the hill/, etc.

MAIS FÁCIL NÃO É MELHOR

Os psicólogos descobriram uma curiosa relação inversa entre a facilidade da prática de recuperar informações e a força dessa prática para entranhar a aprendizagem: quanto mais fácil você considera recuperar um conhecimento ou uma habilidade, menos sua prática de recuperar informações beneficiará sua retenção desse conteúdo. Por outro lado, quanto mais esforço você investe para recuperar os conhecimentos ou habilidades, mais a prática de recuperar informações vai entranhá-los.

Em meados dos anos de 1990, o time de beisebol da California Polytechnic State University (Cal Poly), em San Luis Obispo, envolveu-se em um experimento interessante para melhorar suas habilidades em rebater as bolas. Eram todos jogadores experientes, hábeis em dar rebatidas certeiras, mas concordaram em fazer prática extra de rebatida duas vezes por semana, seguindo dois regimes diferentes de prática, para ver qual tipo de prática produzia resultados melhores.

Acertar uma rebatida na bola de beisebol é uma das habilidades esportivas mais difíceis. Demora menos de meio segundo para a bola atingir a base principal (*home plate*). Nesse átimo, o rebatedor deve executar uma complexa combinação de habilidades perceptivas, cognitivas e motoras: determinar o tipo de arremesso, antever a trajetória da bola, mirar e sincronizar o *swing* (balanço) do taco para que chegue ao mesmo lugar e momento que a bola. Essa cadeia de percepções e respostas deve estar tão profundamente entranhada a ponto de se tornar automática, porque a bola está na luva do receptor antes mesmo de você começar a pensar no modo de se conectar com ela.

Parte da equipe de Cal Poly praticou da forma usual. Praticaram rebater 45 arremessos, uniformemente divididos em três blocos. Cada bloco consistia em um tipo de arremesso lançado 15 vezes. Por exemplo, o primeiro bloco seria de 15 bolas rápidas, o segundo bloco de 15 bolas curvas, e o terceiro, de bolas lentas. Essa era uma forma de prática intensiva. Para cada bloco de 15 arremessos, à medida que o rebatedor se familiarizava com aquele tipo, ele se sentia recompensado com um desempenho melhor em antecipar as bolas, sincronizar seus *swings* e acertar a rebatida. A aprendizagem parecia fácil.

O resto da equipe recebeu um regime de prática mais difícil: os três tipos de arremessos foram intercalados aleatoriamente ao longo do conjunto de 45 arremessos. Para cada arremesso, o rebatedor não fazia ideia que tipo esperar. No final dos 45 *swings*, ele ainda estava se esforçando para acertar a rebatida. Esses atletas não pareciam estar desenvolvendo a proficiência que seus companheiros de equipe mostravam. A intercalação e o espaçamento de diferentes arremessos tornavam a aprendizagem mais árdua e mais lenta.

As sessões extras de treino continuaram duas vezes por semana, durante seis semanas. No final, quando o desempenho dos rebatedores foi avaliado, os dois grupos claramente demonstraram benefícios diferentes do treino extra, e não do modo que os jogadores esperavam. Aqueles que haviam praticado nos arremessos aleatoriamente intercalados agora mostraram um desempenho significativamente melhor em relação àqueles que haviam praticado um tipo de arremesso por vez. Esses resultados são ainda mais interessantes se você levar em conta que esses jogadores já eram rebatedores qualificados antes do treinamento extra. Aprimorar seu desempenho a um nível ainda mais elevado é uma boa evidência da eficácia de um regime de treinamento.

Aqui, outra vez, vemos duas lições familiares. Primeira: algumas dificuldades que exigem mais esforço e retardam os ganhos aparentes (como espaçar, intercalar e diversificar a prática) vão parecer menos produtivas no momento, mas compensarão isso plenamente, tornando a aprendizagem mais profunda, precisa e duradoura. Segunda: muitas vezes, nossas apreciações sobre quais estratégias de aprendizagem funcionam melhor para nós são equivocadas, coloridas por ilusões de que já dominamos a tarefa ou o assunto.

Quando os jogadores de beisebol da Cal Poly praticavam bola curva após bola curva em uma sequência de 15 arremessos, tornava-se mais fácil para eles se lembrarem das percepções e respostas de que precisavam para esse tipo de arremesso: a rotação da bola, a rapidez com que a bola mudava de direção e o tempo de espera para a curva. O desempenho melhorava, mas a facilidade crescente em recordar essas percepções e respostas conduzia a uma aprendizagem de baixa durabilidade. Uma habilidade é rebater uma bola curva quando você sabe que será lançada uma bola curva; outra habilidade bem diferente é rebater uma bola curva quando você não sabe o tipo de arremesso que vai ser feito. Os jogadores de beisebol precisam construir esta última habilidade, mas, muitas vezes, praticam a primeira, a qual, sendo uma forma de prática intensiva, desenvolve ganhos de desempenho com base na memória de curto prazo. Foi mais difícil para os rebatedores da Cal Poly recuperar as habilidades necessárias quando a prática envolvia arremessos aleatórios. Enfrentar esse desafio tornou os ganhos de desempenho dolorosamente vagarosos, mas também duradouros.

Esse paradoxo é o cerne do conceito das dificuldades desejáveis de aprendizagem: quanto mais esforço é necessário para recuperar (ou, em outras palavras, para reaprender) algo, melhor você aprende esse algo. Ou seja, quanto mais você se esqueceu de um tópico, mais eficaz será a reaprendizagem na consolidação de seu conhecimento permanente.[9]

COMO O ESFORÇO AJUDA

Reconsolidando a memória

A recordação de aprendizagem à custa de esforço, como acontece na prática espaçada, exige que você "recarregue" ou reconstrua os componentes da habilidade ou conteúdo novo a partir da memória de longo prazo, em vez de irrefletidamente repeti-los a partir da memória de curto prazo.[10] Durante essa recordação concentrada e esforçada, a aprendizagem se torna novamente maleável: seus aspectos mais salientes ficam mais claros, e a posterior reconsolidação ajuda a reforçar o significado, fortalecer as conexões com o conhecimento prévio, enrijecer as pistas e as rotas de recuperação para recordá-la mais tarde e enfraquecer as rotas concorrentes. A prática espaçada, que permite a ocorrência de algum esquecimento entre as sessões, fortalece tanto a aprendizagem quanto as pistas e as rotas para uma recuperação rápida quando essa aprendizagem é necessária outra vez, como quando o arremessador tenta surpreender o rebatedor com uma bola curva após lançar várias bolas rápidas. Quanto mais esforço for necessário para recordar uma memória ou executar uma habilidade, desde que o esforço seja bem-sucedido, mais o ato de recordar ou executar beneficia a aprendizagem.[11]

A prática intensiva nos dá a agradável sensação de domínio, porque estamos circulando informações pela memória de curto prazo sem ter de reconstruir a aprendizagem a partir da memória de longo prazo. Mas, assim como a releitura como estratégia de estudo, a fluência adquirida pela prática intensiva é transitória, e nosso senso de domínio é ilusório. É o processo de reconstruir o conhecimento à custa de esforço que desencadeia a reconsolidação e a aprendizagem mais profunda.

Criando modelos mentais

Com suficiente prática à custa de esforço, conjuntos complexos de ideias inter-relacionadas ou sequências de habilidades motoras se fundem em um todo significativo, formando um modelo mental um pouco semelhante a um "aplicativo cerebral". Aprender a dirigir um carro envolve uma série de ações simultâneas que exigem todos os nossos poderes de concentração e destreza enquanto as estamos aprendendo. Mas, ao longo do tempo, essas combinações de habilidades motoras e cognitivas (p. ex., as percepções e as manobras necessárias para estacionar em paralelo ou manipular a alavanca de câmbio manual) tornam-se enraizadas como conjuntos de modelos mentais associados à condução de veículos. Os modelos mentais são formas de habilidades profundamente entranhadas e altamente eficientes (ver e acertar uma bola curva) ou estruturas de conhecimento (memorizar os movimentos de uma abertura no xadrez) que, como hábitos, podem ser adaptados e aplicados em circunstâncias variadas. O desempenho de um especialista é construído ao longo de milhares de horas de prática em sua área de atuação, em diferentes condições, pelas quais ele acumulou uma vasta biblioteca desses modelos mentais que lhe permitem discernir corretamente determinada situação e, instantaneamente, selecionar e executar a resposta correta.

Ampliando o domínio

A prática de recuperar informações que você executa em momentos diferentes e em diferentes contextos, intercalando diferentes conteúdos de aprendizagem, tem o benefício de conectar novas associações aos conteúdos. Esse processo constrói redes interconectadas de conhecimento que sustentam e apoiam o domínio de seu campo. Também multiplica as pistas para recuperar o conhecimento, aumentando a versatilidade para aplicá-lo mais tarde.

Pense em um *chef* experiente que interiorizou o conhecimento complexo de como os sabores e as texturas interagem; como os ingredientes mudam sob ação do calor; os efeitos diferentes a serem alcançados com uma caçarola *versus* um tacho, com panelas de cobre *versus* de ferro fundido. Pense no pescador da modalidade pesca com mosca, que consegue sentir a presença da truta e avaliar com precisão a espécie provável, fazer a escolha certa da isca artificial (mosca seca, ninfa ou *streamer**), analisar o vento e saber como e onde jogar aquela mosca para atrair a truta. Pense no garoto da bicicleta de BMX, que consegue realizar manobras como conhecidas como *bunny hops*, *tail whips*, 180s e *wall taps* ajustando-se a uma paisagem urbana até então desconhecida. A intercalação e a variação diversificam os contextos de prática e as outras habilidades e conhecimentos com os quais o novo conteúdo é associado. Isso torna nossos modelos mentais mais versáteis, permitindo-nos aplicar nossa aprendizagem a uma vasta gama de situações.

Estimulando a aprendizagem conceitual

Como os seres humanos aprendem conceitos – por exemplo, a diferença entre cães e gatos? Por meio de comparar, aleatoriamente, exemplos distintos – chihuahuas, gatos malhados, dogues alemães, leões em livros ilustrados, gatos calicós e cães da raça Welsh *terrier*. A exposição espaçada e intercalada caracteriza a maior parte da experiência normal dos humanos. É uma boa

---

* N. de T.: Na pesca com mosca (*fly fishing*), os tipos de isca são designados conforme sutis diferenças nas proporções de suas partes (cabeça, asa, cauda).

maneira de aprender, porque esse tipo de exposição fortalece as habilidades de diferenciação – o processo de notar os detalhes (as tartarugas emergem para respirar, mas os peixes não) – e de indução: vislumbrar a regra geral (peixes conseguem respirar na água). Lembre-se do estudo intercalado dos pássaros em um caso e o de pinturas em outro, os quais ajudaram os alunos a distinguir os tipos de pássaros ou as obras de pintores diferentes e, ao mesmo tempo, aprendendo a identificar semelhanças básicas dos exemplos dentro de uma espécie ou do conjunto da obra de um artista. Quando indagados sobre suas preferências e crenças, os aprendizes pensavam que a experiência de estudar múltiplos exemplos de uma espécie de pássaro antes de estudar exemplos de outra espécie resultava em melhor aprendizagem. Mas a estratégia intercalada, que era mais difícil e parecia truncada, produziu uma diferenciação superior das distinções entre os tipos, sem prejudicar a capacidade de aprender os pontos em comum dentro de um tipo. Como aconteceu na prática de rebatida entre os jogadores de beisebol, a intercalação gerou dificuldades para recuperar exemplos antigos de determinada espécie, o que solidificou ainda mais a aprendizagem sobre quais pássaros são representativos de uma espécie em particular.

A dificuldade gerada pela intercalação fornece um segundo tipo de impulso para a aprendizagem. A prática intercalada de estudar sólidos geométricos relacionados, mas diferentes, requer que você perceba as semelhanças e as diferenças a fim de selecionar a fórmula correta para calcular o volume. Considera-se que essa aguçada sensibilidade para detectar as semelhanças e as diferenças durante a prática intercalada conduz à codificação das representações mais complexas e repletas de *nuances* do conteúdo a ser estudado – um melhor entendimento sobre as diferenças entre os modelos ou tipos de problemas e por que eles exigem uma interpretação ou solução diferente. Por que alguns peixes vão atacar uma isca tipo colher, mas um robalo vai ignorar solenemente a isca, a menos que você a substitua por uma isca de vermes ou minhocas?[12]

Melhorando a versatilidade

As dificuldades de recuperar informações impostas pelas práticas de espaçamento, intercalação e variação são superadas ao invocarmos os mesmos processos mentais que mais tarde serão necessários na aplicação da aprendizagem nos contextos do dia a dia. Ao imitar os desafios da experiência prática, essas estratégias de aprendizagem se adaptam ao ditado "Pratique como você joga, e você vai jogar como pratica", melhorando o que os cientistas chamam de transferência de aprendizagem, que é a capacidade de aplicar o que você aprendeu a novos contextos. No experimento sobre prática de rebatidas na Cal Poly, o ato de superar as dificuldades impostas por tipos aleatórios de arremessos construiu um "vocabulário" mais amplo de processos mentais para discernir a natureza do desafio (p. ex., o tipo de bola que o arremessador está lançando) e selecionar entre as possíveis respostas, em comparação aos processos mentais mais limitados, suficientes para um bom desempenho durante a experiência intensiva e não variada. Lembre-se do desempenho dos pequenos alunos que provaram ser mais aptos a acertar os saquinhos de feijão nas cestas a 90 cm de distância após ter praticado jogando em cestas a 60 e 120 cm, comparados aos coleguinhas que só praticaram jogando em cestas a 90 cm. Lembre-se da dificuldade e complexidade crescentes do treinamento simulado na escola de paraquedismo, ou da simulação da cabine do jato comercial de Matt Brown.

Burilando a mente para a aprendizagem

Quando você é solicitado a se esforçar na resolução de um problema antes de receber a explicação sobre como resolvê-lo, a posterior solução é mais bem aprendida, e a recordação resultante é mais duradoura. Quando você compra seu barco de pesca e está tentando prender um cabo de âncora, é muito mais provável que venha a aprender e se lembrar do nó lais de guia do que quando você estiver lá no parque da cidade sendo instruído a fazer o lais de guia por um escoteiro que pensa que você teria uma vida mais completa se dominasse um punhado de nós em seu repertório.

OUTRAS ESTRATÉGIAS DE APRENDIZAGEM QUE INCORPORAM DIFICULDADES DESEJÁVEIS

Em geral, pensamos na interferência como um prejuízo para a aprendizagem, mas certos tipos de interferência podem gerar benefícios à aprendizagem, e os efeitos positivos são, às vezes, surpreendentes. Você preferiria ler um artigo em letra normal ou em letra um pouco fora de foco? É quase certo que você optaria pelo primeiro artigo. Todavia, quando o texto em uma página está ligeiramente desfocado ou apresentado em uma fonte um pouco difícil de decifrar, as pessoas recordam melhor do conteúdo. As linhas gerais de uma palestra deveriam acompanhar o fluxo exato de um capítulo em um livro didático, ou seria melhor se a palestra não combinasse com o texto em alguns aspectos? Surpresa: quando as linhas gerais de uma palestra evoluem em uma ordem diferente do trecho do livro, o esforço para discernir as ideias principais e conciliar a discrepância produz melhor recordação do conteúdo. Em outra surpresa, quando letras são omitidas das palavras em um texto, exigindo que o leitor preencha as lacunas, a leitura é desacelerada, melhorando a retenção. Em todos esses exemplos, a mudança da apresentação normal introduz uma dificuldade – a interrupção da fluência – que obriga o aluno a se esforçar mais para construir uma interpretação que faça sentido. O esforço adicional aumenta a compreensão e a aprendizagem. (Claro, a aprendizagem não vai melhorar se a dificuldade obscurece completamente o significado ou não pode ser superada.)[13]

*

O ato de tentar responder a uma pergunta ou tentar resolver um problema, em vez de ser apresentado às informações ou à solução, é conhecido como *geração*. Mesmo se você estiver sendo indagado sobre conteúdos com os quais você já esteja familiarizado, o simples ato de preencher uma lacuna em branco tem o efeito de fortalecer a sua memória do conteúdo e sua capacidade de recordá-lo mais tarde. Em testes, ser exigido a fornecer uma resposta em vez de selecionar opções de múltipla escolha muitas vezes fornece benefícios de aprendizagem mais fortes. Ter de escrever um pequeno ensaio os fortalece ainda mais. Superar essas leves dificuldades é uma forma de aprendizagem ativa, na qual os alunos participam de tarefas de pensamento de ordem superior, em vez de passivamente receber conhecimentos conferidos por outros.

Quando lhe solicitam fornecer uma resposta ou uma solução para algo que é novidade para você, o poder da geração para a aprendizagem fica ainda mais evidente. Uma explicação para esse efeito é a ideia de que, à medida que você busca uma solução, recuperando, a partir da memória, os conhecimentos relativos ao assunto, você fortalece a rota para uma lacuna em sua aprendizagem, mesmo antes de a resposta ser fornecida para preenchê-la. Assim, quando você realmente a preenche, as conexões são feitas com o conteúdo relacionado que, devido ao esforço, ainda está fresco em sua mente. Por exemplo, se você é de Vermont e é convidado a dizer a capital do Texas, talvez você comece a ruminar sobre as possibilidades: Dallas? San Antonio? El Paso? Houston? Mesmo se você estiver em dúvida, pensar nas alternativas antes de se lembrar da (ou receber a) resposta correta irá ajudá-lo. (Austin, é claro.) Ao se debater com a questão, você vasculha o cérebro em busca de uma pista que possa lhe dar uma ideia. Talvez você fique curioso, ou até mesmo confuso ou frustrado e intensamente ciente da lacuna em seu conhecimento que precisa ser preenchida. Quando então lhe apresentam a solução, uma luz se acende. As tentativas infrutíferas para resolver um problema incentivam um processamento profundo da resposta quando mais tarde ela é fornecida, criando um terreno fértil para sua codificação, de uma forma que a simples leitura não consegue fazer. É melhor resolver um problema do que memorizar uma solução. É melhor tentar uma solução e fornecer a resposta incorreta do que não fazer a tentativa.[14]

*

O ato de dedicar alguns minutos para analisar o que foi aprendido em uma experiência (ou em uma aula recente) e fazer perguntas para si mesmo é conhecido como *reflexão*. Após uma palestra ou uma leitura orientada, por exemplo, você pode se perguntar: quais são as ideias principais? Quais são alguns exemplos? Como isso se relaciona com o que eu já sei? Após uma experiência na qual você está praticando novos conhecimentos ou habilidades, você pode indagar: o que correu bem? O que poderia ter sido melhor? O que eu talvez precise aprender para obter um melhor domínio, ou quais estratégias eu poderia adotar na próxima vez para alcançar melhores resultados?

A reflexão pode envolver diversas atividades cognitivas, já discutidas, que conduzem à aprendizagem mais profunda. Essas atividades incluem a recuperação de informações (p. ex., recordar conhecimentos recém-adquiridos), a elaboração (p. ex., conectar a nova aprendizagem com aquilo que você já sabe) e a geração (p. ex., parafrasear as ideias principais com suas próprias palavras ou visualizar e mentalmente ensaiar o que você pode fazer diferente na próxima vez).

Uma forma de reflexão que está se tornando comum nos contextos de sala de aula é chamada de "escrever para aprender". Em essência, os alunos refletem sobre um tema recente de aula em uma breve tarefa de redação, na qual possam expressar as ideias principais em suas próprias palavras e relacioná-las com outros conceitos abordados em aula, ou talvez fora dela. (Por exemplo, leia no Capítulo 8 sobre os "parágrafos de aprendizagem" que Mary Pat Wenderoth solicita a seus alunos em seu curso sobre fisiologia humana.) Os benefícios à aprendizagem, oriundos das diversas atividades cognitivas que estão envolvidas durante a reflexão (recuperação, elaboração, geração), têm sido bem estabelecidos por meio de estudos empíricos.

Um interessante estudo recente analisou de forma específica "escrever para aprender" como ferramenta de aprendizagem. Mais de 800 alunos universitários em várias aulas de psicologia introdutória assistiram a palestras ao longo do semestre. Após a introdução de um conceito-chave em determinada palestra, o instrutor pedia aos alunos que escrevessem para aprender. Os alunos geravam seus próprios resumos escritos sobre as ideias principais, por exemplo, reafirmando conceitos em suas próprias palavras e elaborando (desenvolvendo) os conceitos, gerando exemplos de cada um deles. Para outros conceitos-chave introduzidos durante a palestra, os alunos foram expostos a um conjunto de *slides* que resumia os conceitos e passaram alguns minutos copiando as ideias principais e exemplos exatamente como estavam nos *slides*.

Qual foi o resultado? Nas provas administradas durante o semestre, os alunos receberam perguntas que avaliavam sua compreensão sobre os conceitos-chave trabalhados na aprendizagem. Tiveram desempenho significativamente melhor (em torno de um ponto na média) naqueles conceitos sobre os quais eles tinham escrito com suas próprias palavras, do que naqueles copiados, mostrando que não era a simples exposição dos conceitos que produzia o benefício à aprendizagem. Em testes de acompanhamento, cerca de dois meses mais tarde, para medir a retenção, os benefícios de escrever para aprender como forma de reflexão diminuíram, mas permaneceram substanciais.[15]

FRACASSO E O MITO DA APRENDIZAGEM SEM ERROS

Nas décadas de 1950 e 1960, o psicólogo B. F. Skinner defendeu a adoção de métodos da "aprendizagem sem erros" na educação, convicto de que os erros dos alunos são contraproducentes e resultam de instrução defeituosa. A teoria da aprendizagem sem erros deu origem a técnicas instrucionais em que os alunos eram apresentados aos novos conteúdos em pequenas doses e imediatamente submetidos a questionários, enquanto o assunto ainda permanecia na ponta da língua, por assim dizer, fresquinhos na memória de curto prazo e facilmente acessíveis na hora do teste. Não havia praticamente chance alguma de cometer um erro. Desde aqueles dias, passamos a entender que a recuperação de informações a partir da memória de curto prazo é uma estratégia de aprendizagem ineficaz, e que os erros são parte essencial do esforço para aumentar nosso domínio sobre conteúdos novos. Porém, em nossa cultura ocidental, na qual o aproveitamento escolar é encarado como indicador de capacidade, muitos alunos enxergam os erros como fracasso e fazem o possível para não cometê-los. A aversão ao fracasso pode ser reforçada por instrutores que cultivam a crença de que, se os alunos tiverem permissão de cometer erros, eles vão aprender errado.[16]

Essa é uma percepção equivocada. Quando os alunos cometem erros e recebem *feedback* corretivo, os erros não são aprendidos. Até mesmo as estratégias que são altamente suscetíveis de conduzir a erros, como pedir a alguém para tentar resolver um problema sem antes mostrar como fazê-lo, fortalecem a aprendizagem e a retenção das informações corretas em comparação a estratégias de aprendizagem mais passivas, desde que seja fornecido *feedback* corretivo. Além disso, pessoas que são instruídas de que a aprendizagem é um esforço que muitas vezes envolve cometer erros vão continuar a exibir uma propensão maior a enfrentar desafios difíceis e tender a encarar os erros não como fracassos, mas como lições e reviravoltas no caminho para dominar o assunto. Para perceber a verdade nisso, basta observar o garoto que mora em seu prédio e fica profundamente absorvido no avatar dele a fim de progredir nos níveis de um jogo de ação em seu console de vídeo Xbox.

O medo do fracasso pode envenenar a aprendizagem, criando aversões aos tipos de experimentação e riscos a serem corridos que caracterizam o esforço, ou por diminuir o desempenho sob pressão, como em um contexto de provas ou testes. Neste último exemplo, alunos com intenso receio de cometer erros ao fazer testes podem realmente apresentar resultados piores na prova devido a sua ansiedade. Por quê? Parece que uma parcela significativa de sua capacidade da memória de trabalho é gasta para monitorar seu desempenho (como estou indo? será que estou cometendo erros?), deixando menos capacidade de memória disponível para resolver os problemas apresentados pelo teste. A "memória de trabalho" refere-se à quantidade de informações que você consegue guardar na mente enquanto trabalha na solução de um problema, em especial diante de uma distração. Todas as pessoas têm a memória de trabalho severamente limitada, algumas mais do que outras. De fato, maiores capacidades da memória de trabalho correlacionam-se com QIs mais altos.

Para explorar essa teoria sobre como o medo do fracasso reduz o desempenho nas provas, alunos do 6º ano do ensino fundamental na França foram solicitados a resolver problemas de anagrama dificílimos, que nenhum deles conseguiria resolver. Depois de lutar sem sucesso com os problemas, metade das crianças recebeu uma aula de 10 minutos em que foram ensinadas que a dificuldade é uma parte crucial da aprendizagem, erros são naturais e esperados, e a prática ajuda, assim como aprender a andar de bicicleta. As outras crianças foram simplesmente indagadas sobre como estavam indo em suas tentativas de resolver os anagramas. Em seguida, os dois grupos receberam um teste difícil, cujos resultados forneceram uma medição da memória de trabalho. As crianças que haviam sido instruídas que erros constituem uma parte natural da aprendizagem mostraram um uso significativamente melhor da memória de trabalho do que as outras. Essas crianças não gastaram sua capacidade de memória de trabalho com a agonia em relação à dificuldade da tarefa. A teoria foi novamente testada em variações do estudo original. Os resultados sustentam a conclusão de que a dificuldade pode criar sentimentos de incompetência que provocam ansiedade, a qual, por sua vez interrompe a aprendizagem e que "os alunos têm melhor desempenho quando recebem oportunidades para se esforçar diante das dificuldades".[17]

Esses estudos salientam que nem todas as dificuldades de aprendizagem são desejáveis. Parece que a ansiedade ao fazer um teste representa uma dificuldade indesejável. Esses estudos também ressaltam a importância de os alunos entenderem que a dificuldade em aprender coisas novas não apenas é esperada, mas pode ser benéfica. Em relação a esse ponto, o estudo francês se apoia em outros anteriores, e os mais importantes deles são os trabalhos de Carol Dweck e de Anders Ericsson, a serem discutidos no Capítulo 7, em relação ao tópico das crescentes capacidades intelectuais. O trabalho de

Dweck mostra que pessoas que acreditam que sua capacidade intelectual está fixada desde o nascimento, entranhada em seus genes, tendem a evitar desafios em que talvez não obtenham sucesso, pois o fracasso parece ser uma indicação de menor capacidade inata. Por outro lado, pessoas que são ajudadas a entender que o esforço e a aprendizagem modificam o cérebro, e que suas habilidades intelectuais jazem em grande medida dentro de seu próprio controle, são mais propensas a enfrentar desafios difíceis e persistir neles. Encaram o fracasso como sinal de esforço e como um *desvio* na estrada, e não como medição da incapacidade e o *fim* da estrada. O trabalho de Anders Ericsson pesquisando a natureza do desempenho de especialista mostra que alcançar a *expertise* exige milhares de horas de prática dedicada, em que a pessoa se esforça para superar seu nível atual de capacidade, processo no qual o fracasso se torna uma experiência essencial no caminho para o domínio.

O estudo com os alunos do 6º ano na França recebeu grande publicidade e inspirou a encenação de um "Festival de Erros" por uma renomada escola de pós-graduação em Paris, destinado a ensinar aos pequenos alunos franceses que cometer erros é parte construtiva da aprendizagem: não é um sinal de fracasso, mas de esforço. Os organizadores do festival argumentaram que o foco da sociedade moderna em mostrar resultados conduziu a uma cultura de medrosos intelectuais, que carecem do tipo de fermento intelectual e da coragem de correr riscos que produziram as grandes descobertas que marcam a história francesa.

Não é necessário um grande salto conceitual para correlacionar o "Festival de Erros" parisiense com a "FailCon" de San Francisco, onde empreendedores dos ramos tecnológico e financeiro se encontram uma vez por ano para estudar fracassos que lhes proporcionaram percepções cruciais necessárias para aplicar em suas estratégias empresariais a fim de obter sucesso. Thomas Edison chamava o fracasso de fonte de inspiração. Diz-se que ele teria comentado: "Não fracassei; apenas descobri 10 mil maneiras que não funcionam". Ele argumentava que a perseverança diante do fracasso é a chave para o sucesso.

O fracasso é inerente ao método científico, o qual fez evoluir nossa compreensão sobre o mundo que habitamos. As qualidades da persistência e da resiliência, em que o fracasso é visto como informação útil, alicerçam a inovação bem-sucedida em todas as esferas e jazem no âmago de quase toda a aprendizagem bem-sucedida. O fracasso indica a necessidade de esforço redobrado, ou nos liberta para experimentar diferentes abordagens. Em 2005, Steve Jobs, em seu discurso na formatura de uma turma da Stanford University, falou sobre quando foi despedido em 1985, aos 30 anos de idade, da Apple Computer, empresa da qual era cofundador.

Não percebi isso na época, mas ser despedido da Apple acabou se revelando a melhor coisa que poderia ter acontecido comigo. O peso de ser bem-sucedido foi substituído pela leveza de ser um iniciante outra vez, menos convicto sobre tudo. Isso me libertou para entrar em um dos períodos mais criativos da minha vida.

Não é o fracasso que é desejável, é o intrépido esforço apesar dos riscos, a descoberta do que funciona e do que não funciona, coisa que, às vezes, só o fracasso consegue revelar. É confiar que tentar resolver um quebra-cabeça nos ajuda mais do que ganhar a solução de mão beijada, mesmo se errarmos nas primeiras tentativas de encontrar a resposta.

UM EXEMPLO DE APRENDIZAGEM GERADORA

Como já mencionamos, o processo de tentar resolver um problema sem o benefício de ter sido ensinado a resolvê-lo é chamado de *aprendizagem geradora*, ou seja, o aluno está gerando a resposta em vez de recordá-la. A geração é outro nome para o velho método da tentativa e erro. Estamos familiarizados com histórias de magrelas brincando com computadores nas oficinas do Vale do Silício e se tornando bilionários. Aqui gostaríamos de apresentar um tipo diferente de exemplo: Bonnie Blodgett, de Minnesota.

Escritora e jardineira ornamental autodidata, Bonnie está em constante discussão com uma voz na cabeça dela, que fica tagarelando sobre todas as formas que seu capricho mais recente com certeza, vai colocá-la em uma enrascada e a envergonhar. Embora seja uma mulher de fortes sensibilidades estéticas, ela também é dona de uma indecisão épica. O "estilo de aprendizagem" dela talvez pudesse ser descrito como pule-antes-de-olhar-porque-se-olhar-primeiro-é-provável-que-você-não-vá-gostar-do-que-viu. Os textos dela sobre jardinagem são publicados com o título *A jardineira desastrada*.* Essa alcunha é um jeito de dizer a suas vozes indecisas para irem passear, pois, independentemente das consequências do próximo capricho, ela já está arregaçando as mangas.

> Desastrada significa que você faz seu projeto andar antes de descobrir como fazê-lo de modo adequado, antes de saber onde está se metendo. Para mim, o risco de saber onde se está se metendo é que acaba se tornando um opressivo obstáculo para dar o primeiro passo.[18]

O sucesso de Bonnie mostra de que modo enfrentar um problema resulta em aprendizagem fortalecida, e como um contínuo compromisso com a evolução

---

* N. de T.: No original, *The Blundering Gardener*.

em um campo particular de empreendimento por meio de esforços de tentativa e erro leva ao domínio complexo e a maior conhecimento sobre as inter-relações das coisas. Pouco antes de nossa conversa com ela, Bonnie tinha viajado ao sul do Minnesota para se reunir com um grupo de produtores que queriam ouvir suas percepções sobre jardinagem, envolvendo uma gama de questões que vão desde o *layout* e o *design* até o controle de pragas e a irrigação. Nos anos desde que ela manuseou pela primeira vez sua pá de jardim, os textos de Bonnie sobre jardinagem receberam reconhecimento nacional e conquistaram uma multidão de seguidores por vários meios de expressão, e o jardim dela se tornou um ponto de peregrinação para outros jardineiros.

Ela entrou na jardinagem ornamental mais ou menos na época em que encarou a meia-idade no espelho. Ela não tinha formação na área, apenas o desejo ardente de sujar as mãos fazendo belos canteiros na casa que compartilha com o marido em um bairro histórico de St. Paul.

"A experiência de criar beleza me acalma", conta ela, mas é estritamente um processo de descoberta. Ela já era escritora e, alguns anos após se embrenhar na jardinagem, começou a publicar a *Garden Letter*, um boletim trimestral para jardineiros do Norte do país, em que ela narra façanhas, percalços, lições e sucessos. Ela escreve da mesma maneira que jardina: com ousadia e uma bem-humorada modéstia, transmitindo contratempos divertidos e percepções imprevistas que são frutos da experiência. Ao se intitular como a Jardineira Desastrada, ela está dando a si mesma e a nós, seus leitores, autorização para cometer erros e seguir em frente.

Observe que ao *escrever* sobre suas experiências, Bonnie está se envolvendo em dois poderosos processos de aprendizagem além do próprio ato de jardinagem. Ela está recuperando os detalhes e a história sobre o que ela descobriu – digamos, sobre o experimento de enxertar duas espécies de árvores frutíferas – e, em seguida, praticando a elaboração, por meio de explicar a experiência a seus leitores, conectando os resultados com o que ela já sabe sobre o assunto ou com o que tiver aprendido no processo.

Seus impulsos ousados a fizeram enveredar em vastas áreas do reino vegetal, é claro, e profundamente na nomenclatura em latim e na literatura clássica sobre horticultura. Esses impulsos também a atraíram à estética do espaço e, por conseguinte, à estrutura e à mecânica: construção de muros de pedra; escavação e eletrificação de rodas d'água; instalação de uma cúpula na oficina; construção de trilhas, escadas e portões; remoção de uma cerca gótica e reutilização da madeira para criar algo mais aberto e com linhas horizontais mais fortes para suavizar a perturbadora verticalidade de seu solar vitoriano de três andares e conectá-lo com os jardins que a rodeiam; valorização dos espaços externos, tornando-os mais arejados e visíveis da rua, e, ao mesmo tempo, mantendo-os cercados, a fim de transmitir o sentido essencial de privacidade que faz do jardim um espaço todo próprio. Os espaços dela são idiossincráticos e assimétricos, dando a ilusão de terem evoluído naturalmente, mas formam um todo coerente, por meio da repetição de texturas, linhas e geometrias.

Um exemplo singelo de como ela alcançou um domínio cada vez mais complexo do ofício é a maneira pela qual ela abraçou o estudo da classificação das plantas (taxonomia vegetal) e da terminologia em latim.

> Quando comecei, o mundo das plantas era uma linguagem completamente estranha para mim. Eu lia obras sobre jardinagem e ficava totalmente perdida. Eu não sabia os nomes das plantas, comum ou científico. Eu jamais imaginei aprender essas coisas. Fiquei me perguntando: por que cargas d'água alguém faria isso? Por que você não apenas vai lá fora, cava um buraco e planta algo nele?

O que ela saboreava eram as ilustrações que lhe davam ideias e trechos nos textos em que os *designers* usavam expressões como "meu processo" para descrever como tinham alcançado o efeito desejado. Foi o pronome possessivo em "meu processo" que reafirmou Bonnie em sua desabalada corrida para aprender fazendo. A ideia por trás disso é que o processo de cada jardineiro ou jardineira é exclusivamente dele ou dela. O processo de Bonnie não envolvia acatar as dicas dos especialistas, muito menos dominar a taxonomia de Lineu, ou os nomes latinos das plantas que ela enfiava nos sulcos dos canteiros e regava com sua mangueira. Mas enquanto ela fuçava ao redor, trabalhando para formar na terra os espaços mágicos que dançavam em sua cabeça, ela se aproximou do latim e de Lineu, sem se dar conta.

> Você começa a descobrir que os nomes científicos, em latim, são úteis. Eles podem nos dar um atalho para entender a natureza das plantas, e podem ajudá-lo a recordar. Por exemplo, *tardiva*, que é o nome de uma espécie, vem depois de *Hydrangea*, que é um gênero.

Bonnie tinha estudado latim no ensino médio, juntamente com francês e, claro, inglês, e as pistas para essas lembranças começaram a despertar.

> Consigo notar facilmente que "tardiva" significa "atrasado" ou "tardio". A mesma palavra vem depois de muitas variedades de plantas, daí você nota o gênero e então a espécie é *tardiva*, e agora você sabe que aquela planta em especial floresce mais tarde. Então a gente começa a perceber que os nomes são uma forma de nos ajudar a lembrar, e começamos a usá-los cada vez mais. Também lembramos melhor das plantas, pois é natural imaginar que *procumbus* significa prostrado, rastejando no chão. Faz sentido. Assim, já não é mais tão difícil recordar o nome daquela espécie particular quando vem

junto com um gênero. Também vale a pena conhecer os nomes científicos em latim porque, assim, você pode falar especificamente sobre determinada planta. As plantas têm nomes comuns, mas os nomes comuns são regionais. *Actaea racemosa* tem o nome comum de acteia, mas é também conhecida como erva-de-são-cristóvão, e esses nomes são frequentemente usados para se referir a outras plantas. Há apenas uma *Actaea racemosa*.

Aos poucos, e apesar da tendência dela em resistir, ela começou a dominar a taxonomia clássica de plantas ornamentais e a valorizar como o esquema de Lineu enquadra conexões familiares e comunica atributos.

Bonnie contou que os produtores que ela havia recém-conhecido estavam particularmente interessados no que ela havia aprendido sobre as vantagens da compostagem e das minhocas em comparação aos adubos químicos na fertilidade e aeração do solo, e em como obter um vigoroso crescimento radicular com as baixas doses de água fornecidas por um sistema de irrigação por gotejamento feito em casa. Ela fez uma pausa em seu relato sobre o encontro, refletindo sobre como absorveu imperceptivelmente todo esse conhecimento. Nunca foi algo que ela se determinou a conquistar. "Olha, ser desastrado não chega a ser algo ruim. É uma coisa boa no sentido de que você tenta e consegue fazer as coisas. Muitas pessoas, quando contemplam a enormidade da tarefa e percebem tudo o que está envolvido, empacam no meio do caminho."

Mas é claro, em alguns contextos (como aprender a saltar de paraquedas e sair são e salvo), ser desastrado não é a estratégia de aprendizagem ideal.

DIFICULDADES INDESEJÁVEIS

Elizabeth e Robert Bjork, que cunharam a expressão "dificuldades desejáveis", escrevem que as dificuldades são desejáveis, pois "desencadeiam processos de codificação e recuperação que oferecem apoio à aprendizagem, à compreensão e à recordação. Se, no entanto, o aluno não tiver o conhecimento ou a habilidade para responder às dificuldades com sucesso, elas se tornam dificuldades indesejáveis".[19] Cientistas cognitivos sabem, a partir de estudos empíricos, que testes, espaçamento, intercalação, variação, geração e certos tipos de interferência contextual levam à aprendizagem e retenção mais fortes. Afora isso, temos uma percepção intuitiva sobre quais são os tipos de dificuldades *indesejáveis*, mas, por falta das pesquisas necessárias, ainda não podemos oferecer uma palavra definitiva.

Claramente, obstáculos que você não consegue superar são indesejáveis. Resumir uma aula em uma sequência diferente da que consta no livro não é uma dificuldade desejável para os alunos que não possuem as habilidades de leitura ou fluência no idioma exigido para manter uma linha de raciocínio por tempo suficiente para reconciliar a discrepância. Se seu livro-texto for escrito em lituano e você não sabe o idioma, isso provavelmente não representa uma dificuldade desejável. Para ser desejável, a dificuldade deve ser algo que os aprendizes consigam superar por meio de um esforço maior.

Intuitivamente, faz sentido que sejam indesejáveis as dificuldades que não fortaleçam as habilidades de que você precisa, nem os tipos de desafios que você tem mais chances de encontrar na aplicação de sua aprendizagem no mundo real. Deixar alguém sussurrar em seu ouvido enquanto você lê as notícias pode ser um treinamento essencial para um âncora da televisão. Ser vaiado por supostos manifestantes enquanto você aprimora seu discurso de campanha pode ajudar a treinar um político. Mas é improvável que uma dessas dificuldades seja útil para os presidentes de Rotary Club ou aspirantes a blogueiros do YouTube que queiram melhorar sua presença de palco. Um piloto aprendiz de rebocador no Mississippi pode ser solicitado no treinamento a empurrar uma sequência de balsas vazias em direção a uma eclusa, na presença de um forte vento lateral. Um jogador de beisebol pode praticar rebatendo com um peso em seu bastão para fortalecer seu *swing*. Você pode ensinar a um jogador de futebol americano alguns dos princípios do balé para aprender equilíbrio e movimento, mas você provavelmente não lhe ensinaria as técnicas para uma eficiente tacada de aproximação no golfe ou uma devolução de saque em *backhand* no tênis.

Existe uma regra geral que determina os tipos de obstáculos que tornam a aprendizagem mais forte? Talvez o tempo e novas pesquisas possam produzir uma resposta. Mas os tipos de dificuldades que acabamos de descrever, cuja desejabilidade está bem documentada, oferecem uma grande e diversificada caixa de ferramentas à mão.

A LIÇÃO

A aprendizagem é um processo de três etapas: a *codificação* inicial das informações acontece na memória de trabalho (de curto prazo) antes de ser consolidada em uma representação coesa de conhecimentos na memória de longo prazo. A *consolidação* reorganiza e estabiliza os traços de memória, conferindo-lhes significado e conectando-os com as experiências passadas e outros conhecimentos já armazenados na memória de longo prazo. A *recuperação das informações* atualiza a aprendizagem e lhe permite aplicar quando você precisa delas.

A aprendizagem sempre se baseia no estoque de conhecimentos prévios. Interpretamos e nos lembramos de eventos construindo conexões com o que já sabemos.

A capacidade da memória de longo prazo é praticamente ilimitada: quanto mais você sabe, mais você cria possíveis conexões para a adição de novos conhecimentos.

Devido à vasta capacidade da memória de longo prazo, é essencial ter a capacidade de localizar e recordar as informações de que você já sabe quando precisar delas; sua facilidade para recordar o que você sabe depende do *uso repetido* das informações (para manter fortes as rotas de recuperação) e de você criar poderosas *pistas de recuperação* que permitam reativar as lembranças.

A periódica recuperação das informações aprendidas ajuda a fortalecer as conexões com a memória e as pistas para recordá-la e, ao mesmo tempo, também enfraquece as rotas para lembranças concorrentes. Quando a prática de recuperar informações é fácil, ela pouco fortalece a aprendizagem; quanto mais difícil a prática, maior o benefício.

Quando você resgata a aprendizagem da memória de curto prazo, como na prática tipo rajada de metralhadora, pouco esforço mental é exigido, e poucos benefícios de longo prazo são gerados. Mas, quando você recorda após transcorrer certo tempo e seu domínio sobre o assunto se torna um pouco enferrujado, você precisa fazer um esforço para reconstruí-lo. Essa recuperação à custa de esforço fortalece a memória, mas também torna a aprendizagem novamente *maleável*, levando a sua *reconsolidação*. A reconsolidação ajuda a atualizar suas lembranças com novas informações e a relacioná-las à aprendizagem mais recente.

As recordações ou práticas repetidas à custa de esforço ajudam a integrar a aprendizagem em *modelos mentais*, nos quais um conjunto de ideias inter-relacionadas ou uma sequência de habilidades motoras se fundem em um todo significativo, que pode ser adaptado e aplicado em contextos futuros. Exemplos são as percepções e manipulações envolvidas na condução de um carro ou em rebater uma bola curva para fora do estádio.

Quando as condições de prática são variadas ou a recuperação de informações é intercalada com a prática de outro conteúdo, aumentamos nossas habilidades de *diferenciação* e *indução,* bem como a versatilidade com a qual conseguimos aplicar a aprendizagem em novos contextos em uma data posterior. A intercalação e a variação constroem novas conexões, expandindo e mais firmemente entranhando os conhecimentos na memória e aumentando o número de pistas para recuperação.

Tentar descobrir a resposta em vez de recebê-la de mão beijada, ou tentar resolver um problema antes de ser ensinado a como chegar à solução, conduzem a melhor aprendizagem e retenção mais duradoura da resposta ou solução correta, mesmo quando a resposta tentada estiver errada, contanto que *feedback* corretivo seja fornecido.

5

EVITE A ILUSÃO DE QUE VOCÊ JÁ SABE

Na raiz de nossa eficácia está nossa capacidade de entender o mundo que nos rodeia e de medir o nosso próprio desempenho. Estamos constantemente fazendo apreciações sobre o que sabemos e o que não sabemos e se somos capazes de lidar com uma tarefa ou resolver um problema. Quando trabalhamos em alguma coisa, ficamos "de olho" em nós mesmos, ajustando nossos pensamentos ou atos à medida que progredimos.

Monitorar seu próprio pensamento é o que os psicólogos chamam de metacognição (*meta* é a palavra grega para "sobre" ou "além"). Aprender a sermos exatos em nossa auto-observação nos ajuda a evitar becos sem saída, a tomar boas decisões e a refletir sobre como podemos fazer melhor na próxima vez. Uma parte importante dessa habilidade é ser sensível às maneiras como podemos nos iludir. Um problema com a nossa baixa capacidade de apreciação é que geralmente não nos damos conta dela. Outro problema é o vasto leque de fatores que podem distrair nossa capacidade de apreciação.[1]

Neste capítulo, vamos discutir as ilusões perceptivas, os vieses cognitivos e as distorções da memória que comumente confundem as pessoas. Em seguida, sugerimos técnicas para manter sua apreciação enquadrada com a realidade.

As consequências de uma apreciação errada preenchem as manchetes dos jornais. No verão de 2008, três larápios em Minneapolis bolaram uma armadilha: ligavam para grandes redes de *fast food*, faziam uma encomenda e depois roubavam toda a grana e os bens dos entregadores. Como modo de vida era um modelo de simplicidade. Eles o repetiram, sem avaliar que era burrice fazer os pedidos a partir dos mesmos dois telefones celulares e solicitar a entrega nos mesmos dois endereços.

David Garman, policial de Minneapolis, trabalhava à paisana naquele verão. "A coisa foi se tornando mais violenta. No início, era 'talvez eles tivessem uma arma', de repente, havia duas pistolas, e então os meliantes começaram, além de roubar, a machucar as vítimas."

Em uma noite de agosto, Garman recebeu uma ligação sobre um grande pedido feito a um restaurante chinês. Rapidamente, ele organizou um pequeno grupo tático e se preparou para se fazer passar por entregador. Vestiu um colete à prova de balas, cobriu-o com uma camiseta casual e enfiou a pistola automática calibre 45 na cintura. Enquanto seus colegas assumiam posições nas proximidades do endereço de entrega, Garman pegou a comida e encaminhou-se ao local. Estacionou diante da porta frontal, com os faróis ligados. Cortou uma fenda na parte inferior do embrulho da comida, enfiou por ali, não a pistola, mas um revólver calibre 38 e, empunhando-o, foi realizar a entrega do pacote. "O meu 38 tem um cão escondido, portanto, posso acionar o gatilho dentro de um saco. Se eu fosse colocar a automática ali, a pistola poderia emperrar e eu estaria ferrado."

> Então subi com o pacote e indaguei: "Ei, senhor, vocês pediram comida?". Ele disse "A-ham", e, por um instante, chego a pensar: puxa, esse sujeito vai me pagar e vou-me embora daqui, e essa terá sido a coisa mais estúpida que já fizemos. Estou pensando que se ele me der US$40, eu nem sei o valor do pedido. Mas ele vira o pescoço e olha para trás, e mais dois caras aparecem, caminhando em minha direção com as cabeças encapuzadas. Então eu percebo: é hora do jogo. O primeiro sujeito saca uma arma do bolso, engatilha e aponta para minha cabeça, tudo num movimento só, gritando: "Passa a grana e o celular, seu desgraçado... ou vou matar você." Eu acabei atirando nele através do pacote. Foram quatro tiros.[2]

No fim das contas, o plano do assaltante não se revelou um modo de vida tão excelente assim. O meliante foi atingido abaixo da cintura e sobreviveu, embora sua virilidade tenha ficado um tanto prejudicada. Garman teria mirado mais alto se o pacote de comida não fosse tão pesado, e ele aprendeu uma lição com a experiência: está mais bem preparado para a próxima vez, embora ele prefira que não descrevamos os detalhes aqui.

Gostamos de pensar que somos mais espertos do que o Zé Mané, e mesmo que não sejamos, ano após ano, nos sentimos consolados nessa ilusão quando a nova safra dos Darwin Awards circula por *e-mail*. Trata-se de uma listinha de mortes autoinfligidas, causadas por julgamentos espetacularmente ruins, como no caso do advogado de Toronto que foi demonstrar a resistência das janelas em sua torre empresarial de 22 andares jogando o ombro contra o vidro, mas a vidraça quebrou e ele despencou lá de cima. A verdade é que somos todos programados para cometer erros de apreciação das circunstâncias. A capacidade de fazer uma boa apreciação é uma habilidade que a pessoa deve adquirir, tornando-se uma observadora astuta de seus próprios pensamentos e desempenhos. Começamos em desvantagem por várias razões. Uma é que, se somos incompetentes, tendemos a superestimar nossa competência e vemos poucas razões para mudar. Outra é que, como seres humanos, somos prontamente enganados por ilusões, preconceitos cognitivos e histórias que construímos para explicar o mundo ao nosso redor e nosso lugar neste mundo. Para se tornar mais competente, ou até mesmo especialista, temos de aprender a reconhecer a competência quando a vemos nos outros, saber apreciar com mais exatidão o que nós mesmos sabemos e não sabemos, adotar estratégias de aprendizagem que surtam efeito e encontrar maneiras objetivas de acompanhar nosso progresso.

DOIS SISTEMAS DE ADQUIRIR CONHECIMENTO

Em seu livro *Rápido e devagar: duas formas de pensar*, Daniel Kahneman descreve nossos dois sistemas analíticos. O que ele chama de Sistema 1 (ou sistema automático) é inconsciente, intuitivo e imediato. Baseia-se em nossos sentidos e lembranças para dimensionar uma situação em um piscar de olhos. No futebol americano, é a disparada rumo ao fim do campo e se esquivando de bloqueios e desarmes. É o policial de Minneapolis que, ao abordar um motorista e fazê-lo parar o carro no acostamento em um dia gélido, realiza um gesto defensivo, antes mesmo de estar plenamente consciente de que seu olhar percebeu uma gota de suor escorrendo na têmpora do condutor.

O Sistema 2 (o sistema controlado) é nosso processo de análise e raciocínio, mais lento e consciente. É a parte do pensamento que avalia as alternativas, toma as decisões e exerce o autocontrole. Também o utilizamos para treinar o Sistema 1 para reconhecer e responder às situações específicas que exigem uma ação reflexiva. O atacante no futebol americano utiliza o Sistema 2 quando relembra os movimentos de seu manual de estratégias. O policial o utiliza quando pratica tomar a arma de um atirador. O neurocirurgião o utiliza quando ensaia a reparação da veia estraçalhada.

O Sistema 1 é automático e profundamente influente, mas é suscetível à ilusão, e você depende do Sistema 2 para ajudar a gerenciá-lo: verificando seus impulsos, planejando com antecedência, identificando as escolhas, pensando em suas implicações e tomando as rédeas de seus atos. Quando um sujeito em um restaurante passa por uma mãe com um neném, e a criança grita "papai!", esse é o Sistema 1. Quando a mãe enrubescida corrige: "Não, meu bem, não é o papai, é um *homem*", ela está agindo como substituta do Sistema 2, ajudando o filho a aprimorar seu Sistema 1.

O Sistema 1 é poderoso, pois se baseia em nossos anos acumulados de experiência e em nossas emoções profundas. O Sistema 1 nos dá o reflexo de sobrevivência em momentos de perigo, e a destreza surpreendente obtida em milhares de horas de prática deliberada em uma área de *expertise* escolhida. Na interação entre os Sistemas 1 e 2 (o tema de *Blink: a decisão num piscar de olhos*, o livro de Malcolm Gladwell), sua capacidade instantânea de avaliar uma situação interage com sua capacidade de ceticismo e análise ponderada. Claro, quando as conclusões do Sistema 1 surgem de percepção errônea ou ilusão, elas podem lhe meter em uma enrascada. Aprender a quando confiar em sua intuição e quando questioná-la é uma parcela importante de como você melhora sua competência no mundo em geral e em toda e qualquer área em que você deseja se tornar especialista. Não são apenas os simplórios que se tornam vítimas. Todos nós nos tornamos, em diferentes graus. Aviadores, por exemplo, são suscetíveis a uma série de ilusões perceptivas. Pilotos de avião são treinados para ter cuidado com essas ilusões e para usarem seus instrumentos para saber se estão percebendo as coisas direito.

*

Um exemplo assustador com final feliz é o voo 006 da China Airlines, em um dia de inverno em 1985. O Boeing 747 estava a 41 mil pés, sobrevoando o Oceano Pacífico, a quase 10 horas de um voo de 11 horas entre Taipei e Los Angeles, quando a turbina número quatro perdeu força. A aeronave começou a perder velocidade. Em vez de assumir o controle manual e baixar a menos de 30 mil pés para religar o motor, conforme prescrito no manual de voo, a tripulação se manteve a 41 mil pés no piloto automático e tentou religar a turbina. Entretanto, a perda de um dos motores deu ao avião uma propulsão assimétrica. O piloto automático tentou corrigir isso e manter o nível do avião, mas como continuava a desacelerar, ele também começou a girar para a direita. O piloto estava ciente da desaceleração, mas não da extensão na qual o avião tinha começado a adernar para a direita. A pista de seu Sistema 1 teria sido seu reflexo vestibular (como o ouvido interno detecta o equilíbrio e a orientação espacial); porém, devido à trajetória do avião, ele teve a sensação de que voava nivelado. As pistas de seu Sistema de 2 teriam sido um vislumbre no horizonte e em seus instrumentos. O procedimento correto exigia aplicar o estabilizador leme de direção esquerdo para ajudar a elevar a asa direita, mas o foco de seu Sistema 2 estava no indicador da velocidade e nos esforços do copiloto e engenheiro para reiniciar a turbina.

À medida que a inclinação aumentava, o avião baixou a 37 mil pés no meio de nuvens altas, que obscureceram o horizonte. O capitão desligou o piloto automático e empurrou o nariz para baixo para obter mais velocidade, mas o avião já tinha girado mais de 45 graus e subitamente virou de cabeça para baixo e despencou em uma trajetória descontrolada. A tripulação ficou confusa com a situação. Compreenderam que o avião estava se comportando de forma errática, mas não perceberam que tinham virado e estavam em um mergulho. Já não podiam discernir o empuxo das turbinas um e três e concluíram que esses motores também tinham parado. O mergulho do avião era evidente a partir de seus indicadores de voo, mas o ângulo era tão improvável que a tripulação concluiu que os medidores tinham falhado. A 11 mil pés, eles saíram das nuvens. Atônitos, perceberam que se caindo em direção ao solo. O piloto e o copiloto puxaram o manche para trás, impondo esforços colossais na aeronave, mas conseguindo nivelar. Com o trem de aterrissagem pendurado na barriga do avião, notaram que haviam perdido um de seus sistemas hidráulicos, mas os quatro motores responderam novamente, e o piloto foi capaz de continuar o voo, desviando com sucesso para San Francisco. Uma inspeção revelou a gravidade da manobra dos tripulantes. Esforços de cinco vezes a força da gravidade tinham dobrado as asas do avião permanentemente para cima, quebrado dois suportes do trem de aterrissagem e arrancado duas portas dele, além de pedaços grandes dos estabilizadores horizontais traseiros.

"Desorientação espacial" é o termo aeronáutico para uma combinação mortal de dois elementos: perder de vista o horizonte e basear-se na percepção sensorial humana que não combina com a realidade, mas é tão convincente que os pilotos concluem que seus instrumentos de cabine falharam. Como afirma Kahneman, o Sistema 1, o sistema instintivo, que atua por reflexo e detecta o perigo e nos protege, pode ser muito difícil de ignorar. O incidente inicial do voo 006, a perda de um motor de cruzeiro em altitude, não é considerado uma emergência, mas rapidamente se tornou uma, em razão das atitudes equivocadas do piloto. Em vez de seguir os procedimentos prescritos, e em vez de mobilizar plenamente os recursos analíticos do Sistema 2, monitorando todos os seus instrumentos, ele se preocupou com a reignição do motor e com um único indicador de voo, a velocidade. Então, quando tudo se tornou uma espiral descontrolada, ele confiou em seus sentidos, e não nos indicadores, efetivamente tentando construir sua própria narrativa do que estava acontecendo com o avião.

Há uma longa lista de ilusões das quais os pilotos podem ser vítimas (algumas com nomes mordazes como "*the leans*", *the* "*graveyard spin*" e "*blackhole approach*"), bem como *sites* na internet nos quais você pode ouvir as arrepiantes últimas palavras dos pilotos se esforçando para, sem sucesso, entender e corrigir o que deu errado nas alturas. A desorientação espacial foi considerada a causa provável do acidente que matou Mel Carnahan, o governador de Missouri, enquanto a aeronave cruzava uma tempestade noturna em outubro de 2000, e também a causa provável do acidente que matou John F. Kennedy Jr., a esposa e a irmã dela, ao largo da costa da ilhota Martha's Vineyard, em uma nebulosa noite em julho de 1999. Felizmente, o acidente da China Airlines terminou bem, mas o relatório da National Transportation Safety Board sobre aquele evento revela o quão rapidamente o treinamento e o profissionalismo podem ser sequestrados por uma ilusão do Sistema 1. Por isso, precisamos cultivar um disciplinado Sistema 2, com análise e raciocínio conscientes, que sempre mantenha atenção nos instrumentos de voo.[3]

ILUSÕES E DISTORÇÕES DE MEMÓRIA

O cineasta Errol Morris, em uma série de artigos sobre a ilusão no *New York Times*, cita o psicólogo social David Dunning sobre a propensão dos seres humanos para o "raciocínio motivado", ou, nas palavras de Dunning: "a completa genialidade que as pessoas têm para convencer a si próprias sobre conclusões agradáveis e, ao mesmo tempo, negar a verdade das conclusões inconvenientes".[4] (O primeiro-ministro Benjamin Disraeli comentou certa vez sobre um adversário político que a consciência dele não atuava como guia, mas como cúmplice.) Há muitas maneiras pelas quais nossas apreciações de Sistema 1 e Sistema 2 podem ser desviadas: ilusões perceptivas como aquelas vivenciadas por pilotos, narrativa defeituosa, distorções de memória, incapacidade para reconhecer quando um novo tipo de problema exige um novo tipo de solução e uma variedade de preconceitos cognitivos a que estamos sujeitos. Aqui, vamos descrever vários desses perigos e, em seguida, oferecemos medidas que você pode tomar, semelhantes a perscrutar os instrumentos da cabine, para ajudar a manter seu pensamento alinhado com a realidade.

*

Nossa compreensão sobre o mundo é moldada por uma *fome de narrativa* suscitada por nosso desconforto com a ambiguidade e os eventos arbitrários. Quando acontecem coisas surpreendentes, buscamos uma explicação. O impulso para resolver a ambiguidade tem um poder surpreendente, mesmo quando o assunto é irrelevante. Em um estudo no qual os participantes pensavam que estavam sendo avaliados em termos de compreensão da leitura e da capacidade de resolver anagramas, eles foram expostos à distração de uma conversa telefônica em segundo plano. Alguns escutaram apenas um dos lados da conversa, e outros escutaram os dois lados. Os participantes, sem saber que a distração em si era o tópico do estudo, tentaram ignorar o que estavam ouvindo, a fim de se concentrar na leitura e nas soluções dos anagramas. Os resultados mostraram que escutar um dos lados da conversa provou-se mais perturbador do que ouvir os dois lados, e o conteúdo dessas conversas parciais depois foi mais bem relembrado pelos bisbilhoteiros não intencionais. Por que isso aconteceu? Presumivelmente, aqueles que ouviram metade da conversa ficaram muito compelidos a tentar inferir a metade faltante, de modo a compor uma narrativa completa. Como os autores salientam, o estudo pode ajudar a explicar porque consideramos conversas ao celular unilaterais tão intrusivas em espaços públicos, mas também revela o modo inapelável com que somos atraídos a imbuir os acontecimentos a nosso redor com explicações racionais.

O desconforto com a ambiguidade e a arbitrariedade é igualmente (ou ainda mais) poderoso em nossa necessidade por um entendimento racional em nossas próprias vidas. Esforçamo-nos para enquadrar os acontecimentos de nossas vidas em uma história coesa que seja adequada com nossas circunstâncias, as coisas que nos acontecem e as escolhas que fazemos. Cada um de nós tem uma narrativa diferente com múltiplos fios entrelaçados nela, a partir de nossa cultura compartilhada e da experiência de sermos humanos, bem como muitos fios distintos que explicam os acontecimentos singulares de nossos passados. Todas essas experiências influenciam o que vem à mente em uma situação atual, bem como a narrativa pela qual você a impregna de significados: por que ninguém na minha família frequentou a faculdade antes de mim? Por que meu pai nunca enriqueceu nos negócios? Por que eu nunca gostaria de trabalhar em uma empresa, ou, talvez, por que eu nunca gostaria de trabalhar por conta própria? Gravitamos rumo às narrativas que explicam melhor nossas emoções. Assim, narrativa e memória se tornam uma só. As lembranças que organizamos significativamente tornam-se aquelas que são mais bem recordadas. A narrativa fornece não só significado, mas também uma estrutura mental para imbuir as futuras experiências e informações com significado, efetivamente moldando novas lembranças para que elas se ajustem a nossas pré-estabelecidas construções sobre o mundo e nós mesmos. Nenhum leitor, ao ser indagado sobre as escolhas feitas sob pressão pelo protagonista de um romance, consegue impedir que sua própria experiência de vida contamine a explicação sobre o que deve estar acontecendo no mundo interior do personagem. O sucesso de um mágico ou político, como o de um romancista, depende dos poderes sedutores da narrativa e da disposição do público em suspender o ceticismo. Em nenhum lugar isso é mais evidente do que no debate político nacional, em que pessoas que pensam de modo semelhante se reúnem *on-line* em encontros comunitários e na mídia para encontrar um propósito comum e expandir a história que, na impressão deles, melhor explica sua sensação de como o mundo funciona e como humanos e políticos devem se comportar.

Você pode ver o quão rapidamente a narrativa pessoal é invocada para explicar as emoções ao ler um artigo *on-line* cujo autor defende uma posição sobre praticamente qualquer assunto – por exemplo, um artigo de opinião apoiando o uso de testes como poderosa ferramenta de aprendizagem. Corra o olhar pelos comentários postados pelos leitores: alguns elogiam, enquanto outros não conseguem conter seu ressentimento, cada um invocando uma história pessoal que sustenta ou refuta os principais argumentos do texto. Os psicólogos Larry Jacoby, Bob Bjork e Colleen Kelley, resumindo estudos sobre autoilusões de compreensão, competência e recordações, escrevem que é quase impossível não basear nossa apreciação em experiências subjetivas. Os seres humanos não conferem maior credibilidade aos registros objetivos de um evento passado do que às recordações subjetivas do mesmo evento. Também mostramos uma surpreendente insensibilidade às formas como nossas interpretações particulares de uma situação são exclusivas a nós mesmos. Assim, a narrativa da memória torna-se central para nossas intuições sobre as apreciações que fazemos e as ações que tomamos.[5]

Assim, é um estranho paradoxo o fato de que a natureza mutável de nossa memória não só pode enviesar nossas percepções, mas também é essencial para nossa capacidade de aprender. Como já deve ser familiar a você a essa altura, toda vez que recordamos uma memória, fortalecemos as rotas mentais para aquela memória, e essa capacidade de fortalecer, expandir e modificar a memória é fundamental para aprofundar nossa aprendizagem e ampliar as conexões com o que sabemos e o que podemos fazer. A memória tem algumas semelhanças com um algoritmo de busca do Google, pois quanto mais você conecta o que você aprende com o que já sabe, e quanto mais associações você fizer com uma memória (p. ex., a conexão com uma imagem visual, um lugar ou uma história maior), mais pistas mentais para encontrar e recuperar a memória mais tarde você adquire. Essa capacidade expande nossa influência: nossa capacidade de agir e ser eficaz no mundo. Ao mesmo tempo, já que a memória vai mudando de forma, conciliando as necessidades concorrentes de emoções, sugestões e narrativas, convém ficar aberto à falibilidade de suas certezas: até mesmo suas lembranças mais acalentadas talvez não consigam representar os eventos da maneira exata em que eles ocorreram.

A *memória pode ser distorcida* de várias maneiras. As pessoas interpretam uma história à luz de seus conhecimentos de mundo, impondo ordem onde ela não existia, a fim de compor uma história mais lógica. A memória é uma reconstrução. Não conseguimos nos lembrar de cada aspecto de um evento, então nos lembramos daqueles elementos que têm maior significado emocional para nós, e preenchemos as lacunas com detalhes criados por nós mesmos, que sejam consistentes com nossa narrativa, mas que podem estar errados.

As pessoas lembram-se de coisas que estavam implícitas, mas não declaradas especificamente. A literatura científica está repleta de exemplos. Em um deles, muitas pessoas que leem um parágrafo sobre uma garota com problemas chamada Helen Keller[*] mais tarde recordam, equivocadamente, que a expressão "surda, muda e cega" estava presente no texto. Esse erro raramente foi cometido por outro grupo que leu o mesmo parágrafo sobre uma garota chamada Carol Harris.[6]

*

A *inflação da imaginação* refere-se à tendência de que as pessoas, após serem solicitadas a imaginar um evento vividamente, mais tarde, quando indagadas sobre isso, às vezes, começam a acreditar que o evento realmente ocorreu. Adultos que foram indagados "Algum dia você já quebrou uma janela com as próprias mãos?" apresentaram maior probabilidade de relatar, em um posterior questionário, que acreditavam que esse evento havia ocorrido em suas vidas. Parece que fazer a pergunta os levou a imaginar o evento, e o ato de ter imaginado resultou no efeito, mais tarde, de torná-los mais propensos a pensar que o fato havia ocorrido (em relação a outro grupo que respondeu à pergunta sem previamente ter imaginado a ocorrência do fato).

Eventos hipotéticos que são imaginados vividamente podem sedimentar no cérebro com tanta firmeza quanto as lembranças de acontecimentos reais. Por exemplo, quando existe a suspeita de que um menino está sofrendo abuso sexual, e ele é entrevistado e questionado sobre isso, ele pode imaginar experiências descritas pelo entrevistador e mais tarde "lembrar-se" de que ocorreram.[7] (Infelizmente, é claro, muitas lembranças de abuso sexual na infância são absolutamente verdadeiras; em geral, aquelas relatadas logo após a ocorrência.)

*

Outro tipo de ilusão de memória é causado por *sugestão*, a qual pode surgir simplesmente na forma como uma pergunta é feita. Em um exemplo, pessoas assistiram ao vídeo de um carro passando no sinal vermelho em um cruzamento e colidindo com outro carro que passava. Aqueles que mais tarde foram convidados a estimar a velocidade dos veículos no momento em que eles "se tocaram", calcularam, em média, 50 km/h. Aqueles que foram convidados a estimar a velocidade quando os dois veículos "se espatifaram", calcularam, em média, 60 km/h. Se o limite de velocidade era de 50 km/h, formular a

---

[*] N. de T.: Escritora estadunidense (1880–1968), primeira pessoa cega e surda a ganhar um diploma de bacharel.

pergunta da segunda maneira em vez da primeira poderia resultar em multa de excesso de velocidade para o motorista. Claro, o sistema jurídico conhece o perigo de entrevistar testemunhas com "perguntas capciosas" (aquelas que incentivam uma resposta específica), mas essas perguntas são difíceis de evitar completamente, porque a sugestão pode ser muito sutil. Afinal das contas, no caso mencionado, os dois carros realmente "se espatifaram".[8]

Algumas testemunhas de crimes que estão se esforçando para recuperar os detalhes são instruídas a deixar sua mente vagar com liberdade, para gerar seja lá o que vier à mente, mesmo se for uma adivinhação. No entanto, o ato de adivinhar possíveis eventos incentiva as pessoas a fornecerem suas próprias informações incorretas, as quais, se deixadas sem correção, podem mais tarde ser recuperadas como se fossem lembranças. Esse é o motivo pelo qual as pessoas entrevistadas após serem hipnotizadas são impedidas de testemunhar no tribunal em quase todos os Estados e províncias canadenses. Em geral, a entrevista hipnótica incentiva as pessoas a deixar seus pensamentos vaguear livremente e apresentar tudo que vem à cabeça, na esperança de recuperar informações que, de outra forma, não seriam apresentadas. Porém, esse processo as induz a apresentar muitas informações errôneas, e estudos têm mostrado que, ao serem testadas mais tarde, sob instruções de dizer apenas o que se lembram dos acontecimentos reais, as adivinhações feitas sob hipnose enevoam suas lembranças sobre o que realmente aconteceu. Em particular, elas se lembram dos acontecimentos apresentados sob hipnose como se tivessem sido experiências reais, mesmo sob condições (no laboratório) em que é possível saber que os eventos em questão não ocorreram de verdade.[9]

*

A *interferência* de outros eventos pode distorcer a memória. Suponha que a polícia entreviste uma testemunha logo após o crime, mostrando fotos dos possíveis suspeitos. O tempo passa, e a polícia acaba prendendo um suspeito, cuja foto tinha sido vista pela testemunha. Se a testemunha é agora solicitada a ver suspeitos lado a lado, ela pode equivocadamente recordar que um dos suspeitos cuja foto ela viu estivesse na cena do crime. Um exemplo particularmente pitoresco de um processo relacionado aconteceu com o psicólogo australiano Donald M. Thomson. Uma mulher em Sydney estava assistindo à televisão no meio-dia quando ela ouviu uma batida na porta. Ao abrir a porta, foi atacada, estuprada e abandonada inconsciente. Ao acordar, a vítima ligou para a polícia, que veio em seu auxílio, obteve uma descrição do agressor e desencadeou uma busca. Avistaram Donald Thomson andando por uma rua de Sydney, e ele combinava com a descrição. Foi preso na hora. Acontece que Thomson tinha um álibi irrefutável – no exato momento do estupro, ele estava sendo entrevistado ao vivo em um programa de televisão. A polícia não acreditou e zombou dele durante o interrogatório. No entanto, a história era verdadeira. A mulher estava assistindo ao programa de tevê quando ouviu a batida na porta. A descrição que ela deu à polícia, aparentemente, era do homem que ela havia visto na televisão, Donald Thomson, e não a do estuprador. A reação do Sistema 1 dela (rápido, mas às vezes equivocado) forneceu a descrição errada, provavelmente devido a seu estado emocional extremo.[10]

*

O que os psicólogos chamam de *maldição do conhecimento* é nossa tendência a subestimar quanto tempo outra pessoa vai levar para aprender algo novo ou executar uma tarefa que já dominamos. Muitas vezes, professores sofrem essa ilusão – a professora de cálculo que considera o cálculo tão fácil que ela já não consegue se colocar na pele do aluno que está apenas começando e se esforçando para aprender a matéria. O efeito da maldição do conhecimento é um parente próximo do *viés de retrospectiva,* também chamado frequentemente de *efeito "eu já sabia",* no qual, após o fato, temos a impressão de que os eventos são mais previsíveis do que eram antes de ocorrerem. Especialistas do mercado de ações vão anunciar com confiança no jornal da noite o comportamento do mercado de ações daquele dia, mesmo que não pudessem ter previsto as movimentações naquela manhã.[11]

*

Relatos que soam familiares podem criar *a sensação de que já sabemos* e ser confundidos com a verdade. Essa é a razão pela qual reivindicações políticas ou de publicidade que não são verídicas, mas são repetidas, podem ganhar força com o público, especialmente se tiverem ressonância emocional. Algo que você escuta uma vez e volta a escutar de novo carrega um aconchego de familiaridade que pode ser confundido por uma lembrança, um fragmento de algo que certa vez você sabia e não consegue localizar direito, mas está inclinado a acreditar. No mundo da propaganda, isso é chamado de "técnica da grande mentira" – até mesmo uma grande mentira repetida várias vezes pode vir a ser aceita como verdade.

*

Ilusões de fluência resultam de nossa tendência a confundir a fluência (familiaridade) textual com o domínio de seu conteúdo. Por exemplo, se você ler uma apresentação especialmente lúcida sobre um conceito difícil, pode ter a ideia que o conceito é realmente muito simples e talvez até pense que já sabia.

Como já foi discutido, alunos que estudam por meio de reler seus textos podem confundir sua fluência em relação ao texto, resultante de releitura, com a posse de conhecimentos acessíveis sobre o assunto e, por conseguinte, superestimar o quão bem eles irão em um teste.

*

Nossas lembranças também estão sujeitas a *influências sociais* e tendem a se alinhar com as lembranças das pessoas a nosso redor. Se você estiver em um grupo relembrando experiências passadas e alguém adiciona um detalhe errado ao relato, você tende a incorporar esse detalhe em sua própria memória e, mais tarde, a lembrar-se da experiência com o detalhe errôneo. Esse processo é chamado de "conformidade da memória" ou "contágio social da memória": o erro de uma pessoa pode "infectar" a memória de outra pessoa. Claro, nem sempre as influências sociais são ruins. Se alguém recorda detalhes de memórias comuns que, em sua cabeça, ainda estão meio nebulosas, sua memória posterior será atualizada e manterá um registro mais exato do evento passado.[12]

*

No reverso do efeito da influência social, os seres humanos são predispostos a supor que os outros compartilham de suas crenças, processo chamado de *efeito do falso consenso*. Em geral, não reconhecemos a natureza idiossincrática de nosso entendimento do mundo e a interpretação pessoal sobre os acontecimentos, e que o nosso entendimento difere do entendimento dos outros. Recorde o quanto você se surpreendeu recentemente, ao solidarizar-se com uma amiga sobre a situação geral, só para então descobrir que ela enxerga sob um prisma totalmente diferente fatos sobre os quais você pensava que a visão correta era fundamental e óbvia: mudança do clima, controle de armas, o *fracking* de poços de gás – ou talvez algo muito local, como aprovar ou não o financiamento para um prédio escolar ou opor-se à construção no bairro de um supermercado de uma grande rede.[13]

*

Confiar em uma lembrança não é uma indicação confiável sobre sua exatidão. Podemos ter extrema convicção sobre uma lembrança vívida, quase literal de um evento e, mesmo assim, descobrir que, na prática, não foi bem assim. Tragédias nacionais, como o assassinato do presidente John Kennedy ou os eventos em torno do 11/9, criam o que os psicólogos chamam de "lembranças relâmpago", termo para definir as imagens vívidas que retemos: onde estávamos quando recebemos a notícia, como ficamos sabendo, como nos sentimos, o que fizemos. Pensamos que essas lembranças são indeléveis, gravadas em nossas mentes, e é verdade que os contornos gerais dessas catástrofes, minuciosamente relatados nos meios de comunicação, são bem lembrados, mas nossa lembrança sobre nossas circunstâncias pessoais que cercam os acontecimentos talvez não seja necessariamente exata. Há numerosos estudos desse fenômeno, incluindo levantamentos sobre as lembranças de 1.500 cidadãos estadunidenses sobre os ataques de 11 de setembro. Nesse estudo, as lembranças dos entrevistados foram levantadas uma semana após os atentados, um ano mais tarde e, de novo, três e 10 anos mais tarde. As lembranças mais emocionais dos entrevistados sobre seus detalhes pessoais na época em que ficaram sabendo dos ataques também são aquelas sobre as quais eles se sentem mais confiantes e, paradoxalmente, as que mais se modificaram ao longo dos anos, em comparação com outras lembranças sobre o 11/9.[14]

MODELOS MENTAIS

À medida que adquirimos domínio nas diversas áreas de nossas vidas, tendemos a aglutinar os passos incrementais necessários para resolver diferentes tipos de problemas. Usando uma analogia de um capítulo anterior, você poderia pensar neles como algo parecido com aplicativos de *smartphone* no cérebro. Nós os chamamos de modelos mentais. Dois exemplos no trabalho da polícia são a rotineira coreografia de parar o trânsito e os movimentos para tomar a arma de um assaltante em um contato corpo a corpo. Cada uma dessas manobras envolve um conjunto de percepções e ações que os policiais podem adaptar com pouco pensamento consciente em resposta ao contexto e à situação. Para um barista, um modelo mental seria as etapas e os ingredientes para produzir meio litro de um perfeito *frappuccino* descafeinado. Para a recepcionista no atendimento de emergência, é fazer a triagem e o registro.

Quanto mais você sabe sobre um tema, mais difícil se torna ensiná-lo. É o que garante o físico e educador Eric Mazur, da Harvard University. Por quê? À medida que você se torna mais especializado em áreas complexas, seus modelos nessas áreas ficam mais complexos, e os passos que os compõem desvanecem no fundo da memória (a maldição do conhecimento). Uma especialista em física, por exemplo, criará uma biblioteca mental sobre os princípios da física, que ela pode usar para resolver os vários tipos de problemas que encontra em seu trabalho: as Leis do Movimento de Newton, por exemplo, ou as leis da conservação do momento. Ela tenderá a resolver problemas com base nos princípios que os embasam, enquanto um novato vai agrupá-los por semelhanças de características superficiais, como o aparato sendo manipulado no problema (polia, plano inclinado, etc.). Um dia, quando ela vai ministrar uma aula de física introdutória, ela explica como um problema particular requer algo da mecânica newtoniana, esquecendo-se de que seus alunos ainda precisam dominar os passos básicos que ela há muito tempo já incluiu em um modelo mental unificado. Essa suposição pela professora de que seus alunos prontamente vão entender algo complexo que aparenta ser fundamental em sua própria mente é um erro metacognitivo, um erro de apreciação sobre a equivalência entre o que ela sabe e o que os alunos dela sabem. Mazur afirma que a pessoa que melhor sabe o quanto o aluno está se esforçando para assimilar novos conceitos não é o professor, mas outro aluno.[15] Esse problema é ilustrado por meio de um experimento muito simples, em que uma pessoa toca uma melodia comum dentro de sua cabeça e tamborila o ritmo com os nós de seus dedos e outra pessoa ouvindo o tamborilar rítmico deve adivinhar a melodia. Cada melodia vem de um conjunto fixo de 25 músicas, por isso, a chance estatística de adivinhar é de 4%. De modo revelador, os participantes que têm a melodia na cabeça estimam que a outra pessoa vai adivinhar corretamente 50% do tempo, mas, na verdade, os ouvintes adivinham corretamente apenas 2,5% do tempo, número inferior às chances estatísticas.[16]

*

Como os jogadores de futebol americano do treinador Dooley que memorizam seus manuais de estratégia, todos nós construímos bibliotecas mentais sobre uma miríade de soluções úteis que podemos recordar, conforme a necessidade, para nos ajudar a superar os percalços ao longo do caminho. Mas podemos tropeçar nesses modelos, também, quando fracassamos em reconhecer que um novo problema que parece ser familiar é, na verdade, algo bem diferente, e escolhemos uma solução que não funciona ou só piora as coisas. A incapacidade de reconhecer quando sua solução não se encaixa no problema é outra forma de auto-observação defeituosa que pode colocá-lo em uma enrascada.

Mike Ebersold, o neurocirurgião, um dia foi chamado à sala de operação para ajudar um cirurgião residente que, em meio à remoção de um tumor cerebral, estava perdendo o paciente. O modelo habitual para cortar um tumor exige trabalhar sem pressa, excisar cuidadosamente ao redor do crescimento, deixar uma margem limpa e poupar os nervos circundantes. Mas, quando o crescimento está no cérebro, e se ocorre um sangramento por trás dele, a pressão no cérebro pode ser fatal. Em vez de ser lento e cuidadoso, você precisa exatamente o contrário: cortar o tumor com muita rapidez de modo a drenar o sangue e então trabalhar para restaurar o sangramento. "No começo, talvez você possa ser um pouco tímido para dar o grande passo", explica Mike. "Não é bonito, mas a sobrevivência do paciente depende de sua capacidade de trocar de engrenagens e proceder com rapidez." Mike auxiliou, e a cirurgia foi bem-sucedida.

Como a criancinha que chama o desconhecido de "papai", devemos cultivar a capacidade de discernir quando nossos modelos mentais não estão funcionando: quando uma situação aparenta ser familiar, mas é, na verdade, diferente, e exige que busquemos uma solução distinta e façamos algo novo.

SEM HABILIDADE E SEM SABER DISSO

As pessoas incompetentes carecem das habilidades para melhorar porque são incapazes de distinguir entre competência e incompetência. Esse fenômeno, de particular interesse para a metacognição, foi chamado de efeito Dunning-Kruger, em homenagem aos psicólogos David Dunning e Justin Kruger. A pesquisa deles mostrou que pessoas incompetentes superestimam sua própria competência e, fracassando em perceber uma incompatibilidade entre seu desempenho e o que seria desejável, não enxergam a necessidade de tentar melhorar. (O título de seu artigo inicial sobre o tema foi "Sem habilidade e sem consciência disso".) Dunning e Kruger também demonstraram que pessoas incompetentes podem ser ensinadas a aprimorar suas competências, aprendendo as habilidades para julgar seu próprio desempenho com mais precisão, em suma, para tornar mais exata sua metacognição. Em uma série de estudos que demonstram essa constatação, eles apresentaram aos alunos um teste de lógica e lhes solicitaram para avaliar seu próprio desempenho. No primeiro experimento, os resultados confirmaram as expectativas de que os alunos menos competentes estavam mais desconectados em relação a seu desempenho: alunos que pontuaram no 12º percentil em média acreditavam que sua capacidade geral de raciocínio lógico girava em torno do 68º percentil.

Em um segundo experimento, após fazer um teste inicial e classificar seu próprio desempenho, os alunos tiveram acesso às respostas dos outros alunos e, em seguida, a suas próprias respostas, sendo solicitados a reavaliar o número de perguntas do teste às quais eles haviam respondido corretamente. Os alunos cujo desempenho estavam no quartil inferior fracassaram em julgar seu próprio desempenho com mais exatidão após ver as escolhas mais competentes de seus pares e, de fato, tenderam a levantar suas já infladas estimativas sobre sua própria capacidade.

Um terceiro experimento explorou se os alunos com fraco desempenho poderiam aprender a melhorá-lo. Os alunos receberam 10 problemas de raciocínio lógico e, após o teste, foram convidados a avaliar suas habilidades de raciocínio lógico e seu desempenho no teste. Mais uma vez, os alunos do quartil inferior superestimaram bastante seus desempenhos. Em seguida, metade dos estudantes recebeu 10 minutos de treinamento em lógica (como testar a exatidão de um silogismo); a outra metade dos alunos recebeu uma tarefa não relacionada. Todos os alunos foram então convidados a estimar novamente seus desempenhos no teste. Agora os alunos do quartil inferior, que receberam o treinamento, souberam estimar com muito mais precisão o número de perguntas certas e seu nível de desempenho em comparação com os outros alunos. Aqueles no quartil inferior que não receberam o treinamento realizado mantiveram sua convicção equivocada de que tinham apresentado um bom desempenho.

Como que as pessoas incompetentes não conseguem aprender, por meio da experiência? Faltam-lhes certas habilidades? Dunning e Kruger oferecem várias teorias. Uma é que, no cotidiano, as pessoas raramente recebem dos outros um *feedback* negativo sobre suas capacidades e habilidades, pois ninguém gosta de dar más notícias. Mesmo quando recebem *feedback* negativo, as pessoas têm de chegar a uma compreensão exata de por que a falha ocorreu. Para obter sucesso, tudo precisa andar bem, mas, por outro lado, o fracasso pode ser atribuído a uma série de causas externas: é fácil culpar a ferramenta pelo que a mão é incapaz de fazer. Enfim, Dunning e Kruger sugerem que algumas pessoas simplesmente não revelam argúcia em avaliar o desempenho das outras pessoas e são, portanto, menos capazes de detectar a competência quando a enxergam, o que as torna menos capazes de fazer apreciações comparativas sobre seus próprios desempenhos.

Esses efeitos têm maior probabilidade de ocorrer em alguns contextos e com algumas habilidades do que em outros. Em algumas áreas, a revelação sobre a incompetência de alguém pode ser de uma sinceridade brutal. Os autores se lembram de suas infâncias quando um professor indicava dois garotos para escolherem as equipes de beisebol. Os bons jogadores são escolhidos em primeiro lugar, e os piores por último. Você fica sabendo sobre as apreciações de seus pares quanto a suas habilidades nesse esporte de uma forma bastante pública, de modo que seria difícil o último jogador escolhido pensar: "Puxa, eu realmente sou um craque". Porém, na maioria dos setores da vida, não recebemos apreciações tão rigorosas sobre nossa capacidade.[17]

*

Resumindo: o meio pelo qual navegamos no mundo (os Sistemas 1 e 2 de Daniel Kahneman) confiam em nossos sistemas de percepção, intuição, memória e cognição, com todos seus tiques, verrugas, preconceitos e falhas. Cada um de nós constitui um impressionante feixe de habilidades perceptivas e cognitivas, coexistindo com as sementes de nossa própria ruína. Quando se trata de aprendizagem, nossas escolhas são guiadas por nossas apreciações sobre o que funciona e o que não, e facilmente nos equivocamos.

Nossa suscetibilidade à ilusão e ao erro de apreciação deveria dar a todos uma trégua, e isso vale especialmente para os defensores da "aprendizagem autodirigida pelo aluno", teoria bem atual entre alguns pais e educadores. Essa teoria sustenta que os próprios alunos sabem melhor o que precisam estudar para dominar um assunto, em qual ritmo e quais métodos funcionam melhor para eles. Por exemplo, na Manhattan Free School, no East Harlem, inaugurada em 2008, os alunos "não recebem notas e provas, tampouco são obrigados a fazer algo, caso não tenham vontade". A Brooklyn Free School, inaugurada em 2004, juntamente com uma nova safra de escolas familiares que se autodenominam "antiescolares", segue o preceito de que tudo o que deixa o aluno curioso resultará em melhor aprendizagem.[18]

A intenção é elogiável. Sabemos que os alunos precisam ter mais controle sobre sua própria aprendizagem, empregando estratégias como as que discutimos. Por exemplo, eles precisam testar a si próprios, tanto para atingir os benefícios diretos da retenção aumentada e para determinar o que sabem e não sabem, a fim de apreciar com mais exatidão seu progresso e focalizar o conteúdo que precisa de mais trabalho. Mas poucos alunos praticam essas estratégias, e aqueles que o fazem vão precisar mais do que incentivo se quiserem praticá-las efetivamente: acontece que, até mesmo quando os alunos entendem que a prática de recuperar informações é uma estratégia superior, muitas vezes eles não persistem o tempo suficiente para obter o benefício duradouro. Por exemplo, quando os alunos são apresentados a um conjunto de conteúdos para dominar, digamos, uma pilha de *flashcards* com palavras estrangeiras, e têm a liberdade para decidir quando retirar um cartão do baralho, pois já o aprenderam, a maioria dos alunos retira a carta após acertar uma ou duas vezes, muito mais cedo do que deveriam. O paradoxo é que os alunos que empregam as estratégias de estudo menos eficazes são os que mais superestimam sua aprendizagem e, em razão de sua confiança equivocada, não se mostram inclinados a mudar seus hábitos.

O jogador de futebol americano se preparando para o jogo do próximo sábado não deixa seu desempenho por conta da intuição: ele repassa suas jogadas e as diversifica para descobrir os pontos a serem aprimorados, treinando-os no campo bem antes de vestir o uniforme para o grande jogo. Se esse tipo de comportamento estivesse perto da norma para os alunos em suas atividades acadêmicas atuais, nesse caso, a aprendizagem autodirigida seria altamente eficaz. Mas, é claro, o jogador de futebol americano não é autodirigido, sua prática é orientada pelo treinador. Da mesma forma, a maioria dos alunos aprenderá melhor seu conteúdo acadêmico sob a orientação de um instrutor que saiba onde o aprimoramento é necessário e estruture a prática necessária para alcançá-lo.[19]

A resposta à ilusão e ao erro de apreciação é substituir a experiência subjetiva como a base para decisões por um conjunto de indicadores objetivos, exteriores a nós mesmos, para que nossa apreciação reflita o mundo real a nossa volta. Quando temos pontos de referência confiáveis, como instrumentos da cabine de um avião, e adquirimos o hábito de verificá-los, conseguimos tomar boas decisões sobre onde concentrar nossos esforços, reconhecer quando perdemos o rumo e reencontrar o caminho certo. Eis alguns exemplos.

FERRAMENTAS E HÁBITOS PARA CALIBRAR SUA APRECIAÇÃO

O mais importante é fazer o uso frequente de *testes* e da prática de recuperar informações para verificar o que você realmente sabe *versus* o que você acha que sabe. Testes frequentes (que não contam para a nota) em sala de aula ajudam o instrutor a verificar se os alunos estão realmente aprendendo como aparentam estar aprendendo, revelando as áreas em que a atenção extra é necessária. Preparar testes agregando vários temas, como Andy Sobel faz em seu curso de economia política, é especialmente poderoso para consolidar a aprendizagem e conectar os conceitos de uma fase de um curso com o novo conteúdo encontrado mais tarde. Na condição de aluno, você pode usar várias técnicas e práticas para autotestar seu domínio do conteúdo, desde responder perguntas em pilhas de *flashcards* até ser capaz de explicar os conceitos-chave com suas próprias palavras e praticando a instrução entre pares (confira a seguir).

Não cometa o erro de retirar tópicos de seu programa de testes tão logo tenha acertado o item uma ou duas vezes. Se for importante, o item precisa ser praticado sucessivas vezes. E não aposte as fichas em ganhos momentâneos resultantes da prática intensiva. Faça os testes espaçados, diversifique sua prática e mantenha a visão de longo prazo.

*

A *instrução entre pares*, modelo de ensino desenvolvido por Eric Mazur, incorpora muitos dos princípios citados. Os alunos recebem como tarefa a leitura prévia do conteúdo a ser estudado em aula. No dia da aula, a exposição é intercalada com testes rápidos que desafiam os alunos com uma pergunta conceitual. Os alunos recebem um ou dois minutos para analisar o problema; em seguida, procuram, em pequenos grupos, chegar a um consenso sobre a resposta certa. Na experiência de Mazur, esse processo envolve os alunos nos conceitos básicos do conteúdo da aula; revela os problemas dos alunos em atingir a compreensão; e lhes oferece oportunidades para explicar sua compreensão, receber *feedback* e avaliar sua aprendizagem em comparação com outros alunos. Da mesma forma, o processo atua como indicador para o instrutor sobre como os alunos estão assimilando o material e em que áreas é necessário mais esforço, ou menos. Mazur tenta emparelhar alunos que inicialmente tinham diferentes respostas a uma pergunta, para que eles consigam perceber ponto de vista do outro e tentem convencê-lo de que está certo.

Consulte mais dois exemplos dessa técnica nos relatos sobre os professores Mary Pat Wenderoth e Michael D. Matthews, no Capítulo 8.[20]

*

Preste atenção nas *pistas* que você está usando para estimar o que você aprendeu. A sensação de ser familiar ou fluente nem sempre é um indicador confiável de aprendizagem. Tampouco é seu nível de facilidade em recuperar fatos ou frases em um questionário logo após encontrá-los em um texto ou palestra. (A facilidade de recuperar informações após um tempo, no entanto, *é* um bom indicador da aprendizagem.) Muito melhor é criar um modelo mental do conteúdo que integre as várias ideias ao longo de um texto, conecte-as ao que você já sabe e que lhe permita fazer inferências. Com que competência você consegue explicar um texto é uma excelente pista para apreciar a sua compreensão, porque você deve recordar os pontos salientes a partir da memória, colocá-los em suas próprias palavras e explicar por que eles são significativos – ou seja, como eles se relacionam com o assunto maior.

*

Os instrutores devem dar *feedback* corretivo, e os alunos devem procurá-lo. Em sua entrevista a Errol Morris, o psicólogo David Dunning argumenta que o caminho para a autopercepção passa por outras pessoas. "Então vai depender mesmo do tipo de *feedback* você está recebendo. O mundo está lhe dizendo coisas boas? O mundo está lhe recompensando da forma que você espera que uma pessoa competente seja recompensada? Se você presta atenção nas outras pessoas, muitas vezes encontra um jeito diferente de fazer as coisas; existem jeitos melhores de fazer as coisas. 'Não sou tão bom quanto pensei que eu era, mas tenho uma base a ser trabalhada'." Pense nas crianças fazendo fila para entrar no time de beisebol – você seria escolhido?[21]

Em muitos campos, a prática da avaliação por pares* serve como indicador externo, fornecendo *feedback* sobre o desempenho de alguém. A maioria dos grupos de prática médica promove conferências sobre morbidade/mortalidade, e se o paciente de um médico falece após um tratamento ou cirurgia, o caso é apresentado. Alguns médicos vão escarafunchar o caso, outros dizem "Você fez um bom trabalho, foi apenas uma situação desfavorável". Mike Ebersold argumenta que as pessoas no campo dele deveriam praticar como parte de um grupo. "Se você tiver outros neurocirurgiões a seu redor, isso é uma salvaguarda. Se você estiver fazendo algo inaceitável, eles vão alertá-lo para isso."

*

Em muitos contextos, sua apreciação e sua aprendizagem são calibradas trabalhando lado a lado com um parceiro mais experiente: copilotos com pilotos, policiais novatos com policiais experientes, médicos residentes com cirurgiões experientes. O modelo do aprendiz é muito antigo na experiência humana, já que os principiantes (sejam sapateiros ou advogados) tradicionalmente aprenderam seu ofício de profissionais experientes.

Em outros contextos, *equipes* são formadas de pessoas com áreas de *expertise* complementares. Quando médicos implantam dispositivos, como marca-passos e estimuladores neurais do tipo que tratam a incontinência urinária ou os sintomas da doença de Parkinson, o fabricante tem um representante do produto que acompanha o trabalho do cirurgião na própria sala de cirurgia. O representante já viu muitas cirurgias para implantar o dispositivo, conhece o tipo de paciente que se beneficiará com ele, sabe as contraindicações e os efeitos adversos e mantém uma linha direta com os engenheiros e médicos da equipe de funcionários da empresa. O representante acompanha a cirurgia para se certificar de que o dispositivo seja implantado na posição correta, os cabos estejam inseridos na profundidade correta, e assim por diante. Cada parte da equipe se beneficia com isso. Ao paciente, é assegurada uma cirurgia apropriada e bem-sucedida. O médico tem a seu alcance um especialista no produto, com *expertise* na solução de problemas, se necessário. E a empresa se certifica de que seus produtos sejam utilizados corretamente.

*

---

* N. de T.: *Peer review*, ou revisão por pares, ou revisão paritária.

O treinamento que simula os tipos de exigências e condições dinâmicas que podem ser esperadas nos contextos do mundo real ajuda alunos e instrutores a avaliar o domínio sobre o assunto e a se concentrar em áreas em que a compreensão ou as competências precisam ser aprimoradas. Por exemplo, no trabalho da polícia, muitas formas diferentes de *simulação* são usadas no treinamento. No treinamento com armas de fogo, muitas vezes os cenários baseiam-se em vídeos, com uma grande tela instalada na ponta de uma sala, na qual manequins foram colocados para imitar a situação enfrentada pelo policial, que entra no ambiente empunhando uma arma modificada para interagir com o vídeo.

A tenente Catherine Johnson, da polícia de Minneapolis, descreve duas dessas simulações em seu treinamento:

> A primeira foi uma operação de abordagem de veículos no trânsito. A sala de treinamento tinha a tela em uma ponta e objetos ao redor da sala (uma grande caixa de correio azul, um hidrante, a entrada de um prédio), que você poderia usar como cobertura ao lidar com o que estava acontecendo na tela. Eu me lembro de caminhar em direção à tela, e, enquanto eu fazia isso, o vídeo foi simulando, de modo muito realista, minha aproximação com o carro. De repente, o porta-malas se abriu e um cara com uma espingarda saltou para fora e atirou em mim. Por isso, até hoje, cada vez que abordo um carro em uma operação no trânsito, eu empurro com força o porta-malas para me certificar de que não está aberto. E é por causa daquele cenário no treinamento que eu tive.

A outra simulação de arma de fogo era um chamado residencial, e começava comigo me aproximando da casa e percebendo um sujeito na varanda. No instante em que apareço, vislumbro que ele tem uma arma na mão. Dou a ordem para ele largá-la, e a primeira coisa que ele faz é dar as costas para mim e começar a se afastar. E meu pensamento nesse ponto é que não posso atirar nesse cara pelas costas, e não há ninguém ali que pareça estar em perigo, então o que fazer? No tempo em que levo para processar se deveria ou não atirar no sujeito, ele já se virou e atirou em mim. Isso porque a minha reação foi mais lenta do que a ação dele. A ação supera a reação todas as vezes. Esse é o mantra que fica gravado em nossas mentes.[22]

As simulações com armas de fogo podem imitar uma série de situações letais ou pacíficas. Para cada situação, não existe tanto uma resposta certa ou errada, mas sim um conjunto complexo de fatores, alguns dos quais, como saber se o indivíduo na varanda tem histórico criminal, já podem ser conhecidos da policial quando ela chega ao local. No final do treinamento, a policial troca ideias com o instrutor, obtendo *feedback*. O exercício não tem a ver apenas com técnicas, mas também com pensamento claro e reflexos adequados – pistas visuais e verbais para prestar atenção, resultados possíveis, ter clareza sobre o uso adequado de força letal e, após a ocorrência, encontrar as palavras que justificarão os atos que você fez no afã do momento.

A simulação não é perfeita. Johnson relata como policiais são treinados para tomar a arma de um assaltante em situação de corpo a corpo, manobra praticada representando papéis com um colega policial. A manobra exige velocidade e destreza: golpear o pulso do meliante com uma das mãos para desfazer sua empunhadura e, simultaneamente, com a outra mão, arrancar a pistola solta. É um movimento que os policiais têm o hábito de aprimorar por meio da repetição, pegando a arma, devolvendo-a, pegando-a novamente. Até que um dos policiais, durante uma operação verdadeira, tomou a arma de um assaltante e a entregou de volta. Os dois ficaram perplexos, e, em um piscar de olhos, o policial deu um jeito de recuperar a arma, e dessa vez ficou com ela. O regime de treinamento tinha violado a regra que você deve praticar como você joga, pois vai jogar como pratica.

Às vezes, o *feedback* mais poderoso para calibrar sua percepção sobre o que você realmente sabe e não sabe consiste nos erros que você comete nas operações de campo, desde que você sobreviva a eles e seja receptivo à lição.[23]

6
VÁ ALÉM DOS ESTILOS DE APRENDIZAGEM

Todos os alunos são diferentes, e todo o acesso a uma alta função, como nos diz Francis Bacon, é por uma tortuosa escada em espiral.[1]

Analise a história de Bruce Hendry. Nascido em 1942, às margens do Mississippi, ao norte de Minneapolis, filho de um operador de máquinas e uma dona de casa, Bruce é apenas mais um menino estadunidense com joelhos esfolados e vontade de ficar rico. Quando o assunto são homens que enriquecem sozinhos, a história muitas vezes soa familiar. Não é uma história desse tipo. Bruce Hendry enriqueceu sozinho, mas a história está na tortuosa escada em espiral, em como ele encontrou seu rumo, e de que modo sua trajetória nos ajuda a entender as diferenças de como as pessoas aprendem.

A ideia de que os indivíduos têm estilos de aprendizagem distintos existe há tempo suficiente para tornar-se parte do folclore da prática educativa e uma parte essencial de como muitas pessoas se autopercebem. A premissa básica diz que as pessoas captam e reprocessam as novas informações de forma diferente: por exemplo, algumas aprendem melhor com conteúdos visuais, e outras aprendem melhor com o texto escrito ou conteúdos auditivos. Além disso, a teoria sustenta: pessoas que recebem aulas que não correspondem a seu estilo de aprendizagem têm prejuízos ao aprender.

Neste capítulo, frisamos que todos têm preferências de aprendizagem, mas não estamos convencidos de que você aprende melhor quando o modo de instrução se encaixa nessas preferências. Porém, outros tipos de diferenças realmente importam na maneira como as pessoas aprendem. Mas antes, vamos à história de Bruce, para ajudar a estruturar nossa argumentação.

APRENDIZAGEM ATIVA DESDE O INÍCIO

Uma parcela do segredo de Bruce é sua percepção, desde os primeiros anos, de ser o responsável por si. Quando tinha 2 anos, sua mãe, Doris, o avisou de que não podia atravessar a rua porque corria o risco de ser atropelado por um carro. Todos os dias, Bruce atravessava a rua, e todos os dias, Doris lhe dava umas palmadas. "Ele nasceu atrevido", contava Doris aos amigos.

Aos 8 anos, ele comprou, por 10 centavos, um rolo de barbante em um brechó. Cortou em pedaços e os vendeu por cinco centavos cada. Aos 10 anos, tornou-se entregador de jornais. Aos 11, acrescentou outra atividade: carregador de tacos de golfe. Aos 12, o bolso forrado com 30 dólares em economias, antes do amanhecer, escapuliu furtivamente pela janela do quarto com uma mala vazia e, pegando caronas, fez o percurso de 410 km até Aberdeen, Dakota do Sul. Na Black Cats, comprou um estoque de rojões e fogos de artifício, produtos ilegais em Minnesota, e, antes do jantar, já estava de volta, também de carona. Ao longo da semana seguinte, Doris não conseguia entender por que todos os garotos entregadores de jornais passavam na casa dela por alguns minutos e logo iam embora. Bruce havia encontrado uma mina de ouro, mas o supervisor dos jornaleiros descobriu e avisou o pai de Bruce. O pai repreendeu o filho e avisou: se ele voltasse a fazer aquilo, levaria a maior surra da vida dele. Bruce repetiu a viagem de compras no verão seguinte e levou a prometida surra. "Valeu a pena", conta ele.[2] Ele tinha 13 anos, e havia aprendido uma lição sobre alta procura e baixa oferta.

Na visão de Bruce, as pessoas ricas provavelmente não eram mais inteligentes do que ele, só tinham conhecimentos que lhe faltavam. Vamos acompanhar como ele buscou os conhecimentos de que precisava. Isso ilustrará algumas diferenças de aprendizagem que realmente importam. Uma, é claro, é tomar conta de sua própria educação, hábito que adotou desde os 2 anos de idade e continuou a mostrar ao longo dos anos, com notável persistência. Existem outros comportamentos reveladores. À medida que se lança em um estratagema após outro, Bruce vai tirando lições que aprimoram seu foco e sua capacidade de apreciação. Ele costura o que aprende em modelos mentais de investimentos, que então aplica para dimensionar oportunidades mais complexas e encontrar seu rumo em meio às ervas daninhas, arrancando os detalhes significativos em meio a um montão de informações irrelevantes, até alcançar a recompensa no final. Esses comportamentos são chamados pelos psicólogos de "aprendizagem por meio de regras" e "construção de estrutura". As pessoas que, por questão de hábito, extraem princípios ou regras básicas a partir de novas experiências são alunos mais bem-sucedidos do que aquelas que aceitam suas experiências pelo valor nominal, fracassando em inferir lições que possam, mais tarde, ser aplicadas em situações semelhantes. Da mesma forma, as pessoas que conseguem separar os conceitos salientes das informações menos importantes que encontram em conteúdos novos e que conectam essas ideias-chave em uma estrutura mental são alunos mais bem-sucedidos do que aquelas que não conseguem separar o joio do trigo e entender como o trigo é transformado em farinha.

*

Quando era adolescente, Bruce viu um panfleto de publicidade anunciando lotes arborizados à margem de um lago na região central de Minnesota. Aconselhado de que ninguém jamais perdeu dinheiro em investimentos imobiliários, ele adquiriu um lote. Ao longo de quatro verões seguintes, com a ajuda ocasional de seu pai, construiu uma casa, confrontando, uma por uma, cada etapa do processo, descobrindo por si mesmo ou encontrando alguém para lhe indicar o rumo. Para escavar o porão, pediu emprestado um reboque e o engatou em seu Hudson ano 1949. Pagou 50 centavos para cada carga que seus amigos escavaram, pazada por pazada, e depois cobrou um dólar do proprietário de um lote nas proximidades que precisava de aterro. Aprendeu a fazer blocos de concreto com um amigo cujo pai trabalhava no negócio de cimento e depois preparou as fundações. Aprendeu a estruturar as paredes com o vendedor da madeireira. Da mesma forma, fez a parte hidráulica e a parte elétrica, um jovem de olhos arregalados sem receio de perguntar às pessoas em volta sobre como fazer aquele tipo de coisa. "O fiscal elétrico não aprovou", Bruce recorda. "Na época, achei que eles queriam que um profissional do sindicato fizesse, então contratei um eletricista autorizado para vir da cidade e refazer toda a fiação. Em retrospectiva, tenho a certeza de que eu tinha feito algo muito perigoso."

Foi em pleno verão, aos 19 anos, já universitário, que Bruce entrou com a casa em um negócio, servindo como adiantamento na aquisição de um prédio com quatro apartamentos em Minneapolis. A premissa era simples: quatro apartamentos gerariam quatro cheques na caixa de correio, todos os meses. Em breve, além de seus estudos na universidade, ele estava administrando os aluguéis da propriedade, pagando a hipoteca, atendendo chamadas à meia-noite sobre encanamento quebrado, aumentando os aluguéis e perdendo inquilinos, tentando preencher as unidades vazias e desembolsando mais dinheiro. Havia aprendido a como transformar um terreno baldio em uma casa e uma casa em um condomínio de apartamentos, mas, no frigir dos ovos, a lição se revelou amarga, provocando mais dores de cabeça do que recompensas. Ele vendeu o complexo de quatro apartamentos e se afastou dos investimentos imobiliários pelas duas décadas seguintes.

Recém-formado, Bruce foi trabalhar na Kodak como vendedor de microfilmes. Em seu terceiro ano, tornou-se um dos cinco melhores vendedores do país. Foi nesse ano que descobriu o salário de seu gerente: menos do que ele ganhava como vendedor, considerando o carro da empresa e as despesas pagas. Vale mais a pena ser um vendedor bem-sucedido do que um gerente: outra lição aprendida, mais um degrau na tortuosa escada de Bruce. Ele pediu demissão para entrar em uma corretora e vender ações.

Nessa nova posição estratégica, mais lições: "Se eu trouxesse um dólar para a empresa em comissões de negócios, metade ia para o escritório e, da metade restante, metade ia para o imposto de renda. Para ganhar dinheiro de verdade, eu precisava me concentrar mais em investir meu dinheiro e menos em fazer comissões de vendas". Opa, uma nova lição: investir em ações é arriscado. Perdeu tanto investindo o próprio dinheiro quanto ganhou em comissões vendendo investimentos a seus clientes. "Você não tem controle sobre o lado negativo. Se uma ação cai 50%, tem que subir 100% só para empatar. É muito mais difícil subir 100% do que perder 50%!" Mais conhecimentos acumulados. Esperou uma oportunidade, correndo o olhar em volta em busca da percepção que buscava.

Entra em cena Sam Leppla.

Nas palavras de Bruce, Leppla era apenas um sujeito que naquela época perambulava nas calçadas de Minneapolis, entre uma empresa de investimento e outra, fechando negócios e prestando consultoria. Um dia ele contou a Bruce sobre os bônus de uma empresa em apuros que estavam sendo vendidos por 22% do preço original. "Esses bônus tinham 22 pontos de juros não pagos, atrasados", recorda Bruce. "Por isso, quando a empresa saísse da falência, você recolheria os juros atrasados (em outras palavras, 100% de seu custo de investimento) e ainda teria um bônus válido." Equivalia a dinheiro livre. "Não comprei nada", conta Bruce. "Mas acompanhei, e funcionou exatamente como Sam previu. Então, liguei para ele e disse: 'Que tal nos encontrarmos para você tentar me explicar como isso funciona?'."

Leppla deu a Bruce um entendimento mais complexo sobre as inter-relações entre preços, oferta, procura e valor do que ele havia aprendido com uma mala cheia de fogos de artifício. O *modus operandi* de Leppla baseava-se no seguinte preceito: quando uma empresa ficava em apuros financeiros, a primeira reivindicação sobre seus ativos não pertencia a seus donos, os acionistas, mas aos credores – os fornecedores e detentores de bônus. Há uma hierarquia nesses bônus. Aqueles bônus pagos primeiro são chamados de bônus seniores. Quaisquer ativos residuais após o pagamento dos bônus seniores são destinados a pagar os bônus juniores. Bônus juniores em uma empresa em apuros financeiros tornam-se baratos se os investidores temerem que faltarão ativos para cobrir seu valor, mas o medo, a preguiça e a ignorância dos investidores podem achatar os preços dos bônus para um valor bem abaixo dos ativos básicos. Se você for capaz de definir o valor real e souber o preço dos bônus, consegue investir com pouquíssimos riscos.

Esse era o tipo de conhecimento que Bruce andava procurando.

Na época, os fundos de investimento imobiliário da Flórida ficaram abalados, então Sam e Bruce começaram a prestar atenção neles, comprando se percebiam que os preços de liquidação significativamente descontavam os valores básicos. "Comprávamos por cinco dólares e vendíamos por 50. Tudo o que comprávamos dava lucro." Tiveram uma boa sequência, mas a margem diminuiu, e em breve estavam precisando de outra ideia.

Na época, as empresas ferroviárias do leste estadunidense estavam indo à falência, e o governo federal estava comprando esses ativos para formar a Conrail e Amtrak. Bruce nos conta:

> Um dia, Sam falou: "De 50 em 50 anos, as ferrovias vão à falência, e ninguém sabe nada sobre elas. São muito complicadas e demoram anos para voltar a funcionar". Então encontramos um cara que entendia de empresas ferroviárias: Barney Donahue. Barney era um ex-auditor da receita federal e um entusiasta por ferrovias. Já conheceram um verdadeiro entusiasta por ferrovias? Eles só pensam nisso, respiram o assunto, sabem o peso dos trilhos na ponta da língua e todas as especificações dos motores. Ele era um desses caras.

Um princípio essencial nesse modelo de investimento era descobrir mais informações do que os outros investidores sabiam sobre os ativos residuais e a ordem na qual os bônus seriam honrados. Munidos com os conhecimentos certos, eles poderiam escolher a dedo os bônus juniores subvalorizados com mais chance de dar lucro. Donahue conferiu as diferentes empresas ferroviárias e decidiu que a melhor para investir era a Erie Lackawanna, que tinha os mais modernos equipamentos quando entrou em falência. Hendry, Leppla e Donahue foram realizar uma investigação mais atenta. Percorreram todo o percurso da ferrovia da Erie para verificar sua condição. Contabilizaram os equipamentos que permaneciam, avaliaram sua condição e verificaram os manuais de transporte da Moody para calcular os valores. "Basta fazer a aritmética: Quanto vale um motor? Um vagão de carga? Um quilômetro de ferrovia?". A Erie tinha emitido 15 bônus diferentes em seus 150 anos de operação, e o valor de cada bônus dependia, em parte, de sua posição em precedência em comparação com os outros. A pesquisa de Bruce revelou um pequeno documento em que as instituições financeiras tinham combinado a sequência em que os bônus seriam quitados quando os ativos fossem liquidados. Com o preço fixado no valor dos ativos e passivos da empresa, e a estrutura dos bônus, eles sabiam o quanto valia cada classe de bônus. Os portadores de bônus que não tivessem feito seu dever de casa estavam no escuro. Bônus juniores estavam sendo vendidos a preços abruptamente descontados, pois estavam tão na parte inferior da cadeia alimentar que os investidores duvidavam que pudessem recuperar seu dinheiro algum dia. Os cálculos de Bruce sugeriam o contrário, e ele estava comprando.

É uma história mais comprida do que temos espaço para contar. A falência de uma empresa ferroviária é um assunto assombrosamente complicado. Bruce se propôs a entender, melhor do que ninguém, o processo na íntegra. Em seguida, ele bateu à porta de várias pessoas, desafiou a estrutura de poder dos retrógrados bonachões que gerenciavam os procedimentos, e, por fim, conseguiu ser indicado pelos tribunais para presidir a comissão que representava os interesses dos detentores de bônus no processo de falência. Quando a Erie saiu da falência, dois anos mais tarde, ele se tornou presidente e CEO da empresa. Contratou Barney Donahue para administrá-la. Hendry, Donahue e o conselho lideraram a corporação sobrevivente em meio aos processos jurídicos restantes, e, quando a poeira baixou, os bônus de Bruce valiam duas vezes o preço nominal, 20 vezes o que ele pagou por alguns dos bônus juniores que havia comprado.

A Erie Lackawanna, com toda sua complexidade e qualidades de Davi *versus* Golias, era o tipo de encrenca que se tornou o pão com manteiga de Bruce Hendry: encontrar uma empresa em apuros, escarafunchar seus ativos e passivos, ler as letras pequenas nas obrigações de crédito, analisar aquele setor da indústria, avaliar o rumo das coisas, compreender o processo contencioso e se inserir nele bem munido de informações sobre como as coisas evoluiriam.

Há relatos sobre outras conquistas notáveis. Ele assumiu o controle da Kaiser Steel, sustou sua liquidação, a fez sair da falência, assumiu o cargo de CEO e, como prêmio, tornou-se dono de 2% da nova corporação. Ele intercedeu na bancarrota do First Republic Bank of Texas e saiu do outro lado com um lucro de 600% sobre alguns de seus primeiros investimentos na empresa. Quando os fabricantes pararam de fazer vagões ferroviários porque estavam em excesso de oferta, Bruce comprou as últimas mil unidades construídas, arrecadou 20% de seu investimento em contratos de locação que a ferrovia muito provavelmente iria honrar, e, por fim, vendeu os vagões um ano mais tarde, quando a oferta estava em baixa e o preço em alta. A história da ascensão de Hendry é familiar e particular; familiar na natureza da busca e particular nas maneiras como Bruce "aprendeu na escola da vida" com seus empreendimentos, construindo seu próprio conjunto de regras sobre o que torna atraente uma oportunidade de investimento, costurando as regras em um modelo e, em seguida, encontrando maneiras novas e diferentes para aplicá-lo.

Ao ser indagado como explica seu sucesso, Bruce menciona lições enganosamente simples: ir onde a concorrência não está, dedicar-se com afinco, fazer as perguntas certas, ver o panorama, arriscar-se, ser honesto. Mas essas explicações não são lá muito satisfatórias. Por trás delas, lendo nas entrelinhas, existe uma história mais interessante: como ele descobriu de quais conhecimentos precisava e como então partiu em busca deles; como os primeiros reveses ajudaram a desenvolver as habilidades de uma apreciação mais aguçada; e como ele aprimorou o faro por valor onde as outras pessoas só conseguem cheirar problemas. Seu dom para detectar valor parece sobrenatural. Suas narrativas evocam o garotinho que, ao acordar em seu aniversário de 4 anos e se deparar com um monte de estrume no quintal, saltita em torno do monte, gritando: "Aposto que tem um pônei por aí".

Todas as pessoas são diferentes. Quando crianças, rapidamente discernimos esse lugar-comum, comparando-nos com nossos irmãos. Isso fica claro nas notas da escola, no âmbito esportivo, na sala de reuniões. Mesmo se compartilhássemos o desejo e a determinação de Bruce Hendry, mesmo que adotássemos suas diretrizes, quantos de nós aprenderíamos a arte de saber em qual monte há um pônei escondido? Como a história de Bruce deixa claro, algumas diferenças de aprendizagem importam mais do que outras. Mas quais diferenças? É isso que vamos explorar no restante deste capítulo.

*

Uma diferença que parece importar muito é como você enxerga a si mesmo e a suas habilidades.

Como diz o ditado: "Se você pensa que consegue ou pensa que não consegue, você tem razão". O trabalho de Carol Dweck, descrito no Capítulo 7, percorre um longo caminho para validar esse sentimento. E também um artigo da *Fortune* de alguns anos atrás, que trata de uma aparente contradição: histórias de pessoas com dislexia que se tornaram grandes empreendedores em negócios e em outros campos, apesar de suas dificuldades de aprendizagem. Richard Branson, da Virgin Records e da Virgin Atlantic Airways, abandonou a escola aos 16 anos de idade para iniciar e administrar negócios que hoje valem bilhões de dólares; Diane Swonk é uma das mais conceituadas analistas econômicas nos Estados Unidos; Craig McCaw é um pioneiro da indústria de telefones celulares; Paul Orfalea fundou a Kinko's. Esses empreendedores bem-sucedidos e outros, quando indagados, relataram como superaram as adversidades. Todos tiveram problemas na escola e com os métodos de aprendizagem aceitos, a maioria recebeu erroneamente o rótulo de QI baixo, alguns foram reprovados ou desviados para turmas de crianças com necessidades especiais e quase todos foram apoiados por pais, tutores e mentores que acreditaram neles. Branson recorda: "Chegou a um ponto em que eu decidi: é melhor ser disléxico do que ser estúpido". Em uma frase, Branson resumiu sua narrativa pessoal de excepcionalidade.[3]

As histórias que criamos para entender a nós mesmos tornam-se as narrativas de nossas vidas, explicando os acasos e as opções que nos trouxeram até onde estamos: no que eu sou bom, com que eu me importo mais e onde estou indo. Se você estiver entre as últimas crianças na beira do campo durante a escolha dos times de beisebol, a forma como você entende seu lugar no mundo provavelmente se altera um pouco, moldando seu senso de habilidade e os próximos caminhos pelos quais você vai enveredar.

O que você diz a si mesmo sobre sua habilidade exerce um papel em moldar as formas como você aprende e desempenha – o quão arduamente você se dedica, por exemplo, ou sua tolerância para correr riscos e sua vontade de perseverar diante das dificuldades. Mas diferenças nas habilidades, e nossa capacidade de converter novos conhecimentos em alicerces para futura aprendizagem, também moldam nossas rotas para o sucesso. Nosso talento no beisebol, por exemplo, depende de uma constelação de habilidades diferentes, como sua capacidade de rebater a bola, correr entre as bases, pegar e arremessar a bola. Além disso, a habilidade no campo não é um pré-requisito para se tornar uma estrela do esporte em uma função diferente. Muitos dos melhores técnicos e treinadores esportivos foram jogadores razoáveis ou medíocres, mas acabaram se revelando estudantes extraordinários de seus esportes. Embora a carreira de Tony LaRussa como jogador de beisebol tenha sido curta e apagada, ele passou a dirigir equipes com sucesso notável. Ao se aposentar, tendo conquistado seis campeonatos da Liga Nacional e três títulos mundiais, foi aclamado como um dos maiores técnicos de beisebol de todos os tempos.

Cada um de nós tem uma vasta gama de recursos sob a forma de aptidões, conhecimentos prévios, inteligência, interesses e senso de empoderamento pessoal que moldam a forma como aprendemos e como podemos superar nossos defeitos. Algumas dessas diferenças importam muito – por exemplo, nossa capacidade de abstrair os princípios básicos de novas experiências e converter novos conhecimentos em estruturas mentais. Outras diferenças que imaginamos que talvez pesem muito, por exemplo, ter um estilo de aprendizagem verbal ou visual, na verdade, não têm importância.

*

Em qualquer lista de diferenças mais importantes para a aprendizagem, o nível de *fluência no idioma e capacidade de leitura* estão no topo ou perto dele. Embora alguns tipos de dificuldades que exijam maior esforço cognitivo possam fortalecer a aprendizagem, nem todas as dificuldades que enfrentamos têm esse efeito. Se o esforço adicional necessário para superar o déficit não contribui para uma aprendizagem mais robusta, ele não é desejável. Um exemplo é o leitor de baixa proficiência que não consegue captar o fio da meada de um texto, mas decifra as palavras individuais em uma frase. Esse é o caso da dislexia, e embora ela não seja a única causa das dificuldades na leitura, é uma das mais comuns: estima-se que afete cerca de 15% da população. A dislexia resulta de desenvolvimento neural anômalo durante a gravidez que interfere na capacidade de ler, ao interromper a capacidade cerebral de conectar letras com os sons que elas fazem, algo essencial para o reconhecimento das palavras. As pessoas não eliminam a dislexia, mas, com ajuda, podem aprender a contornar e a superar os problemas que ela impõe. Os programas mais bem-sucedidos enfatizam a prática de manipular fonemas, construir vocabulário, ampliar a compreensão e melhorar a fluência de leitura. Neurologistas e psicólogos ressaltam a importância de diagnosticar a dislexia precocemente e trabalhar com as crianças antes do 3º ano do ensino fundamental, enquanto o cérebro ainda está bastante plástico e potencialmente mais maleável, permitindo o redirecionamento de circuitos neurais.

A dislexia é muito mais comum entre os detentos prisionais do que na população em geral, em decorrência de uma série de guinadas ruins que muitas vezes começam quando as crianças que não sabem ler caem em um padrão de fracasso escolar e desenvolvem baixa autoestima. Para compensar, alguns deles recorrem ao *bullying* ou outras formas de comportamento antissocial, e essa estratégia, se não for resolvida, pode se transformar em criminalidade.

Embora seja difícil para os alunos com dislexia conquistarem as habilidades de leitura essenciais, e essa desvantagem possa criar uma constelação de outras dificuldades de aprendizagem, os grandes empreendedores entrevistados no artigo da *Fortune* argumentam que algumas pessoas com dislexia parecem possuir, ou desenvolver, uma maior capacidade para a criatividade e a resolução de problemas, seja resultante de suas conexões neurais, seja da necessidade que elas enfrentam para encontrar maneiras de compensar sua deficiência. Para alcançar o sucesso, muitos daqueles entrevistados relataram que tiveram que aprender bem cedo a captar o panorama em vez de tentar decifrar as partes componentes, a pensar "fora da caixa", a agir estrategicamente e a gerenciar os riscos – habilidades necessárias que, uma vez aprendidas, mais tarde alavancaram suas carreiras. Algumas dessas habilidades podem mesmo ter uma base neurológica. Experimentos de Gadi Geiger e Jerome Lettvin no Massachusetts Institute of Technology (MIT) descobriram que indivíduos com dislexia têm baixo desempenho em interpretar as informações em seu campo visual de foco quando comparados às pessoas sem dislexia. No entanto, eles superam significativamente os outros em sua capacidade de interpretar as informações de sua visão periférica, sugerindo que uma capacidade superior de captar o panorama pode ter suas origens nas conexões sinápticas do cérebro.[4]

Há um enorme corpo de literatura sobre a dislexia, que não vamos aprofundar aqui. Por enquanto, basta reconhecer que algumas diferenças neurológicas podem exercer um peso grande no modo como aprendemos e, para um subconjunto desses indivíduos, uma combinação de alta motivação, apoio pessoal focado e contínuo, e habilidades ou "inteligências" compensatórias lhes permitiram prosperar.

*

A fé no credo dos *estilos de aprendizagem* está arraigada. Avaliar os estilos de aprendizagem dos alunos tem sido recomendado em todos os níveis da educação, e os professores são instados a oferecer os conteúdos em sala de aula de muitas maneiras diferentes, para que cada aluno possa absorvê-los da maneira que ele ou ela estiver mais bem equipado (a) para aprendê-lo. A teoria dos estilos de aprendizagem tem raízes no desenvolvimento gerencial, bem como nos contextos vocacionais e profissionais, incluindo a formação de aviadores militares, profissionais de saúde, polícia municipal, etc. Um relatório sobre um levantamento de 2004, conduzido pelo Learning and Skills Research Centre (Centro de Pesquisas em Aprendizagem e Habilidades) da Grã-Bretanha, compara mais de 70 estilos de aprendizagem distintos hoje oferecidos no mercado, cada qual com seus instrumentos de avaliação para diagnosticar o estilo particular de uma pessoa. O relatório caracteriza os fornecedores desses instrumentos como uma indústria viciada em conflitos de interesses que promovem "uma confusão de alegações contraditórias". Os autores expressam preocupações sobre a tentação de classificar, rotular e estereotipar indivíduos. Referem-se a um incidente em uma conferência em que um aluno relatou, ao preencher um instrumento de avaliação: "Aprendi que sou fraco como aluno auditivo e cinestésico. Para mim, não faz sentido ler um livro ou ouvir alguém por mais de alguns minutos."[5] São múltiplos os equívocos dessa conclusão. Ela não é sustentada pela ciência e instila uma sensação corrosiva e ilusória de potencial diminuído.

Não obstante, a grande variedade de modelos de estilos de aprendizagem, se estreitarmos o campo para aquelas que são mais amplamente aceitas, ainda assim não encontramos um padrão teórico consistente. Uma abordagem chamada de VARQ,[*] apregoada por Neil Fleming, diferencia as pessoas de acordo com suas preferências em aprender por meio de experiências que são principalmente visuais, auditivas, reconhecimento textual (leitura) ou cinestésicas (movimento, toque e exploração ativa). Segundo Fleming, a VARQ descreve apenas um aspecto do estilo de aprendizagem da pessoa, que, em sua totalidade, consiste em 18 dimensões diferentes, incluindo preferências relativas à temperatura, luz, ingestão de alimentos, biorritmo e trabalhar em grupo ou sozinho.

---

[*] N. de T.: Em inglês, VARK: *visual, auditory, reading and kinesthetic*.

Outras teorias de estilos de aprendizagem baseiam-se em dimensões muito diferentes. Um inventário bastante utilizado, com base no trabalho de Kenneth Dunn e Rita Dunn, avalia seis diferentes aspectos do estilo de aprendizagem de um indivíduo: ambiental, emocional, sociológico, perceptivo, fisiológico e psicológico. Ainda outros modelos avaliam estilos sob dimensões como:

- Estilos de percepção concretos *versus* abstratos.
- Modos de processamento com experimentação ativa *versus* observação reflexiva.
- Estilos de organização aleatórios *versus* sequenciais.

O Questionário sobre Estilos de Aprendizagem Honey e Mumford, popular em contextos corporativos, ajuda os funcionários a determinar se seus estilos são predominantemente "ativistas", "refletores", "teóricos" ou "pragmáticos" e a melhorar nas áreas em que obtêm baixa pontuação, a fim de se tornar alunos mais versáteis.

O simples fato de que diferentes teorias abraçam dimensões tão intensamente discrepantes suscita preocupações sobre seus fundamentos científicos. Embora seja verdadeiro que a maioria de nós tenha uma preferência convicta sobre como gostamos de aprender novos conteúdos, a premissa por trás dos estilos de aprendizagem é que *aprendemos melhor* quando o modo de apresentação corresponde ao estilo particular no qual o indivíduo tem maior *capacidade* para aprender. Essa é a afirmação crucial.

Em 2008, os psicólogos cognitivos Harold Pashler, Mark McDaniel, Doug Rohrer e Bob Bjork foram encarregados de proceder a um teste para determinar se essa afirmação crucial se sustenta pela evidência científica. A equipe foi em busca de respostas a duas perguntas. Primeira: de quais tipos de evidência as instituições necessitam para justificar o embasamento de seus estilos de instrução em avaliações dos estilos de aprendizagem dos alunos ou dos funcionários? Para os resultados serem confiáveis, a equipe definiu que um estudo precisa ter vários atributos. Inicialmente, os alunos devem ser divididos em grupos de acordo com seus estilos de aprendizagem. Em seguida, eles devem ser designados aleatoriamente a diferentes salas de aula, ensinando o mesmo conteúdo, mas oferecido por meio de diferentes métodos instrucionais. Após isso, todos os alunos devem fazer o mesmo teste. O teste deve mostrar que os alunos com um estilo particular de aprendizagem (p. ex., alunos visuais) tiveram melhor desempenho quando receberam instrução em seu próprio estilo de aprendizagem (visual) em relação à instrução em um estilo diferente (auditivo); além disso, os outros tipos de alunos devem mostrar que tiveram melhor aproveitamento com seu estilo de instrução do que com outro estilo (aprendizes auditivos aprendendo melhor com apresentação auditiva do que com apresentação visual).

Eis a segunda pergunta feita pela equipe: será que existe esse tipo de evidência? A resposta foi não. Constataram que pouquíssimos estudos haviam sido planejados para serem capazes de testar a validade da teoria dos estilos de aprendizagem na educação, e, desses, descobriram que praticamente nenhum estudo a validava e vários a contradiziam de modo categórico. Além disso, a análise deles mostrou que o mais importante é que o modo de instrução corresponda à natureza da *matéria* sendo ensinada: instrução visual para geometria e geografia, instrução verbal para poesia, e assim por diante. Quando o estilo instrucional corresponde à natureza do conteúdo, todos os alunos aprendem melhor, independentemente de suas preferências diferentes sobre como o conteúdo é ensinado.

O fato de não haver evidências para validar a teoria dos estilos de aprendizagem não significa que todas as teorias estejam erradas. As teorias dos estilos de aprendizagem assumem múltiplas formas. Algumas podem ser válidas. Mas, se forem, não sabemos quais: como o número de estudos rigorosos é extremamente pequeno, não existe uma base de pesquisa para responder a essa pergunta. Com base em suas conclusões, Pashler e seus colegas defenderam que as evidências, hoje disponíveis, não justificam o enorme investimento de tempo e dinheiro que seria necessário para avaliar os alunos e reestruturar a instrução em termos dos estilos de aprendizagem. Até que essas evidências sejam geradas, faz mais sentido enfatizar as técnicas instrucionais, como aquelas esboçadas neste livro, que já foram validadas pela pesquisa como benéficas para os alunos, independentemente de suas preferências de estilo.[6]

INTELIGÊNCIA BEM-SUCEDIDA

A inteligência é uma diferença de capacidade de aprendizagem que sabemos que importa, mas em que ela consiste, mais exatamente? Cada sociedade tem uma concepção do que seja inteligência e que corresponde à que temos em nossa cultura. Há mais de 100 anos, enfrentamos o problema de como definir e medir esse construto chamado inteligência de forma a explicar o poder intelectual das pessoas e proporcionar um indicador justo do potencial delas. Desde o início do século XX, os psicólogos tentam medir esse construto. Hoje, os psicólogos em geral aceitam que os indivíduos possuem pelo menos dois tipos de inteligência. A inteligência *fluida* é a capacidade de raciocinar, perceber inter-relações, pensar de maneira abstrata e manter em mente as informações ao trabalhar em um problema; a inteligência *cristalizada* é o conhecimento acumulado de alguém sobre o mundo e os procedimentos ou modelos mentais que a pessoa desenvolveu a partir das aprendizagens e experiências prévias. Juntos, esses dois tipos de inteligência nos permitem aprender, raciocinar e resolver problemas.[7]

Tradicionalmente, os testes de Quociente de Inteligência (QI) têm sido usados para medir o potencial lógico e verbal dos indivíduos. Esses testes atribuem um QI que denota a proporção de idade mental para a idade física, vezes 100. Ou seja, um menino de 8 anos de idade capaz de solucionar problemas em um teste que a maioria dos meninos de 10 anos consegue resolver tem QI de 125 (10 dividido por 8, vezes 100). Costumava-se pensar que o QI estava fixado desde o nascimento, mas as noções tradicionais de capacidade intelectual estão sendo desafiadas.

Um contraponto, apresentado pelo psicólogo Howard Gardner para explicar a vasta gama de habilidades das pessoas, é a hipótese de que os seres humanos têm até oito tipos diferentes de inteligência:

- Inteligência *lógico-matemática*: a capacidade de pensar criticamente, trabalhar com números, abstrações e afins.
- Inteligência *espacial*: a capacidade de apreciação tridimensional e a habilidade de visualizar com a mente.
- Inteligência *linguística*: a capacidade de trabalhar com palavras e linguagens.
- Inteligência *cinestésica*: a destreza física e o controle do próprio corpo.
- Inteligência *musical*: a sensibilidade aos sons, ritmos, tons e música.
- Inteligência *interpessoal*: a capacidade de "ler" as outras pessoas e trabalhar com elas de forma eficaz.
- Inteligência *intrapessoal*: a capacidade de se autocompreender e fazer apreciações exatas sobre os conhecimentos, as habilidades e a eficácia próprias.
- Inteligência *naturalista*: a capacidade de diferenciar e correlacionar-se com o ambiente natural (p. ex., os tipos de inteligência exigidas por jardineiros, caçadores ou *chefs*).

As ideias de Gardner são atraentes por muitas razões, principalmente porque tentam explicar as diferenças humanas que conseguimos observar, mas não conseguimos aferir com as modernas definições ocidentais sobre inteligência, com seu foco nas habilidades de linguagem e lógica. A exemplo do que acontece com a teoria dos estilos de aprendizagem, o modelo das inteligências múltiplas tem ajudado os educadores a diversificar os tipos de experiências de aprendizagem que eles oferecem. Ao contrário dos estilos de aprendizagem, que podem ter o efeito perverso de convencer os indivíduos de que suas habilidades de aprendizagem são limitadas, a teoria das inteligências múltiplas aumenta o leque de variedades de ferramentas em nossa caixa de ferramentas inata. O que falta nas duas teorias é uma base de validação empírica, problema que o próprio Gardner aponta, reconhecendo que determinar a mescla particular de inteligências de uma pessoa é mais arte do que ciência.[8]

Enquanto Gardner, de forma útil, expande nossa noção de inteligência, o psicólogo Robert J. Sternberg, também de forma útil, a destila de novo. Em vez de oito inteligências, o modelo de Sternberg propõe três: analítica, criativa e prática. Além disso, ao contrário da teoria de Gardner, a de Sternberg é sustentada pela pesquisa empírica.[9]

Um dos estudos de Sternberg de particular interesse para a questão de como podemos medir a inteligência, foi realizado no meio rural do Quênia, onde ele e seus colaboradores analisaram o conhecimento informal de crianças sobre medicamentos fitoterápicos. O uso rotineiro desses medicamentos é uma parte importante da vida cotidiana dos quenianos. Esse conhecimento não é ensinado nas escolas nem avaliado por testes, mas as crianças que sabem identificar as ervas e que conhecem suas utilizações e dosagens estão mais bem adaptadas a ter sucesso em seu ambiente do que crianças sem esses conhecimentos. As crianças com *melhor* desempenho em testes desse conhecimento nativo informal tiveram desempenho *pior* em relação a seus pares nos testes com assuntos acadêmicos formais ensinados na escola e, nas palavras de Sternberg, pareciam ser "estúpidas" pelos índices dos testes formais. Como conciliar a discrepância? Sternberg sugere que as crianças que se destacaram nos conhecimentos nativos vinham de famílias que valorizavam esse conhecimento prático com mais intensidade do que as famílias das crianças que se destacaram nos temas acadêmicos ensinados na escola. As crianças cujos ambientes valorizavam um tipo de aprendizagem em relação ao outro (prático em relação ao acadêmico, no caso das famílias que ensinavam seus filhos sobre a aplicação das ervas) estavam em um nível inferior de conhecimento nas áreas acadêmicas não enfatizadas por seu ambiente. Outras famílias depositavam mais valor nas informações analíticas (de base escolar) e menos no conhecimento prático sobre ervas.

Aqui existem duas ideias importantes. Primeira: as medições tradicionais de inteligência fracassam em responder às diferenças ambientais; não há nenhuma razão para suspeitar que as crianças que se destacaram no conhecimento informal e nativo não possam acompanhar ou até mesmo ultrapassar seus pares no aprendizado acadêmico se receberem as oportunidades adequadas. Em segundo lugar, para as crianças cujos ambientes enfatizaram o conhecimento nativo, o domínio sobre os assuntos acadêmicos ainda está em desenvolvimento. No ponto de vista de Sternberg, todos nós estamos em uma condição de desenvolvimento de *expertise*, e qualquer teste que meça apenas o que sabemos em determinado momento é uma medida estática, que nada nos revela sobre nosso *potencial* no campo medido pelo teste.

Aqui serão úteis mais duas breves histórias citadas por Sternberg. Uma é a série de estudos de meninos de rua no Brasil que precisam aprender a começar e manejar atividades de rua para sobreviver. A motivação é alta; se elas recorrem ao roubo como meio para se sustentar, correm o risco de acabarem presas ou mortas em conflitos com a polícia. Essas crianças, que estão usando a matemática necessária a fim de gerenciar negócios bem-sucedidos, não conseguem fazer a mesma matemática quando os problemas são apresentados no formato abstrato, com lápis e papel. Sternberg argumenta que esse resultado faz sentido quando analisado do ponto de vista da *expertise* em desenvolvimento: as crianças vivem em um ambiente que enfatiza as habilidades práticas, não acadêmicas, e são as exigências práticas que determinam a substância e a forma da aprendizagem.[10]

A outra história é sobre especialistas em apostas de corridas de turfe, que concebem modelos mentais altamente complexos para apostar em cavalos, mas que alcançam apenas valores médios nos testes de QI padrão. Seus modelos para escolher os cavalos com maiores chances foram testados contra aqueles apostadores com menos *expertise*, mas com QIs equivalentes. A escolha do cavalo exige comparar os cavalos de acordo com uma extensa lista de variáveis para cada montaria, como currículo de vitórias, velocidade máxima, as corridas em que rendeu dinheiro, a habilidade de seu jóquei na corrida atual e uma dúzia de características de cada um de seus páreos anteriores. Só para prever a velocidade na qual o cavalo vai correr o último quarto de milha, os especialistas se baseiam em um complexo modelo mental, envolvendo até sete variáveis. O estudo constatou que o QI não está relacionado com a habilidade de escolher o cavalo na aposta, e "[...] seja lá o que for que um teste de QI mede, não é a capacidade de se envolver em formas cognitivamente complexas de raciocínio multivariado".[11]

Nesse vácuo, Robert Sternberg introduziu sua teoria tripartida da inteligência bem-sucedida. A inteligência *analítica* é nossa capacidade de concluir tarefas de resolução de problemas, como aquelas normalmente contidas em testes; a inteligência *criativa* é nossa capacidade de sintetizar e aplicar conhecimentos e habilidades existentes para lidar com situações novas e incomuns; a inteligência *prática* é nossa capacidade de nos adaptarmos à vida cotidiana – de entender o que precisa ser feito em um contexto específico e, em seguida, fazê-lo; o que chamamos de "jogo de cintura". Diferentes culturas e situações de aprendizagem valem-se dessas inteligências de modo diferente, e boa parte do que é necessário para ter sucesso em uma situação específica não é medido pelos testes de QI ou de aptidão padrão, que podem deixar de avaliar competências fundamentais.

TESTE DINÂMICO

Robert Sternberg e Elena Grigorenko propuseram a ideia de usar testes para avaliar a capacidade de uma maneira dinâmica. O conceito de Sternberg sobre *expertise* em desenvolvimento defende que, com a experiência contínua em um campo, estamos sempre progredindo de um estado mais baixo de competência a um maior. O conceito dele também defende que os testes padronizados não conseguem classificar com precisão nosso potencial, pois o que o teste revela limita-se a um relatório estático de onde estamos no *continuum* de aprendizagem no momento em que o teste é aplicado. Em conjunto com seu modelo de inteligência tripartida, Sternberg propôs, junto com Grigorenko, um afastamento dos testes estáticos, substituindo-os com o que eles chamam de testes dinâmicos. Determinar o estado de *expertise* da pessoa; refocalizar a aprendizagem a áreas de baixo desempenho; fazer testes de acompanhamento para medir a melhoria e refocalizar a aprendizagem de modo a manter a *expertise* em ascensão. Assim, um teste pode avaliar uma fraqueza, mas, em vez de supor que a fraqueza indica uma inabilidade fixa, você a interpreta como uma falta de habilidade ou conhecimento que pode ser remediada. O teste dinâmico tem duas vantagens sobre o teste padrão. Concentra aluno e professor nas áreas que precisam ser aprimoradas, em vez de em áreas de bom aproveitamento, e a capacidade de medir o progresso de aprendizagem de um teste para o próximo fornecendo um indicador mais verdadeiro sobre seu potencial de aprendizagem.

O teste dinâmico não supõe que alguém deva se adaptar a algum tipo de limitação de aprendizagem fixa, mas oferece uma avaliação de onde está o conhecimento ou o desempenho em certa dimensão e como a pessoa precisa avançar para ter sucesso: o que eu preciso aprender para melhorar? Ou seja, enquanto os testes de aptidão e a maior parte da teoria dos estilos de aprendizagem tendem a enfatizar nossos pontos fortes e a incentivar a nos concentrarmos neles, o teste dinâmico nos ajuda a descobrir nossas fraquezas e a corrigi-las. Na escola da experiência de vida, os contratempos nos mostram onde precisamos melhorar. Podemos evitar desafios semelhantes no futuro, ou podemos redobrar nossos esforços para dominá-los, ampliando nossas capacidades e *expertise*. As experiências de Bruce Hendry investindo no aluguel de imóveis e na bolsa de valores lhe proporcionaram reveses, e as lições que ele tirou foram elementos essenciais em sua educação: ser cético quando alguém está tentando lhe vender algo, descobrir as perguntas certas e aprender como desencavar as respostas. Isso é *expertise* em desenvolvimento.

Teste dinâmico tem três etapas.

Etapa 1: um teste de algum tipo – talvez um experimento ou um teste escrito – revela em que área eu preciso melhorar meus conhecimentos ou minhas habilidades.

Etapa 2: dedico-me a aumentar minha competência, utilizando reflexão, prática, espaçamento e outras técnicas de aprendizagem eficaz.

Etapa 3: testo-me novamente, prestando atenção para o que funciona melhor agora, mas também, e em especial, onde eu ainda preciso esforçar-me mais.

Quando estamos aprendendo a caminhar e damos nossos primeiros passos, estamos nos envolvendo em um teste dinâmico. Ao escrever seu primeiro conto, submetê-lo aos colegas de escritório para receber *feedback*, depois revisá-lo e trazê-lo de volta, você está se envolvendo em teste dinâmico, aprendendo o ofício de escritor e obtendo uma percepção sobre seu potencial. Os limites superiores de seu desempenho em qualquer habilidade cognitiva ou manual podem ser definidos por fatores além de seu controle, como sua inteligência e os limites naturais de sua capacidade, mas a maioria de nós é capaz de aprender a alcançar um desempenho mais perto de nosso potencial pleno, na maioria das áreas, descobrindo nossas fraquezas e trabalhando para superá-las.[12]

CONSTRUÇÃO DE ESTRUTURA

Parecem existir diferenças cognitivas em como aprendemos, embora não aquelas sugeridas pelos defensores dos estilos de aprendizagem. Uma dessas diferenças é a ideia antes mencionada, que os psicólogos chamam de construção de estrutura: o ato de, ao nos depararmos com novos conteúdos, extrair as ideias mais salientes e, a partir delas, construir uma estrutura mental coerente. Essas estruturas são chamadas de modelos mentais, ou mapas mentais. Construtores de estrutura eficientes aprendem novos conteúdos melhor do que construtores ineficientes. Esses últimos têm dificuldade para separar as informações irrelevantes ou contraditórias e, por isso, tendem a se apoiar em muitos conceitos a serem condensados em um modelo funcional (ou estrutura geral) que possa servir como alicerce para a aprendizagem futura.

A teoria da construção de estrutura apresenta certa semelhança com um vilarejo construído com blocos de Lego. Suponha que você esteja fazendo um curso relâmpago sobre um assunto novo. Você começa com um livro-texto repleto de ideias e se propõe a construir um modelo mental coerente a partir dos conhecimentos nele contidos. Em nossa analogia com o Lego, você começa com uma caixa repleta de peças de Lego e se propõe a construir a cidadezinha estampada na caixa. Você despeja as peças e as classifica em várias pilhas. Primeiramente, você esquematiza as ruas e calçadas que definem o perímetro da cidade e seus diferentes lugares. Em seguida, classifica as peças restantes conforme os elementos que elas compõem: condomínio de apartamentos, escola, hospital, estádio, centro comercial, corpo de bombeiros. Cada um desses elementos é como uma ideia principal do livro-texto, e cada elemento adquire mais forma e *nuance* à medida que peças adicionais vão sendo adicionadas e encaixadas em seu lugar. Juntas, essas ideias principais formam a estrutura maior do vilarejo.

Agora, vamos supor que seu irmão tenha usado esse conjunto de Lego antes e guardado na caixa algumas peças de outro conjunto. À medida que você encontra as peças, algumas talvez não se encaixem em seus blocos de construção, e você pode separar as que não combinam. Ou pode descobrir que algumas das peças novas podem ser usadas para formar a subestrutura de um bloco de construção existente, conferindo-lhe mais profundidade e definição (varandas, pátios e *decks*, para a infraestrutura de apartamentos; postes, hidrantes e árvores de bulevares, para a infraestrutura das ruas). Despreocupadamente, você acrescenta essas peças em seu vilarejo, mesmo que os criadores originais do conjunto não tenham planejado esse tipo de coisa. Construtores eficientes de estrutura desenvolvem a habilidade de identificar os conceitos fundamentais e seus blocos de construção essenciais, bem como de classificar as novas informações, se elas são um acréscimo à estrutura maior e aos conhecimentos prévios ou se elas são descartáveis e podem ser postas de lado. Por outro lado, construtores ineficientes de estrutura têm dificuldades para imaginar e definir uma estrutura abrangente e saber quais informações precisam se encaixar nela e o que deve ser descartado. A construção da estrutura é uma forma de disciplina consciente e subconsciente: as coisas se encaixam ou não; adicionam *nuance*, capacidade e significado, ou obscurecem e sobrecarregam.

Uma analogia mais simples pode ser uma amiga que deseja contar uma história peculiar sobre esse menino de 4 anos de idade que ela conhece: menciona o nome da mãe, como elas se tornaram amigas em seu clube do livro, por fim, explicando que a mãe, por coincidência, recebeu uma grande carga de estrume para o jardim dela, justamente na manhã do aniversário do menino – a mãe é uma jardineira incrível, suas berinjelas foram premiadas na feira e ela foi entrevistada no programa de rádio matinal, e ela compra o esterco daquele senhor viúvo de sua igreja que cria cavalos Clydesdale e cujo filho é casado com... e assim por diante. Sua amiga não consegue isolar as ideias principais a partir do festival de associações irrelevantes, e a ouvinte acaba não prestando atenção na história. Contar histórias, também, depende da estrutura.

Nossa compreensão sobre construção de estrutura como uma diferença cognitiva na aprendizagem ainda está em fase inicial: a construção ineficiente de estrutura decorre de um mecanismo cognitivo defeituoso, ou a construção da estrutura é uma habilidade que alguns têm naturalmente e a outros precisam ser ensinadas? Sabemos que, quando perguntas são incorporadas em textos para ajudar os leitores a focalizar as ideias principais, o desempenho de aprendizagem dos construtores ineficientes de estrutura melhora a um nível equivalente ao dos construtores eficientes de estrutura. As perguntas incorporadas promovem uma representação mais coerente do texto do que aquela que os construtores ineficientes de estrutura conseguem construir por conta própria, redirecionando-os, assim, rumo ao nível alcançado pelos construtores mais eficientes.

Por enquanto, o que está acontecendo nessa situação permanece uma questão em aberto, mas a implicação para os alunos parece reforçar a ideia já apresentada anteriormente pelo neurocirurgião Mike Ebersold e pelo neurologista pediátrico Doug Larsen: cultivar o hábito de refletir sobre as próprias experiências, de transformá-las em uma narrativa, fortalece a aprendizagem. A teoria da construção de estrutura pode fornecer uma pista para explicar isso: refletir sobre o que deu certo, o que deu errado e como é possível fazer de modo diferente na próxima vez nos ajuda a isolar as ideias-chave, organizá-las em modelos mentais e aplicá-las novamente no futuro, com vistas a aprimorar e evoluir com base no que já aprendemos.[13]

APRENDIZAGEM POR MEIO DE REGRAS *VERSUS* APRENDIZAGEM POR MEIO DE EXEMPLOS

Outra diferença cognitiva que parece ter importância é se você "aprende por meio de regras" ou "aprende meio de exemplos". A distinção é um pouco parecida com a que acabamos de discutir. Ao estudar os diferentes tipos de problemas em uma aula de química, ou espécimes em um curso sobre pássaros e como identificá-los, quem aprende por meio de regras tende a derivar os princípios básicos ou "regras" que diferenciam os exemplos sendo estudados. Mais tarde, ao encontrarem um novo problema de química ou espécime de pássaro, eles aplicam as regras como um meio para classificá-los e escolher a solução ou o espécime adequado. Quem aprende por meio de exemplos tende a memorizar os exemplos em vez dos princípios básicos. Quando se deparam com um caso desconhecido, falta-lhes a compreensão das regras necessárias para classificá-lo ou resolvê-lo, então generalizam o exemplo mais próximo de que conseguem se lembrar, mesmo se não for particularmente relevante para o novo caso. Porém, quem aprende por meio de exemplos pode melhorar sua capacidade de derivar as regras básicas quando são convidados a comparar dois exemplos diferentes em vez de se concentrar em estudar um exemplo de cada vez. Da mesma forma, são mais propensos a descobrir a solução comum para diferentes problemas se primeiro tiverem que comparar os problemas e tentar descobrir as semelhanças básicas.

A título de ilustração, considere dois diferentes problemas hipotéticos enfrentados por um aprendiz. Esses problemas vêm de pesquisas sobre aprendizagem por meio de regras. Em um problema, os exércitos de um general estão distribuídos para atacar um castelo que é protegido por um fosso. Espiões ficaram sabendo que as pontes sobre o fosso foram minadas pelo comandante do castelo. As minas são preparadas para permitir que pequenos grupos atravessem as pontes, de modo que os ocupantes do castelo possam ir buscar alimentos e combustível. Como o general vai conseguir que um numeroso exército ultrapasse as pontes para atacar o castelo sem detonar as minas?

O outro problema envolve um tumor inoperável, que pode ser destruído por radiação concentrada. Porém, a radiação também precisa ultrapassar tecidos saudáveis. Um feixe de intensidade suficiente para destruir o tumor irá danificar o tecido saudável que ele atravessa. Como destruir o tumor sem danificar o tecido saudável?

Nesses estudos, os alunos têm dificuldade em encontrar a solução para qualquer um desses problemas, a menos que sejam instruídos a olhar as semelhanças entre eles. Ao procurar semelhanças, muitos alunos observam que: (1) os dois problemas exigem que uma grande força seja dirigida a um alvo; (2) a força não pode ser maciça e entregue em uma única rota sem resultado adverso; e (3) forças menores conseguem alcançar o alvo, mas uma força pequena é insuficiente para resolver o problema. Identificando essas semelhanças, os alunos muitas vezes chegam a uma estratégia de dividir a força maior em forças menores, e mandá-las em diferentes percursos para convergir no alvo e destruí-lo sem acionar minas ou danificar o tecido saudável. Eis a recompensa: depois de descobrir essa solução básica comum, então os alunos são capazes de continuar e resolver uma série de diferentes problemas de convergência.[14]

Como acontece com construtores de estrutura eficientes e ineficientes, nosso entendimento sobre aprendizes por meio de regras *versus* por meio de exemplos ainda é muito preliminar. Porém, sabemos que construtores eficientes de estrutura e aprendizes por meio de regras são mais bem-sucedidos em transferir sua aprendizagem a situações desconhecidas do que construtores ineficientes de estrutura e aprendizes por meio de exemplos. Você pode se perguntar se a tendência a ser um construtor eficiente de estrutura está correlacionada com a tendência a ser um aprendiz por meio de regras. Infelizmente, não existem pesquisas disponíveis para responder a essa pergunta.

Você pode observar o desenvolvimento das habilidades de construção de estrutura e aprendizagem por meio de regras na capacidade de uma criança contar piadas. Um menino de 3 anos de idade provavelmente não consegue contar uma piada do tipo "Toc-toc", de alguém batendo na porta, com perguntas e respostas, que termina com um trocadilho, pois ele não consegue entender a estrutura. Você indaga "Quem está aí?" e ele pula para o final da piada: "Bem que você podia abrir a porta!" Ele não entende a importância de, após "Quem está aí?", responder "Ben" para preparar a piada. Quando tiver completado 5 anos, ele terá se tornado um virtuoso contador de piadas tipo "Toc-toc": ele memorizou a estrutura. No entanto, aos 5 anos, ele não domina ainda outros tipos de piadas, porque até então não aprendeu o elemento essencial que faz as piadas funcionarem, que, é claro, é a "regra" de que piadas de qualquer tipo precisam de uma preparação, explícita ou implícita.[15]

*

Se você considerar a lição precoce de Bruce Hendry sobre o valor elevado de uma maleta cheia de fogos de artifício escassos no mercado, percebe como, quando ele se depara com vagões muitos anos mais tarde, ele está lidando com o mesmo bloco de construção de oferta e procura, mas dentro de um modelo muito mais complexo, que emprega outros blocos de conhecimentos que ele construiu ao longo dos anos, para abranger conceitos como risco de crédito, ciclos de negócios e processos de falência. Por que há oferta de vagões em excesso? Porque incentivos fiscais aos investidores tinham encorajado a aplicação de muito dinheiro em sua produção. Quanto vale um vagão? Tinham o custo unitário de 42 mil dólares e estavam em excelentes condições, pois pertenciam a um dos últimos lotes a serem fabricados. Ele pesquisou a vida útil de um vagão de carga e seu valor de sucata e analisou os contratos de locação. Mesmo que todos os vagões dele ficassem ociosos, os pagamentos de locação já renderiam um bom retorno sobre seu investimento, quando o excesso fosse sendo absorvido pelo sistema e o mercado reagisse.

Se estivéssemos lá, também teríamos comprado vagões. Ou pelo menos é assim que gostaríamos de pensar. Mas não é como encher uma mochila com fogos de artifício, mesmo se o princípio básico da oferta e da procura seja o equivalente. Você precisaria comprar os vagões direito e entender como o empreendimento funciona – o que, em termos leigos, chamamos de *know-how*. O conhecimento não se transforma em *know-how* até você entender os princípios básicos em ação e conseguir encaixá-los, de modo coordenado, em uma estrutura maior que a soma de suas partes. O *know-how* é a aprendizagem que lhe permite *realizar a tarefa*.

A LIÇÃO

Considerando o que sabemos sobre as diferenças de aprendizagem, qual é a lição?

Seja a pessoa no comando. Um velho adágio da escola de vendas diz que você não consegue caçar um cervo sem sair da estalagem. O mesmo vale para a aprendizagem: você precisa se vestir, sair porta afora e encontrar o que procura. Alcançar o domínio, especialmente de ideias, habilidades e processos complexos, exige uma busca. Não é uma nota em um teste, algo que um treinador lhe concede, ou uma qualidade que simplesmente é absorvida com a maturidade.

Aceite a noção de inteligência bem-sucedida. Expanda os horizontes: não se empoleire no escaninho de seu estilo de aprendizagem preferido, mas tome as rédeas de seus recursos e explore todas as suas "inteligências" para dominar os conhecimentos ou as habilidades que você deseja adquirir. Descreva o que você quer saber, fazer ou realizar. Em seguida, liste as competências necessárias, o que você precisa aprender e onde pode encontrar os conhecimentos ou as habilidades. Então vá atrás deles.

Considere que sua *expertise* está em contínuo desenvolvimento, pratique testes dinâmicos como estratégia de aprendizagem para descobrir seus pontos fracos e se concentre em melhorar nessas áreas. É inteligente aprimorar seus pontos fortes, mas você se tornará cada vez mais versátil e competente caso também usar os testes e o método da tentativa e erro para continuar a melhorar nas áreas em que seus conhecimentos ou desempenhos deixam a desejar.

Adote estratégias de aprendizagem ativa, como a prática de recuperar informações, espaçamento e intercalação. Seja ousado. Como as pessoas com dislexia que se tornaram grandes empreendedores, desenvolva soluções alternativas ou habilidades compensatórias para os defeitos ou lacunas em suas aptidões.

Não confie na sensação de conforto: como um bom aviador que verifica seus instrumentos, utilize testes, avaliação por pares e outras ferramentas descritas no Capítulo 5 para se certificar de que é exata sua apreciação sobre o que você sabe e pode fazer, e que sua estratégia está lhe guiando rumo a seus objetivos.

Não suponha que você está fazendo algo errado se a aprendizagem parece difícil. Lembre-se de que as dificuldades que você consegue superar com maior esforço cognitivo vão mais do que recompensá-lo em termos de profundidade e durabilidade de sua aprendizagem.

Destile os princípios básicos; construa a estrutura. Se você aprende por meio de exemplos, estude dois ou mais exemplos por vez, em vez de um por um, e se pergunte de que forma esses exemplos são iguais ou diferentes. São tão diferentes a ponto de exigir soluções diferentes, ou tão semelhantes a ponto de se enquadrarem em uma solução comum?

Divida sua ideia ou competência desejada em seus componentes. Se você pensa que é um construtor ineficiente de estrutura ou aprende por meio de exemplos, tentando entender um conteúdo novo, periodicamente faça uma pausa e pergunte: quais são as ideias centrais, quais são as regras? Descreva cada ideia e lembre-se dos pontos relacionados a elas. Quais são as grandes ideias, e quais delas estão apoiando conceitos ou *nuances*? Se você fosse testar-se sobre as ideias principais, como as descreveria?

Consegue imaginar algum tipo de andaime ou estrutura que conecte essas ideias centrais? Se pedíssemos emprestada a metáfora da tortuosa escada em espiral como uma estrutura para o modelo de investimento de Bruce Hendry, talvez funcionasse como algo assim: escadas em espiral têm três partes – uma coluna central, a base dos degraus e o espelho dos degraus. Digamos que a coluna central é a peça que nos conecta de onde estamos (aqui embaixo) para onde queremos estar (lá em cima). É a oportunidade de investimento. Cada base dos degraus é um elemento do negócio que nos protege contra perder dinheiro e cair para trás, e cada intervalo entre os degraus representa um passo acima. A base e o espaçamento dos degraus devem estar presentes para que a escadaria funcione e para que um acordo seja atraente. Saber o valor da sucata dos vagões é uma base de degrau – Bruce sabe que esse é o mínimo que vai obter a partir de seu investimento. Outra base de degrau é a renda de locação garantida, enquanto o capital estiver imobilizado. Quais são alguns dos espaçamentos entre os degraus? A escassez iminente, que vai elevar os valores. A condição excelente dos vagões, equivalente à de vagões novos, que é um valor latente. Um acordo que não tem base de degrau e seu espaçamento não nos protege contra as oscilações para baixo e nem nos traz segurança nos bons momentos.

A estrutura nos rodeia e está disponível para nós pelo recurso poético da metáfora. Uma árvore, com suas raízes, tronco e ramos. Um rio. Um vilarejo, englobando ruas e quarteirões, casas e lojas e escritórios. A estrutura do vilarejo explica como esses elementos estão interligados, de modo que o vilarejo ganhe vida e um significado que não existiria se esses elementos estivessem espalhados aleatoriamente em uma paisagem vazia.

Ao derivar as regras básicas e organizá-las de forma estruturada, você conquista mais do que conhecimento. Você conquista o *know-how*. E esse tipo de conhecimento permitirá o seu crescimento.

7

AUMENTE SUAS HABILIDADES

Em um famoso estudo feito na década de 1970, um pesquisador colocou, uma por uma, todas as crianças de uma creche em uma sala sem qualquer distração, exceto um *marshmallow* sobre uma bandeja na mesa. Pouco antes de sair da sala, o pesquisador avisava a criança de que podia comer o *marshmallow* naquele instante, ou, se esperasse 15 minutos, seria recompensada com um segundo *marshmallow*.

Walter Mischel e seus estudantes de pós-graduação observaram através de um vidro espelhado como as crianças enfrentavam seu dilema. Algumas estalavam o *marshmallow* na boca assim que o pesquisador saía, mas outras conseguiam esperar. Para ajudar a se conter, essas crianças tentavam qualquer coisa que pudessem imaginar. Elas "tapavam os olhos com as mãos, repousavam a cabeça nos braços, conversavam sozinhas, cantavam, inventavam jogos com as mãos e os pés e até tentavam dormir", para desviar os olhos e se distrair da recompensa.

Das mais de 600 crianças que participaram da experiência, apenas um terço conseguiu resistir à tentação o tempo suficiente para ganhar o segundo *marshmallow*.

Uma série de estudos subsequentes, o mais recente de 2011, constatou que as crianças da creche que tinham sido mais bem-sucedidas em postergar a gratificação nesse exercício, tiveram carreiras mais bem-sucedidas na idade adulta.

O estudo com os *marshmallows* é sublime em sua simplicidade e como metáfora para a vida. Nascemos com o dom de nossos genes, mas nosso sucesso também será determinado, em grau surpreendente, pelo foco e pela autodisciplina, que se originam da motivação e do senso de empoderamento pessoal.[1]

Considere James Paterson, galês irrequieto de seus trinta e poucos anos, com sua atração espontânea pelo poder das fórmulas mnemônicas e pelo mundo das competições de memória. O termo "mnemônico" vem da palavra grega que significa "memória". Fórmulas mnemônicas são ferramentas mentais que podem assumir muitas formas, mas geralmente são utilizadas para ajudar a reter um grande volume de novos conteúdos na memória, com pistas para pronta recuperação.

James ouviu falar a primeira vez sobre mnemônicos quando um de seus professores universitários mencionou sua utilidade durante uma palestra. Ele foi direto para casa, procurou na internet, comprou um livro. Se aprendesse aquelas técnicas, imaginava ele, conseguiria memorizar os assuntos das aulas com rapidez, sobrando muito mais tempo para sair com os amigos. Começou a praticar a memorização: nomes e datas para suas aulas de psicologia e as páginas do livro-texto onde eles eram citados. Também praticou truques de salão, como memorizar sequências de cartas embaralhadas ou encadeamentos de números aleatórios lidos a partir de listas feitas por amigos. Passou muitas e muitas horas aperfeiçoando suas técnicas, tornando-se hábil e, também, uma atração em suas redes sociais. O ano era 2006, e, ao saber que uma competição de memória seria realizada em Cambridge, Inglaterra, por diversão, decidiu se inscrever. Lá, surpreendeu-se ao conquistar o primeiro lugar na categoria dos novatos, proeza que lhe valeu mil euros. Foi fisgado. Imaginando que não tinha nada a perder ao se arriscar de novo, resolveu competir no primeiro Campeonato Mundial de Memória, em Londres, no mesmo ano.

Com os mnemônicos, James tinha vislumbrado como guardar alguns fatos fáceis para vencer suas provas sem gastar o tempo e o esforço para dominar plenamente o conteúdo, mas descobriu algo bem diferente, como veremos em seguida.

Atletas da memória, como esses competidores se autodenominam, sempre começam de modos diferentes. Nelson Dellis, o Campeão de Memória dos Estados Unidos, em 2012, começou depois que a sua avó morreu da doença de Alzheimer. Nelson a observou definhar com o tempo, e a capacidade dela de se recordar das coisas foi a primeira faculdade cognitiva a se deteriorar. Embora estivesse apenas na faixa dos vinte e poucos anos, Nelson pensava se estaria fadado ao mesmo destino, e o que poderia fazer em relação a isso. Descobriu os esportes mentais, na esperança de que, se conseguisse desenvolver uma memória excelente, de grande capacidade, então poderia ter reservas, caso a doença lhe atingisse ao longo da vida. Nelson é outro atleta da memória em ascensão, e criou uma Fundação, a Climb for Memory, a fim de conscientizar as pessoas e angariar fundos para pesquisar essa terrível doença. Não por acaso, Nelson também escala montanhas (por duas vezes chegou perto do cume do Monte Everest), daí o nome da fundação. Neste capítulo, vamos conhecer outras pessoas que, como Paterson e Dellis, tiveram êxito ao procurar elevar suas habilidades cognitivas de uma forma ou de outra.

*

O cérebro é extraordinariamente plástico, para utilizar o termo aplicado em neurociência, mesmo em idade avançada para a maioria das pessoas. Neste capítulo, ao discutir o aprimoramento das capacidades intelectuais, também analisamos algumas das perguntas que a ciência está tentando responder sobre a capacidade do cérebro de mudar ao longo da vida e a capacidade das pessoas para influenciar essas mudanças e de aumentar seus QIs. Então descrevemos três estratégias cognitivas conhecidas visando aumentar a capacidade mental que você já tem.

De certa forma, a infância do cérebro é como a infância de uma nação. Quando John Fremont chegou com suas forças expedicionárias a Pueblo de Los Angeles, em 1846, na campanha dos Estados Unidos para tomar o território do noroeste do México, ele não teve outro recurso para relatar seu progresso ao presidente James Polk, em Washington, exceto enviar seu batedor, Kit Carson, continente afora no lombo de sua mula – uma viagem de quase seis mil milhas através de montanhas, desertos pradarias, florestas e territórios selvagens. Fremont pressionou Carson para imprimir um ritmo alucinante, sem parar nem mesmo para caçar ao longo do caminho, mas que se sustentasse comendo as mulas à medida que desfalecessem e precisassem ser substituídas. A necessidade de fazer uma jornada dessas revela o nível de subdesenvolvimento do país. Com seus escassos 1,65 m e 63 kg, Carson era o melhor que tinha o país para enviar uma mensagem de uma costa à outra. Apesar dos ilimitados recursos naturais do continente, a jovem nação engatinhava em termos de sua *capacidade*. Para tornar-se poderosa, precisaria de cidades, universidades, fábricas e fazendas; e mais portos, estradas, trens e linhas de telégrafo para conectá-las.[2]

O mesmo acontece com o cérebro. Nascemos dotados da matéria-prima de nossos genes, mas só nos tornamos mais capazes por meio da aprendizagem e do desenvolvimento de modelos mentais e padrões neurais que nos permitem raciocinar, resolver e criar. Fomos educados para pensar que a inteligência é inata e que nosso potencial intelectual se encontra mais ou menos definido desde o nascimento. Agora sabemos que não funciona assim. As médias de QIs subiram ao longo do século passado, com as melhorias nas condições de vida. Quando as pessoas sofrem dano cerebral devido a derrames ou acidentes, os cientistas vêm testemunhando que o cérebro de alguma forma reatribui funções, para que as redes adjacentes de neurônios assumam o trabalho de áreas danificadas, permitindo que as pessoas recuperem as capacidades perdidas. As competições entre "atletas da memória" como James Paterson e Nelson Dellis têm surgido como um esporte internacional entre pessoas que se prepararam para executar atos surpreendentes de memória. Revelou-se que o desempenho de especialistas em medicina, ciência, música, xadrez ou esportes não é o produto apenas de dons inatos, como há muito tempo se pensava, mas de habilidades que foram se estabelecendo, camada por camada, ao longo de milhares de horas de prática. Em suma, as pesquisas e os registros modernos têm mostrado que nós e nossos cérebros somos capazes de façanhas muito maiores do que os cientistas imaginavam algumas décadas atrás.

NEUROPLASTICIDADE

Todos os conhecimentos e memórias são fenômenos fisiológicos, que acontecem em nossos neurônios e redes neurais. A ideia de que a capacidade cerebral não é apenas inata, mas plástica, mutável, algo que se reorganiza com cada nova tarefa, é uma revelação recente, e estamos apenas no limiar de entender o que isso significa e como funciona.

Em uma útil revisão sobre a neurociência, John T. Bruer abordou essa questão do desenvolvimento inicial e da estabilização dos circuitos cerebrais, bem como nossa capacidade de reforçar a capacidade intelectual de nossos filhos por meio da estimulação precoce. Nascemos com cerca de 100 bilhões de células nervosas, chamadas de neurônios. Entre os neurônios existem as sinapses, as conexões que lhes permitem transmitir os sinais. No período pouco antes e logo após o nascimento, passamos por "uma exuberante explosão na criação de sinapses", por meio das quais o cérebro se conecta: dos neurônios brotam ramos microscópicos, chamados de axônios, que se estendem em busca de minúsculos nós em outros neurônios, chamados de dendritos. Quando o axônio se junta a um dendrito, uma sinapse é formada. Para encontrar seus dendritos alvo, alguns axônios precisam viajar grandes distâncias para completar as conexões que compõem nossos circuitos neurais (uma jornada de escala e precisão tão assustadoras que Bruer a compara com alguém atravessar os Estados Unidos até encontrar um parceiro que o espera na costa oposta, não muito diferente da missão que Kit Carson recebeu do general Fremont para enviar a mensagem ao presidente Polk). É esse circuito que capacita nossos sentidos, cognição e coordenação motora, inclusive a aprendizagem e a memória. É ele que forma as possibilidades e os limites de nossa capacidade intelectual.

O número de sinapses alcança o auge com a idade de 1 ou 2 anos, número cerca de 50% mais alto do que a média que possuímos como adultos. Um período de platô segue e perdura até em torno da puberdade, quando essa superabundância começa a declinar, à medida que o cérebro enfrenta um período de poda sináptica. O nível adulto chega por volta dos 16 anos de idade, com um número ainda fantástico, calculado em torno de 150 trilhões de conexões.

Não sabemos por que o cérebro infantil produz um excesso de conexões nem como ele determina quais serão podadas. Alguns neurocientistas acreditam que as conexões que deixamos de utilizar são aquelas que fenecem e desaparecem, noção que parece manifestar o princípio de "utilize ou perca" e justifica a estimulação precoce do máximo de conexões possíveis, na esperança de mantê-las para toda a vida. Outra teoria sugere que o florescimento e a poda sejam determinados pela genética e que exercemos pouca ou nenhuma influência sobre quais sinapses sobrevivem e quais não sobrevivem.

"Embora o cérebro da criança adquira uma imensa quantidade de informações durante os primeiros anos", relatou a neurocientista Patricia Goldman-Rakic à Comissão de Educação dos Estados, a maior parte da aprendizagem é adquirida após a formação sináptica se estabilizar.

> Porém, desde o momento em que a criança entra no 1º ano do ensino fundamental, até o ensino médio, faculdade e além, há pouca mudança no número de sinapses. É justamente durante esse período no qual ocorrem poucas (ou nenhuma) formações sinápticas que acontece a maior parte da aprendizagem.

É nesse período em que desenvolvemos habilidades de nível adulto em línguas, matemática e lógica.[3] E provavelmente é nesse período, mais do que durante a primeira infância, no entender do neurocientista Harry T. Chugani, que a experiência e a estimulação ambiental fazem a sintonia fina de nossos circuitos e tornam exclusiva do homem a nossa arquitetura neuronal.[4] Em um artigo de 2011, uma equipe de acadêmicos britânicos nos campos da psicologia e sociologia analisaram as evidências da neurociência e concluíram que a arquitetura e a estrutura genérica do cérebro parecem ser substancialmente determinadas pelos genes, mas que a requintada estrutura das redes neurais parece ser moldada pela experiência e ser capaz de substancial modificação.[5]

*

O fato de o cérebro ser mutável se tornou claro em muitas frentes. Norman Doidge, em seu livro *O cérebro que se transforma*, se debruça sobre interessantes casos de pacientes que superam graves lesões com o auxílio de neurologistas, cuja pesquisa e prática estão avançando as fronteiras de nosso entendimento sobre a neuroplasticidade.

Um deles foi Paul Bach-y-Rita, pioneiro na aplicação de um dispositivo para ajudar pacientes que sofreram danos aos órgãos sensoriais. O dispositivo de Bach-y-Rita permite aos pacientes recuperar as habilidades perdidas ensinando o cérebro a responder ao estímulo de outras partes de seus corpos, substituindo um sistema sensorial por outro, praticamente da mesma forma com que uma pessoa cega aprende a se orientar por meio da ecolocalização, "enxergando" seu entorno ao interpretar os diferentes sons dos toques de uma bengala, ou aprende a ler com o sentido do tato, utilizando o método Braille.[6]

Uma das pacientes de Bach-y-Rita sofrera danos ao seu sistema vestibular (a maneira como o ouvido interno percebe o equilíbrio e a orientação espacial). Por isso, ela ficou tão sem equilíbrio que era incapaz de se levantar, caminhar ou sobreviver com independência. Bach-y-Rita instalou em um capacete com níveis (como os usados por carpinteiros) e os conectou para que enviasse impulsos a um sensor flexível, do tamanho de um selo postal, contendo 144 microeletrodos, instalado na língua da paciente. Quando ela inclinava a cabeça, os eletrodos faiscavam na língua simulando efervescência, mas em padrões distintos, conforme a direção e o ângulo de seus movimentos da cabeça. Com a prática de utilização do dispositivo, ela gradativamente conseguiu retreinar seu cérebro e o sistema vestibular, recuperando seu senso de equilíbrio por períodos cada vez mais longos após as sessões de treinamento.

Outro paciente, um homem de 35 anos que perdera a visão aos 13 anos de idade, foi equipado com uma pequena câmera montada em um capacete e habilitada a enviar impulsos também para a língua. Como explicou Bach-y-Rita, não são os olhos que enxergam, é o cérebro. Os olhos percebem, e o cérebro interpreta. O sucesso desse dispositivo depende de o cérebro aprender a interpretar os sinais da língua como visão. Esses resultados notáveis foram relatados no *New York Times*:

> [...] pela primeira vez em 20 anos o paciente "encontrou portas, pegou bolas rolando em direção a ele e brincou com a sua filhinha em um jogo infantil de adivinhar como os dedos estão dobrados (pedra, papel e tesoura). Declarou que, com a prática, o sentido comprometido melhora, 'como se o cérebro estivesse se reprogramado'".[7]

Em mais outra aplicação, interessante à luz de nosso debate prévio sobre metacognição, estimuladores estão sendo anexados aos tórax dos aviadores para transmitir leituras de instrumento, ajudando o cérebro a perceber as mudanças em inclinação e altitude que o sistema vestibular do aviador é incapaz de detectar sob determinadas condições de voo.

*

Os corpos das células neurais compõem a maior parte de nosso cérebro, o que os cientistas chamam de massa cinzenta. O que eles chamam de massa branca é a fiação: os axônios que se conectam aos dendritos de outros corpos celulares neurais, e as bainhas de mielina cerosas que envolvem alguns axônios, como o revestimento de plástico no fio de um abajur. Tanto a massa cinzenta quanto a branca são alvos de intenso estudo científico, à medida que tentamos entender como funcionam os componentes que moldam a cognição e as habilidades motoras e como eles mudam ao longo de nossas vidas. Essas pesquisas vêm alcançando um grande progresso como resultado dos recentes saltos na tecnologia de imagens cerebrais.

Um ambicioso esforço é o *Human Connectome Project* (Projeto Conectoma Humano), financiado pelo National Institute of Health (NIH), para mapear as conexões no cérebro humano. (O termo "conectoma" refere-se à arquitetura dos neurocircuitos humanos, no mesmo espírito que "genoma" foi cunhado para o mapa do código genético humano.) Em seus *sites*, as instituições de pesquisa participantes mostram imagens surpreendentes da arquitetura fibrosa do cérebro, feixes de axônios humanos, similares a fios, apresentados em cores neon para indicar direções de sinal e revelando uma bizarra semelhança com a gigantesca fiação interna dos supercomputadores da década de 1970. Os primeiros resultados de pesquisa são intrigantes. Um estudo, feito na UCLA, comparou a arquitetura sináptica de gêmeos univitelinos, cujos genes são iguais, e a de gêmeos bivitelinos, que compartilham apenas alguns genes. Esse estudo mostrou o que outros já haviam sugerido: que a velocidade de nossas habilidades mentais é determinada pela robustez de nossas conexões neurais; que essa robustez, na fase inicial, em grande parte é determinada por nossos genes, mas que nossos circuitos neuronais não amadurecem tão precocemente quanto nosso desenvolvimento físico. Em vez disso, eles continuam a mudar e evoluir ao longo da vida, até completarmos 40, 50 e 60 anos. Parte da maturação dessas conexões é o espessamento gradual do revestimento de mielina dos axônios. Em geral, a mielinização começa na parte de trás de nossos cérebros e se move à frente, atingindo os lobos frontais quando entramos na vida adulta. Os lobos frontais desempenham as funções executivas do cérebro e são a localização dos processos de raciocínio e apreciação de alto nível, habilidades que são desenvolvidas por meio da experiência.

A espessura do revestimento de mielina correlaciona-se com a capacidade de cada um de nós, e, de acordo com as pesquisas, há fortes indícios de que o aumento da prática constrói mais mielina ao longo dos caminhos relacionados, melhorando a força e a velocidade dos sinais elétricos e, por conseguinte, o desempenho. A intensificação na prática de piano, por exemplo, tem mostrado aumentos correspondentes na mielinização das fibras nervosas associadas com o movimento dos dedos e os processos cognitivos envolvidos em fazer música, mudanças inexistentes em quem não toca piano.[8]

O estudo da formação de hábito fornece uma percepção interessante sobre a neuroplasticidade. Os circuitos neurais que utilizamos ao tomar ação consciente rumo a um objetivo não são os mesmos que utilizamos quando nossas ações se tornaram automáticas, em decorrência do hábito. As ações empreendidas por hábito são controladas por uma região localizada mais ao fundo do cérebro, os gânglios basais. Quando nos envolvemos em treinamento e repetição de alguns tipos de aprendizagem, em especial, habilidades motoras e tarefas sequenciais, nossa aprendizagem aparenta ser recodificada nessa região mais profunda, a mesma área que controla ações subconscientes, como movimentos oculares. Como parte desse processo de recodificação, imagina-se que o cérebro agrupe as sequências de ação cognitivas e motoras no mesmo bloco, de modo que elas possam ser executadas como uma só unidade, ou seja, sem exigir uma série de decisões conscientes, as quais retardariam substancialmente nossas respostas. Essas sequências se tornam automáticas. Ou seja, elas podem começar como ações que nos ensinamos a fazer em busca de um objetivo, mas tornam-se respostas automáticas aos estímulos. Alguns pesquisadores têm utilizado a palavra "macro" (um simples aplicativo de computador) para descrever o funcionamento desse agrupamento como uma forma de aprendizagem altamente eficiente e consolidada. Segundo essas teorias, o agrupamento é essencial ao processo da formação de hábito, e isso ajuda a explicar várias situações. Nos esportes, desenvolvemos a capacidade de responder ao rápido desdobramento dos eventos mais instantaneamente do que o tempo necessário para pensar neles: a maneira como o pianista supera, com os movimentos dos dedos, seus pensamentos conscientes; ou como um jogador de xadrez aprende a antecipar as incontáveis jogadas possíveis e as implicações apresentadas por diferentes configurações do tabuleiro. A maioria de nós exibe o mesmo talento ao digitar.

*

Outro sinal fundamental da duradoura mutabilidade cerebral é a descoberta de que o hipocampo, onde consolidamos a aprendizagem e a memória, é capaz de gerar novos neurônios ao longo da vida. Pensa-se que esse fenômeno, chamado de neurogênese, exerça um papel fulcral na capacidade cerebral de se recuperar de uma lesão física e na capacidade humana de aprender ao longo da vida. A relação da neurogênese com a aprendizagem e a memória é um novo campo de pesquisas, mas os cientistas já demonstraram que a atividade da aprendizagem associativa (ou seja, de aprender e lembrar a relação entre itens não relacionados, como nomes e rostos) estimula um aumento na criação de novos neurônios no hipocampo. Esse aumento na neurogênese começa *antes* de as novas atividades de aprendizagem serem realizadas, sugerindo a intenção do cérebro em aprender. Da mesma forma, o aumento continua por um período *após* a atividade de aprendizagem, sugerindo que a neurogênese desempenha um papel na consolidação da memória, bem como nos efeitos benéficos que a prática espaçada e a prática de recuperar informações à custa de esforço exercem na retenção de longo prazo.[9]

Claro, a aprendizagem e a memória são processos neurais. O fato de que a prática de recuperar informações, a prática espaçada, o ensaio, a aprendizagem por meio de regras e a construção de modelos mentais melhoram a aprendizagem e a memória é uma evidência da neuroplasticidade. Esse fato se coaduna com a compreensão dos cientistas sobre a consolidação da memória na condição de agente para aumentar e fortalecer as vias neurais, pelas quais mais tarde a pessoa é capaz de recuperar e aplicar a aprendizagem. Nas palavras de Ann e Richard Barnet, o desenvolvimento intelectual humano é "um eterno diálogo entre as tendências herdadas e nossa história de vida".[10] A natureza desse diálogo é a questão central que exploramos no restante deste capítulo.

O QI É MUTÁVEL?

O QI é um produto dos genes e do ambiente. Compare-o com a estatura: é principalmente herdada, mas, ao longo das décadas, à medida que a nutrição tem melhorado, as gerações seguintes mostram alturas maiores. Da mesma forma, os QIs em todas as regiões industrializadas do mundo mostraram um aumento contínuo desde o início da amostragem padronizada em 1932, fenômeno chamado de efeito Flynn, em homenagem ao cientista político que foi o primeiro a chamar a atenção geral para o fato.[11] Nos Estados Unidos, o QI médio aumentou 18 pontos nos últimos 60 anos. Para qualquer dado grupo etário, um QI de 100 é a pontuação média daqueles que fazem os testes de QI, então esse aumento significa que ter hoje um QI de 100 equivale à inteligência daqueles com QI 118, há 60 anos. Foi a média que aumentou, e várias teorias tentam explicar isso. A principal é que as escolas, a cultura (p. ex., televisão) e a nutrição mudaram substancialmente, de maneiras que afetam as capacidades verbais e matemáticas das pessoas conforme medidas pelos segmentos dos testes que compõem o teste de QI.

Richard Nisbett, em seu livro *Intelligence and How to Get It*, discute a influência de estímulos na sociedade moderna que não existiam anos atrás, oferecendo como exemplo singelo um labirinto que o McDonald's incluía no McLanche Feliz há alguns anos, que era mais difícil do que os labirintos incluídos em testes de QI para crianças superdotadas.[12] Nisbett também escreve sobre "multiplicadores ambientais", sugerindo que um garoto alto que escolhe o basquete desenvolve uma proficiência no esporte que uma criança mais baixa não desenvolve, exatamente como uma criança curiosa que se dedica a aprender se torna mais inteligente do que uma criança de igual inteligência, mas sem curiosidade para aprender. As opções de aprendizagem se expandiram exponencialmente. Talvez uma pequena diferença genética torne uma criança mais curiosa do que outras, mas o efeito é multiplicado em um ambiente onde a curiosidade é facilmente estimulada e logo satisfeita.

Outro fator ambiental que molda o QI é o *status* socioeconômico e o maior estímulo e carinho que estão mais geralmente disponíveis em famílias com mais educação e recursos. Em média, as crianças de famílias abastadas obtêm resultados superiores em testes de QI do que as crianças de famílias pobres. Da mesma forma, as crianças de famílias pobres que são adotadas por famílias abastadas obtêm maior pontuação em testes de QI, independentemente de os pais naturais apresentarem alto ou baixo *status* socioeconômico.

A possibilidade de aumentar o QI é repleta de controvérsias e objeto de inúmeros estudos, refletindo grandes disparidades de rigor científico. Uma revisão abrangente publicada em 2013, abordando as pesquisas existentes sobre aumentos de inteligência em crianças pequenas, ajuda a esclarecer o assunto, em parte devido aos rigorosos critérios que os autores estabeleceram para determinar quais estudos se qualificariam para consideração. Os estudos considerados tinham de avaliar uma população geral, não casos clínicos; ter um desenho experimental aleatório; consistir em intervenções contínuas, não em tratamentos rápidos ou apenas manipulações durante a experiência dos testes; e usar uma medição aceita e padronizada de inteligência. Os autores concentraram-se em experimentos envolvendo crianças desde o período pré--natal até os 5 anos de idade, e os estudos que satisfizeram seus requisitos envolveram mais de 37 mil participantes.

O que eles constataram? A nutrição afeta o QI. Fornecer suplementos dietéticos de ácidos graxos para mulheres grávidas, mulheres em lactação e bebês teve o efeito de aumentar o QI entre 3,5 a 6,5 pontos. Certos ácidos graxos fornecem os alicerces para o desenvolvimento de células nervosas que o corpo não consegue produzir sozinho, e a teoria por trás dos resultados é que esses suplementos reforçam a criação de novas sinapses. Estudos sobre outros suplementos, como ferro e vitaminas do complexo B, sugeriram benefícios, mas precisam de validação com novas pesquisas antes que possam ser considerados definitivos.

No âmbito dos efeitos ambientais, os autores constataram que matricular crianças pobres na educação inicial aumenta o QI em mais de quatro pontos e em mais de sete pontos se a intervenção acontecer em um centro de ensino e não em casa, onde a estimulação é sustentada com menos consistência. (A educação inicial foi definida como enriquecimento ambiental e aprendizagem estruturada antes da matrícula na pré-escola.)* Crianças mais ricas, que presumivelmente têm muitos desses benefícios em casa, talvez não revelem ganhos semelhantes ao se matricularem em programas de educação inicial. Além disso, nenhuma evidência sustenta a noção amplamente difundida de que, quanto mais cedo as crianças forem matriculadas nesses programas, melhores os resultados. Em vez disso, as evidências sugerem que, como afirma John Bruer, os primeiros anos de vida não são janelas estreitas para o desenvolvimento que logo se fecham.

Foram observados ganhos no QI como resultado de diversas modalidades de treinamento cognitivo. Quando as mães em lares de baixa renda receberam os meios para proporcionar a seus filhos ferramentas educacionais, livros e quebra-cabeças e foram treinadas em como ajudar seus filhos a aprender a falar e identificar objetos em casa, as crianças apresentaram ganhos de QI. Quando as mães de crianças de 3 anos em famílias de baixa renda foram treinadas a falar com seus filhos com frequência e desafiar as crianças com muitas questões de resposta aberta, o QI das crianças aumentou. Ler para uma criança de 4 anos de idade ou mais jovem aumenta o QI da criança, especialmente se a criança participar ativamente na leitura e é incentivada pelo pai ou pela mãe a elaborar o que entendeu. Após a idade de 4 anos, ler para a criança não aumenta o QI, mas continua a acelerar o desenvolvimento da linguagem da criança. A pré-escola impulsiona o QI das crianças em mais de quatro pontos, e, se a escola inclui treinamento no uso da linguagem, em mais de sete pontos. Novamente, não há um corpo de evidências que sustente a conclusão de que a educação inicial, a pré-escola ou a treinamento no uso da linguagem mostrariam ganhos de QI em crianças de famílias abastadas, onde elas já se beneficiam das vantagens de um ambiente mais rico.[13]

TREINAMENTO MENTAL?

E o que dizer dos jogos de "treinamento mental"? Estamos vendo o surgimento de um novo tipo de negócio: oferecer jogos e vídeos *on-line* com a promessa de exercitar seu cérebro como se ele fosse um músculo, melhorando suas capacidades cognitivas. Esses produtos são em grande parte fundamentados nos achados de um estudo suíço, apresentado em 2008, mas que foi muito limitado em escopo e que não foi replicado.[14] O estudo se concentrava em melhorar a "inteligência fluida": a facilidade para realizar raciocínio abstrato, captar inter-relações desconhecidas e solucionar novos tipos de problemas.

---

* N. de T.: Educação inicial (de *early education*) e pré-escola (de *preschool*) equivalem à educação infantil no Brasil. Nos Estados Unidos, a "pré-escola" abrange crianças de 4 e 5 anos, enquanto a "educação inicial" é todo ensino anterior à *preschool*.

A inteligência fluida é um dos dois tipos de inteligência que compõem o QI. A outra é a inteligência cristalizada, o repositório de conhecimentos que acumulamos ao longo dos anos. É óbvio que podemos aumentar nossa inteligência cristalizada por meio de estratégias eficazes de aprendizagem e memória, mas o que dizer sobre nossa inteligência fluida?

Um fator determinante e essencial da inteligência fluida é a capacidade da memória de trabalho de uma pessoa – o número de novas ideias e inter-relações que uma pessoa consegue guardar na mente enquanto trabalha na solução de um problema (em especial, diante de certa quantidade de distração). O foco do estudo suíço era dar aos participantes tarefas que exigiam desafios cada vez mais difíceis para a memória de trabalho, mantendo em mente dois estímulos diferentes durante períodos de distração cada vez mais longos. Um estímulo era uma sequência de numerais. O outro era um pequeno quadrado luminoso que aparecia em vários locais de uma tela. Tanto os numerais quanto os locais do quadrado mudavam a cada três segundos. A tarefa era decidir – enquanto visualizava uma sequência de numerais modificados e quadrados reposicionados – para cada combinação de numeral e quadrado, se ela equivalia a uma combinação que já havia sido apresentada anteriormente a *n* itens da série. O número *n* aumentava durante os experimentos, tornando o desafio para a memória de trabalho progressivamente mais árdua.

Todos os participantes foram testados em tarefas de inteligência fluida no início do estudo. Depois, receberam esses exercícios de dificuldade crescente para sua memória de trabalho, por períodos que variaram em até 19 dias. Ao cabo do treinamento, eles foram reexaminados para avaliar a sua inteligência fluida. Todos obtiveram um desempenho melhor do que antes do treinamento, e aqueles que se envolveram no treinamento por períodos mais longos mostraram os maiores avanços. Esses resultados mostraram pela primeira vez que a inteligência fluida pode ser aumentada por meio do treinamento.

Qual é o problema?

Os participantes eram poucos (apenas 35) e foram todos recrutados de uma população parecida e altamente inteligente. Além do mais, o estudo concentrou-se no treinamento em apenas uma tarefa. Assim, não está claro até que ponto isso pode se aplicar ao treinamento em outras tarefas para a memória de trabalho, ou se os resultados são realmente sobre a memória de trabalho, em vez de alguma peculiaridade do treinamento em particular. Por fim, a permanência do desempenho melhorado é desconhecida, e os resultados, conforme observados, não foram replicados por outros estudos. Lembremo-nos, a possibilidade de replicar os resultados empíricos é o alicerce da teoria científica. O *site* PsychFileDrawer.org mantém uma lista dos 20 principais estudos de pesquisas psicológicas que os usuários gostariam de ver replicados, e o estudo suíço é o primeiro da lista. Uma tentativa recente cujos resultados foram publicados em 2013 não conseguiu encontrar quaisquer melhorias na inteligência fluida na replicação dos exercícios do estudo suíço. Curiosamente, os participantes do estudo acreditavam que suas capacidades mentais tinham melhorado, fenômeno que os autores descrevem como ilusório. No entanto, os autores também reconhecem que uma maior sensação de autoeficácia pode levar a maior persistência em resolver problemas difíceis, se a pessoa for encorajada pela convicção de que o treinamento melhorou suas habilidades.[15]

O cérebro não é um músculo; portanto, fortalecer uma habilidade não fortalece automaticamente as outras. Estratégias de aprendizagem e memória, como a prática de recuperar informações e a construção de modelos mentais, são eficazes para melhorar as capacidades intelectuais nos conteúdos e nas habilidades praticados, mas os benefícios não se estendem ao domínio de outros conteúdos ou habilidades. Estudos dos cérebros de especialistas mostram a mielinização reforçada dos axônios relacionados à área de atuação, mas não em outro lugar no cérebro. Mudanças na mielinização observadas em pianistas virtuosos são específicas para o virtuosismo no piano. Mas a capacidade de tornar a prática um hábito *é* generalizável. Na medida em que o "treinamento cerebral" melhora a eficácia e a autoconfiança, como alegam seus divulgadores, é mais provável que os benefícios sejam os frutos de melhores hábitos, como aprender a concentrar a atenção e persistir na prática.

*

Richard Nisbett escreve sobre "multiplicadores ambientais" que acarretam um efeito desproporcional a partir de uma pequena predisposição genética – a criança que é geneticamente apenas um pouco mais curiosa se torna muito mais inteligente se estiver em um ambiente que alimenta a curiosidade. Agora vire essa ideia de cabeça para baixo. Sendo improvável que eu consiga aumentar de imediato meu QI, existem estratégias ou comportamentos que possam servir como "multiplicadores" *cognitivos* para turbinar o desempenho da inteligência que eu já tenho? Sim. Acredite na possibilidade de mentalidade voltada ao crescimento, *pratique como especialista* e *construa pistas para a memória*.

MENTALIDADE VOLTADA AO CRESCIMENTO

Vamos retornar ao velho ditado: "Se você pensa que consegue ou pensa que não consegue, você tem razão". Eis que nisso há mais verdade do que sabedoria popular. A atitude é muito importante. Os estudos da psicóloga Carol Dweck chamaram enorme atenção por mostrar exatamente o quão significativo pode ser o impacto de uma simples convicção na aprendizagem e no desempenho: a opinião de que seu nível de habilidade intelectual não é fixo, mas em grande medida, está em suas próprias mãos.[16]

Dweck e seus colegas vêm replicando e expandindo seus resultados em muitos estudos. Em um dos primeiros experimentos, ela promoveu uma oficina entre os alunos do 7º ano com baixo desempenho em uma escola da cidade de Nova York, ensinando-lhes sobre o funcionamento do cérebro e sobre técnicas de estudo eficazes. Metade do grupo também recebeu uma apresentação sobre memória, mas à outra metade foi explicado como o cérebro muda em decorrência da aprendizagem à custa de esforço: quando você se esforça muito e aprende alguma coisa nova, o cérebro forma novas conexões, e essas novas conexões, ao longo do tempo, tornam você mais inteligente. Esse grupo aprendeu que o desenvolvimento intelectual não é o desdobramento natural da inteligência, mas resulta das novas conexões que são formadas por meio do esforço e da aprendizagem. Após a oficina, os dois grupos de crianças retomaram seu trabalho escolar. Seus professores não sabiam que alguns tinham sido ensinados que o cérebro muda com a aprendizagem à custa de esforço, mas, à medida que o ano letivo foi progredindo, aqueles estudantes do segundo grupo adotaram o que Dweck chama de "mentalidade voltada ao crescimento", ou seja, a convicção de que a inteligência deles estava sob seu próprio controle. Esses alunos foram se tornando alunos mais ousados e com desempenho melhor do que os do primeiro grupo, que continuaram a manter a visão convencional, que Dweck chama de "mentalidade voltada à fixidez", de que sua capacidade intelectual foi definida no nascimento pelos talentos naturais com os quais eles nasceram.

A pesquisa de Dweck havia sido desencadeada sua pela curiosidade sobre por que algumas pessoas se sentem incapazes ao se deparar com desafios e desistem, enquanto outras respondem ao fracasso buscando novas estratégias e redobrando seus esforços. Ela descobriu que uma diferença fundamental entre as duas respostas reside em como a pessoa explica o fracasso: aqueles que atribuem o fracasso a sua própria incapacidade – "Não sou inteligente" – se sentem incapazes. Aquelas que interpretam o fracasso como decorrente de uma estratégia ineficaz ou esforço insuficiente se dedicam com mais afinco e tentam diferentes abordagens.

*

Dweck percebeu que alguns alunos fixam objetivos de *desempenho*, enquanto outros se esforçam rumo a objetivos de *aprendizagem*. No primeiro caso, você está trabalhando para validar sua capacidade. No segundo, você está trabalhando para adquirir novos conhecimentos ou habilidades. As pessoas com objetivos de desempenho, inconscientemente, limitam seu potencial. Se seu foco está em validar ou exibir sua capacidade, você escolhe desafios mais fáceis de serem superados. Você quer parecer inteligente, então usa o mesmo truque, repetidamente. Mas se seu objetivo é aumentar sua capacidade, você escolhe desafios crescentes, interpreta reveses como informações úteis que lhe ajudam a aguçar seu foco, a ser mais criativo e a trabalhar mais arduamente. "Se você quer sempre demonstrar algo, tem a sensação de que a 'capacidade' é algo estático que mora no seu interior. Por outro lado, aqueles que querem aumentar sua capacidade, têm a sensação de que ela é dinâmica e maleável", frisa Dweck. Objetivos de aprendizagem acionam cadeias de pensamento e ação inteiramente diferentes das acionadas pelos objetivos de desempenho.[17]

Paradoxalmente, um foco em desempenho atrapalha alguns atletas de elite. Elogiados por serem "naturais", eles acreditam que seus desempenhos resultam de dons inatos. De acordo com essa ideia, se fossem naturais, não precisariam se esforçar para se sobressair. E, de fato, muitos simplesmente evitavam praticar, pois a necessidade de treino é a evidência pública de que, afinal de contas, seus dons naturais não eram bons o suficiente para dar conta do recado. Um foco no desempenho, em vez de na aprendizagem e no crescimento, provoca nas pessoas uma aversão a correr riscos e a expor sua autoimagem ao ridículo. Assim, elas evitam colocar-se em situações em que precisem se esforçar para alcançar o resultado crucial.

*

O trabalho de Dweck estendeu-se para o elogio e o poder que ele tem para moldar a maneira como as pessoas respondem aos desafios. Eis um exemplo. Um grupo de alunos do 5º ano recebe individualmente um quebra-cabeça para resolver. Alguns dos alunos que resolvem o enigma são elogiados por serem inteligentes; outros alunos que também os solucionam são elogiados por terem se esforçado muito. Em seguida, os alunos são convidados a escolher outro enigma: um com dificuldade semelhante ou outro mais difícil, mas com o qual aprenderiam por meio do esforço para tentar resolvê-lo. A maioria dos alunos que são elogiados por sua inteligência escolhe o enigma mais fácil; 90% das crianças elogiadas pelo esforço escolhem o mais difícil.

Em uma variante desse estudo, os alunos recebem quebra-cabeças de duas pessoas, Tom e Bill. Os quebra-cabeças que Tom dá aos alunos podem ser resolvidos com esforço, mas os que Bill lhes dá não podem. Cada aluno recebe quebra-cabeças dos dois, Tom e Bill. Após trabalhar para resolvê-los, algumas crianças são elogiadas por serem inteligentes e outras por serem esforçadas. Em uma segunda rodada, as crianças recebem mais quebra-cabeças de Tom e de Bill, e, dessa vez, todos podem ser resolvidos. Eis a surpresa: dos alunos que foram elogiados por serem inteligentes, poucos resolveram os quebra-cabeças aplicados por Bill, ainda que fossem os mesmos que esses alunos tinham resolvido antes, quando os receberam de Tom. Para alguns, ser considerado inteligente era fundamental. Justamente esses, ao fracassarem na primeira rodada com os quebra-cabeças de Bill, foram tomados por um sentimento de derrota e impotência.

Quando você elogia a inteligência, as crianças recebem a mensagem de que o essencial é ser visto como inteligente. "Enfatizar o esforço dá à criança uma variável peculiar, que elas podem controlar", afirma Dweck. Mas "enfatizar a inteligência natural retira o desempenho do controle da criança, e não fornece uma boa receita para responder a um fracasso".[18]

*

Paul Tough, em seu recente livro *Como as crianças aprendem*, inspira-se no trabalho de Dweck e outros para defender que nosso sucesso é menos dependente do QI do que de determinação, curiosidade e persistência. O ingrediente essencial é se deparar com as adversidades na infância e aprender a superá-las. Tough escreve que as crianças nos estratos mais baixos da sociedade são tão atingidas por desafios e carentes de recursos que elas não têm oportunidades para experimentar o sucesso. Mas, e aqui temos um novo paradoxo, as crianças no topo da pirâmide, que são criadas em ambientes protegidos, elogiadas por serem inteligentes, e em situações de aperto, resgatadas por pais superprotetores, sem nunca serem permitidas a encarar o fracasso ou a superar as adversidades por iniciativa própria, também têm o acesso negado às experiências de formação do caráter essenciais para o sucesso posterior na vida.[19] É improvável que a criança que ganha tudo de mão beijada abrace os desafios que a permita descobrir seu pleno potencial. Um foco em parecer inteligente impede uma pessoa de assumir riscos na vida, os pequenos riscos que ajudam as pessoas para materializar as suas aspirações, bem como as jogadas ousadas e visionárias que conduzem à grandeza. O fracasso, de acordo com Carol Dweck, nos dá informações úteis, bem como a oportunidade de descobrir o que somos capazes de fazer quando estamos realmente determinados.

Qual é a lição ensinada por Dweck, Tough e seus colegas que trabalham nesse campo? A fim de incutir em uma pessoa a criatividade, a persistência e o senso de capacidade necessários para aprender mais e obter sucesso, outros fatores são mais importantes do que o QI: a disciplina, a determinação e uma mentalidade voltada ao crescimento. "As habilidades de estudo e as habilidades de aprendizagem ficam inertes até serem alimentadas por um ingrediente ativo", afirma. O ingrediente ativo é a simples, mas profunda percepção de que o poder para aumentar suas habilidades jaz essencialmente sob seu próprio controle.

PRÁTICA DELIBERADA

Quando você assiste a *performances* estelares por um especialista em qualquer campo – pianista, enxadrista, golfista – talvez você fique se perguntando: que talento natural deve embasar as capacidades dessa gente? Porém, em geral, um desempenho de especialista não indica uma predisposição genética ou vantagem de QI. Ele surge de milhares de horas daquilo que Anders Ericsson chama de prática deliberada e contínua. Se apenas fizer algo repetidamente pode ser considerado prática, a prática deliberada é diferente: é direcionada ao objetivo, frequentemente solitária, e consiste em esforços repetidos para ir além de seu atual nível de desempenho. Seja qual for o campo, acredita-se que o desempenho de especialista é conquistado por meio da vagarosa aquisição de um número maior de esquemas mentais cada vez mais complexos, e que são aplicados para armazenar conhecimento sobre quais ações tomar em um vasto vocabulário de situações diferentes. Assista a um campeão de xadrez em ação. Ao estudar as posições em um tabuleiro, ele consegue contemplar muitos movimentos alternativos e incontáveis rumos diferentes que cada jogada pode precipitar. O esforço, o fracasso, a resolução de problemas e as tentativas renovadas que caracterizam a prática deliberada constroem os novos conhecimentos, as adaptações fisiológicas e os complexos modelos mentais necessários para atingir patamares mais elevados.

Quando Michelangelo enfim concluiu a pintura de mais de 400 personagens em tamanho natural na abóboda da Capela Sistina, diz-se que ele teria escrito: "Se as pessoas soubessem o quanto eu me esforcei até dominar meu ofício, isso não pareceria tão maravilhoso assim". O que parecia a seus admiradores ser fruto de genialidade pura havia exigido quatro penosos anos de trabalho e dedicação.[20]

*

Em geral, a prática deliberada não é agradável, e a maioria dos alunos exige um *coach* ou instrutor que consiga ajudar a identificar áreas de desempenho que precisam ser melhoradas, ajudar a focalizar a atenção em aspectos específicos e fornecer *feedback* com o objetivo de manter a exatidão das percepções e apreciações. O esforço e a persistência da prática deliberada remodelam o cérebro e a fisiologia para se adaptarem a um desempenho superior, mas alcançar a *expertise* em qualquer campo é específico daquele campo em si. Isso não confere qualquer tipo de vantagem ou avanço que permita obter *expertise* em outros domínios. Um exemplo simples de prática remodelando o cérebro é o tratamento da distonia focal da mão, síndrome que afeta alguns guitarristas e pianistas cuja prática intensiva reprogramou seus cérebros para pensar que dois dedos se fundiram em um só. Por meio de uma série de exercícios difíceis, eles podem ser ajudados, de modo gradativo, a retreinar seus dedos a se moverem separadamente.

Uma razão pela qual, às vezes, consideramos que os especialistas possuem um talento incrível é que alguns são capazes de observar um desempenho complexo em seu campo e depois reconstruir da memória cada aspecto daquele desempenho, nos mínimos detalhes. Mozart granjeou a fama de ser capaz de reconstruir partituras musicais complexas após uma única audição. Mas essa habilidade, afirma Ericsson, provém não de um sexto sentido, mas da percepção e memória superiores de um especialista no âmbito de seu domínio, as quais resultam de anos de habilidades e conhecimentos nele adquiridos. A maioria das pessoas que alcança a *expertise* em um campo tende a mostrar um desempenho mediano em outros setores da vida.

Dez mil horas ou 10 anos de prática foi o tempo médio que as pessoas estudadas por Ericsson tinham investido para se tornarem especialistas em seus campos, e os melhores entre eles haviam passado o maior percentual dessas horas em prática deliberada e solitária. Aqui, a ideia principal é que o desempenho do especialista é um produto da quantidade e da qualidade da prática, não de predisposição genética, e que tornar-se especialista não está fora do alcance de pessoas normalmente dotadas, desde que elas tenham motivação, tempo e disciplina para perseguir esse objetivo.

PISTAS PARA A MEMÓRIA

Fórmulas mnemônicas, como mencionamos, são ferramentas mentais para guardar conteúdos na memória, com pistas para pronta recuperação. (Mnemosine, uma das nove musas da mitologia grega, era a deusa da memória.) Alguns exemplos de simples fórmulas mnemônicas são os acrônimos, como "VAVAVAL"* para as cores do arco-íris, e acrônimos reversos, como em "Iatismo, Vôlei, Xadrez, Lutas, Ciclismo, Decátlon e Maratona"** para o valor crescente de algarismos romanos de 1 a 1 mil (p. ex., V=5; D=500).

O *palácio de memória* é um dispositivo mnemônico de um tipo mais complexo, útil para organizar e guardar maiores volumes de conteúdo na memória. Baseia-se no *método dos loci*, ou método dos locais, que remonta aos gregos antigos e envolve associar imagens mentais com uma série de ambientes físicos para ajudar a dar pistas às lembranças. Por exemplo, imagine-se dentro de um espaço que lhe é muito familiar, como sua casa, e então você

---

* N. de T.: Vermelho, azul-claro, verde, azul-escuro, violeta, amarelo, laranja; em inglês, ROY G BIV: *red, orange, yellow, green, blue, indigo, violet*.
** N. de T.: O original é "I Value Xylophones Like Cows Dig Milk".

associa características proeminentes do espaço, como sua poltrona, com uma imagem visual de algo que você deseja recordar. (Ao pensar em sua poltrona, você pode visualizar uma flexível iogue sentada ali, para lembrar-se de voltar às suas aulas de ioga.) Os recursos de sua casa podem ser associados com um número incontável de pistas visuais para recuperar lembranças mais tarde, quando você simplesmente fizer uma caminhada imaginária pela casa. Se for importante recordar o material em determinada ordem, as pistas podem ser sequenciadas ao longo do percurso através de sua casa. (O método dos locais também é usado para associar as pistas com recursos que você encontra ao longo de um trajeto muito familiar, como sua caminhada até ao mercadinho da esquina.)

No momento em que escrevemos este trecho, um grupo de estudantes em Oxford, Inglaterra, está construindo palácios de memória como preparação para os exames de nível A[*] em psicologia. Durantes seis semanas a fio, juntos com seu professor, eles visitaram diferentes cafeterias da cidade, onde relaxaram tomando café, familiarizaram-se com o *layout* do lugar e analisaram como poderiam imaginá-lo com personagens vívidos, que fornecessem pistas para a memória sobre importantes aspectos da psicologia sobre os quais eles precisarão escrever no dia da prova.

Vamos retornar ao caso desses alunos, mas primeiro vamos dizer mais umas palavras sobre essa técnica, que é surpreendentemente eficaz e deriva da forma como as imagens servem para contribuir com ligações vívidas e conectivas para a memória. Humanos lembram-se de imagens mais facilmente do que palavras. (Por exemplo, a imagem de um elefante é mais fácil de recordar do que a palavra "elefante".) Portanto, é lógico que associar imagens mentais vívidas com conteúdo verbal ou abstrato facilita a recuperação desse conteúdo da memória. Uma forte imagem mental pode revelar-se tão segura e útil como uma fieira de peixes mergulhada na água.[**] Basta puxar a fieira e a pesca de um dia inteiro vem à tona. Quando uma amiga está tentando fazer você se lembrar de uma conversa com alguém que vocês dois conheceram em uma viagem, você se esforça para recordar da conversa. A amiga conta a você onde a conversa aconteceu, e você imagina o lugar. Súbito, você pensa: "Claro", e tudo lhe retorna à mente. As imagens dão pistas às lembranças.[21]

Mark Twain escreveu sobre suas experiências pessoais com esse fenômeno em um artigo publicado na revista *Harper's*. Na época em que costumava dar palestras, Twain usava uma lista de frases parciais para se lembrar das diferentes etapas de sua fala, mas achou o sistema insatisfatório – quando

---

[*] N. de T.: A-level, ou "Nível Avançado", é um exame de proficiência compulsório utilizado nos ensinos médio e superior do sistema de educação da Grã-Bretanha e de outros países.

[**] N. de T.: Em inglês, *stringer of fish*, técnica que pescadores utilizam para manter vivos os peixes capturados.

você olha de relance, trechos de texto parecem todos iguais. Ele testou alternativas, e, enfim, teve a ideia de esboçar sua fala em uma série de desenhos feitos a lápis. Os desenhos cumpriram a missão. Um monte de feno com uma cobra embaixo indicava a hora de começar a narrativa de suas aventuras no Vale Carson, em Nevada. Um guarda-chuva inclinado contra um vento forte o levava à parte seguinte de sua história: os ventos ferozes que sopravam das Sierras todos os dias, por volta das duas horas da tarde. E assim por diante. O poder desses desenhos para evocar a memória impressionou Twain e um dia lhe deu uma ideia para ajudar seus filhos, que ainda estavam com dificuldades para aprender os reis e rainhas da Inglaterra, mesmo após o longo tempo investido pela babá na tentativa de martelar nas crianças nomes e datas, por meio da simples repetição nua e crua. Twain vislumbrou uma ideia para tentar visualizar os reinados sucessivos.

> Naquele dia, estávamos na fazenda. Da varanda da casa, o terreno descia suavemente até a cerca e se erguia à direita para o terreno mais alto onde ficava meu pequeno escritório. Uma estradinha serpenteava através do terreno, colina acima. Marquei a estrada com uma estaca para cada monarca, começando com Guilherme, o Conquistador, e você poderia ficar na varanda e visualizar claramente cada reinado e sua extensão, desde a Conquista até a Rainha Vitória, então no quadragésimo sexto ano do seu reinado – OITOCENTOS E DEZESSETE ANOS da história inglesa se descortinando diante de nossos olhos! ...

Medi 817 pés[*] da estrada, cada pé representando um ano, e no início e no final de cada reinado enfiei uma estaca de pinho branco de 1 m na grama na beira da estrada e escrevi o nome e as datas na madeira.

Twain e as crianças desenharam ícones para cada um dos monarcas: um Gorila[**] para Guilherme, o Conquistador, porque os dois nomes começam com G e porque "o gorila é o maior primata que existe e Guilherme é o vulto mais visível da história inglesa"; a harpia para Henrique I, e assim por diante.

> Foi uma diversão e tanto construir aquela estrada histórica; e um bom exercício, também. Percorremos o trecho desde o Conquistador até o estúdio, com as crianças falando os nomes, as datas e a duração dos reinados enquanto passávamos pelas estacas... As crianças foram incentivadas a não mais localizar as coisas como se elas estivessem "perto do caramanchão", ou "ao

---

[*] N. de T.: Medida equivalente a 30,48 cm. Aqui não foi feita a conversão ao sistema métrico para manter as proporções da estrada.

[**] N. de T.: Aqui, e em outros trechos neste capítulo, a tradução precisou fazer adaptações, sem, porém, perder de vista a fórmula mnemônica. Compare os pares no original: William/Whale, Henry/Hen.

pé do carvalho", ou "nos degraus de pedra". Em vez disso, localizavam-se em Estevão, ou na Comunidade das Nações Britânicas, ou em Jorge III. Elas se habituaram sem problemas. Mapear o traçado da estrada com tanta exatidão foi uma grande bênção para mim, pois eu tinha o hábito de deixar livros e outros artigos espalhados por todo o lado e antes não conseguia identificar precisamente o lugar. Assim, muitas vezes fui obrigado a ir buscá-los eu mesmo, para poupar tempo e enganos; mas agora eu podia dizer o nome do reinado em que havia deixado e mandar as crianças buscarem para mim.[22]

*

Esquemas de rimas também podem servir como ferramentas mnemônicas. O *método dos ganchos* é um esquema de rimas para se lembrar de listas. Cada número de 1 a 20 é pareado com uma imagem concreta que rima com o nome do algarismo: 1 é *rum*, 2 é *arroz*, 3 é *torquês*, 4 é *prato*, 5 é *brinco*, 6 é *freguês*, 7 é *confete*, 8 é *biscoito*, 9 é *chove*, 10 é *pés*. (Após 10 você adiciona *dezena* e recomeça com palavras-pistas com três sílabas: 11 é *dezena e um, jerimum*; 12 é *dezena e dois, lá vem os bois*; 13 é *dezena e três, cadê o marquês*; e assim por diante até 20.) Depois, basta utilizar as imagens concretas rimadas como "ganchos" de um cabideiro em que você "pendura" itens que deseja se lembrar, como as tarefas que deseja fazer hoje. Essas 20 imagens permanecem com você, sempre a postos, sempre que você precisar de ajuda para se lembrar de uma lista de coisas. Assim, para executar as incumbências do dia a dia, por exemplo: *rum* lhe lembra que precisa comprar leite; *arroz* lhe lembra da festa de casamento, e que você precisa comprar o presente para os noivos; *torquês* sugere cortar, e você tem que pagar a conta de luz, caso contrário terá a luz cortada. As imagens das rimas permanecem iguais, enquanto as associações que elas evocam mudam cada vez que você precisar guardar uma nova lista na mente.

Uma música que você conhece bem pode fornecer uma estrutura mnemônica, conectando as letras em cada verso a uma imagem que fornecerá uma pista para recuperar a informação, ou seja, a memória desejada. De acordo com o antropólogo Jack Weatherford, o proeminente historiador de Gengis Khan e do Império Mongol, canções e poemas tradicionais parecem ter sido usados como dispositivos mnemônicos para o envio de mensagens com precisão ao longo de vastas distâncias, desde a China, em uma das extremidades do Império, até a Europa, no extremo oposto. Os militares eram proibidos de enviar mensagens escritas, e seus métodos de comunicação permanecem desconhecidos. Porém, Weatherford pensa que um provável método tenha sido as técnicas mnemônicas. Ele observa, por exemplo, que a canção mongol conhecida como Long Song, que descreve o movimento de um cavalo, pode ser cantada em vários tons e trinados, a fim de comunicar a travessia de um local específico, como a estepe ou as colinas.

A versatilidade das fórmulas mnemônicas é quase interminável. O que elas têm em comum é um tipo de estrutura (esquema de algarismos, rota de viagem, planta baixa, canção, poema, aforismo, acrônimo) que seja profundamente familiar e cujos elementos podem ser facilmente vinculados às informações alvo a serem lembradas.[23]

Voltando aos estudantes de psicologia se preparando para os exames de nível A: em uma sala de aula do Bellerbys College, em Oxford, uma moça de 18 anos e cabelos escuros, a quem chamaremos de Marlys, senta-se para escrever seus exames A2 em psicologia. Ela vai ser solicitada a redigir cinco ensaios ao longo de duas baterias de testes, totalizando três horas e meia. Os cursos de nível A são pré-requisitos para ser aceito na universidade.

Marlys está sentindo a pressão. Não é para menos: suas notas na prova definirão se ela vai ou não entrar na universidade de sua escolha – ela se candidatou para a London School of Economics. Para garantir uma vaga em uma universidade de elite no Reino Unido, os alunos são obrigados a fazer cursos de nível A em três matérias, e as notas que devem alcançar são estipuladas antecipadamente pelas universidades. Não é nada incomum que sejam obrigados a ganhar conceito A em todas as matérias. Se obtiverem conceito inferior ao exigido, devem competir em um difícil processo de eliminação, pelo qual as universidades preenchem suas vagas restantes, que se assemelha muito a uma loteria.

Por si só, isso já seria suficiente para induzir o estresse. Mas, para piorar, Marlys precisava estar pronta para mostrar, na próxima hora e meia, que domina uma quantidade absurda de conteúdos. Ela e outros colegas, alunos de psicologia, estudaram seis tópicos principais em seu 2º ano preparatório de nível A: comportamento alimentar, agressão, inter-relacionamentos, esquizofrenia, psicologia anomalística e os métodos de pesquisa psicológica. No âmbito de cada um dos cinco primeiros tópicos, ela deveria estar preparada para escrever ensaios sobre sete questões diferentes. Cada ensaio deve esboçar a resposta em 12 parágrafos curtos que descrevam, por exemplo, a tese ou condição, as pesquisas existentes e seu significado, as opiniões contrárias, quaisquer tratamentos biológicos (digamos, para esquizofrenia) e como esses fatores se relacionam com os conceitos fundamentais da psicologia que ela dominou nos cursos de nível A do primeiro ano. Assim, ela enfrenta: cinco grandes temas, com sete itens de ensaio para cada tópico, com uma dúzia de parágrafos sucintos e bem fundamentados em cada ensaio para mostrar domínio do assunto. Em outras palavras, o universo de diferentes ensaios que ela deve dominar ao entrar nas provas totaliza 35 – *afora* uma série de respostas breves às perguntas sobre os métodos de pesquisa psicológica. Marlys sabe quais dos temas principais serão objetos do exame de hoje, mas não tem ideia de quais itens de ensaio serão designados; portanto, ela precisou se preparar para escrever sobre todos eles.

Muitos estudantes que chegam a esse ponto simplesmente ficam paralisados. Apesar de estarem com os conteúdos bem sedimentados, muita coisa está em jogo, e isso pode ocasionar um "branco" na hora de confrontar o papel em branco da prova e o tique-taque do relógio do inspetor. É nesse ponto que ter dedicado tempo para construir um palácio da memória revela-se algo tão valioso quanto ouro. Não é importante que você entenda em minúcias os cursos e exames de nível A britânicos, apenas que eles são difíceis e que seus resultados têm uma elevada importância na carreira acadêmica de cada um. Por isso, as fórmulas mnemônicas são uma ferramenta tão bem-vinda na época dos exames.

No caso em pauta, os três tópicos do teste acabam sendo explicações evolutivas da agressividade humana, os tratamentos psicológicos e biológicos para a esquizofrenia e o sucesso e o fracasso das dietas. Certo. Para a agressividade, Marlys tem a loba com seus filhotes esfaimados na vitrine da loja Krispy Kreme, na Castle Street. Para a esquizofrenia, ela tem o barista com excesso de cafeína no Starbucks, da High Street. Para a dieta, o exemplo é o pote de folhagem decorando o café Pret-a-Manger, na Cornmarket Street, com sua aparência extremamente volumosa e enérgica.

Excelente. Ela se acomoda na cadeira, convicta sobre seus conhecimentos e de sua capacidade de recordá-los. Resolve começar pelo ensaio sobre dietas. O Pret-a-Manger é o palácio da memória de Marlys para salvaguardar o que ela aprendeu sobre o sucesso e o fracasso das dietas. Em uma visita anterior ao local, ela ficou completamente familiarizada com seus espaços e mobília, e os preencheu com personagens que são muito familiares e vívidos em sua imaginação. Os nomes e as ações dos personagens agora servem como pistas para os 12 pontos-chave de seu ensaio.

Em sua mente, ela entra na loja. La Fern (a planta carnívora que come pessoas no filme "A pequena loja dos horrores", um dos seus filmes prediletos de Marlys) está mantendo *Herman*, o amigo de Marlys, cativo, enrolando suas hastes ao redor dele, *restringindo-o* e impedindo-o de pegar um grande prato de macarrão com queijo ali perto, mas fora do alcance dele. Marly abre o seu livreto da prova e começa a escrever. "A teoria da restrição alimentar de Herman & Mack sugere que a tentativa de não comer em excesso pode, na verdade, aumentar a probabilidade de comer em excesso. Ou seja, em comedores sob restrição, o que provoca o comer em excesso é a desinibição (a perda de controle)."

Assim, Marlys vai avançando pelo café e pelo ensaio. Com um urro, Herman se liberta de seu comedimento e, que beleza, pula em cima do prato e se empanturra de massa, quase explodindo de tanto comer. "A teoria da restrição foi sustentada pelos estudos de Wardle e Beale, que constataram que mulheres obesas que restringem sua alimentação *na verdade comem mais* [se empanturram de massa] do que as mulheres obesas que começam a praticar exercícios e mais do que aquelas que não fizeram mudanças na dieta ou no estilo de vida. Porém, Ogden argumenta que...", e assim por diante. Marlys se movimenta mentalmente pela cafeteria em sentido horário, encontrando suas pistas para o modelo dos limites de fome e saciedade, tendenciosidades decorrentes de inclinações culturais à obesidade, os problemas com os dados de dietas que se baseiam em depoimentos informais, as diferenças metabólicas relacionadas com altos níveis da lipoproteína lipase ("lindos pequenos limões") e o restante.

Ela sai do café Pret-a-Manger e vai até a loja Krispy Kreme, onde uma caminhada mental pelo interior do estabelecimento dá pistas a imagens que, por sua vez, dão pistas ao que ela aprendeu sobre as explicações evolutivas de agressão. Depois, no Starbucks, onde o barista enlouquecido, a planta baixa do local e a clientela lhe dão pistas aos 12 parágrafos sobre os tratamentos biológicos de esquizofrenia.

*

O professor de psicologia de Marlys no Bellerbys College é ninguém menos que James Paterson, o jovial galês que, não por acaso, é uma figura em ascensão nas competições mundiais de memória.[24] Quando os professores em Bellerbys preenchem a papelada para levar os alunos em saídas de campo, normalmente isso inclui uma palestra na Escola de Administração Saïd, ou talvez o Museu Ashmolean ou a Biblioteca Bodleian, em Oxford. Com James, o destino é outro. A papelada provavelmente solicita autorização para levar os alunos a várias cafeterias, cenários confortáveis onde possam explorar sua imaginação e construir seus esquemas mnemônicos. Para que os alunos fixem todos os 35 ensaios firmemente na memória, eles dividem os tópicos em vários blocos. Para um bloco, eles constroem palácios de memória em cafeterias e locais familiares em volta do *campus* da Bellerbys. Para outro bloco, eles usam o método dos ganchos. E, ainda, outros blocos são conectados a imagens em músicas e filmes favoritos.

Mas é preciso fazer uma ressalva importante. Antes de Paterson levar seus alunos a excursões mnemônicas para construir palácios de memória, ele já ministrou todos os conteúdos em aula, de modo que eles os compreendam.

Entre os ex-alunos de Paterson que se formaram em Bellerbys e continuaram a utilizar a técnica na universidade, está Michela Seong-Hyun Kim, que nos descreveu como estuda para os exames de nível universitário em psicologia.

Primeiro, ela reúne todos os materiais, desde os *slides* das aulas, as leituras extras e as anotações feitas em aula. Ela reduz esse conteúdo em ideias-chave – não frases inteiras. Esses tópicos formam o plano para o ensaio dela. Em seguida, ela seleciona o local para seu palácio de memória. Amarra cada ideia-chave a um ponto no palácio que ela consiga visualizar em sua mente. Em seguida, ela preenche cada ponto com uma coisa louca que vai ligá-la a uma das ideias principais. Ao sentar-se na sala da prova e descobrir os temas do ensaio, ela dedica 10 minutos para percorrer mentalmente os palácios de memória relevantes e listar as ideias-chave para cada ensaio. Se ela se esqueceu de um ponto, ela avança ao próximo e preenche a lacuna mais tarde. Tão logo o plano está esboçado, ela coloca mãos à obra, livre da ansiedade estressante de que não vai se lembrar do que aprendeu, sob a pressão de acertar.[25] O que ela faz não é tão diferente do que Mark Twain fazia ao utilizar desenhos para se lembrar de seus discursos.

Michela diz que a ideia de pular um tópico do qual não se lembra para preencher mais tarde era algo que ela nunca imaginava fazer antes de aprender a usar mnemônicos, mas as técnicas lhes deram a confiança para fazer isso, sabendo que o conteúdo virá à mente na hora propícia. O palácio de memória serve não como ferramenta de aprendizagem, mas como método para organizar o que já foi aprendido de modo a ser facilmente recuperado na hora de redigir o ensaio. Esse é um ponto-chave e ajuda a superar as costumeiras críticas de que os mnemônicos são úteis apenas para a memorização tipo decoreba. Muito pelo contrário: quando usados corretamente, os mnemônicos podem ajudar a organizar grandes corpos de conhecimento para permitir sua pronta recuperação. A confiança de Michela em conseguir trazer à tona os conhecimentos quando precisar deles é um incrível alívio para o estresse e economiza tempo, salienta James.

Vale a pena observar que nem sempre as lojas, tão populares como Krispy Kreme e Starbuck são chamadas de palácios, mas a mente é capaz de coisas maravilhosas.

*

Em seu primeiro Campeonato Mundial de Memória, em 2006, o estreante Paterson se classificou bem, obtendo o 12º lugar, superando por pouco o estadunidense Joshua Foer, que, mais tarde, publicou um relato de suas experiências com mnemônicos no livro *Um passeio na lua com Einstein*. Paterson memoriza as cartas de um baralho em menos de dois minutos, entrega o baralho e então recita a sequência de olhos fechados. Se você lhe der uma hora, e ele vai memorizar 10 ou 12 baralhos e recitá-los sem erros. Os supercampeões de memória conseguem memorizar um baralho em 30 segundos ou menos, e mais de 25 baralhos em uma hora; por isso, Paterson tem um longo caminho a percorrer, mas é um competidor dedicado e cada vez mais forte, construindo suas habilidades e ferramentas de memória. Por exemplo, exatamente como o método dos ganchos envolve memorizar uma imagem para os dígitos de 1 a 10 (1 é *rum*, 2 é *arroz*, etc.), a fim de se lembrar de sequências mais compridas de números, Paterson fixou na memória uma imagem exclusiva para todos os numerais de 0 a 1 mil. Esse tipo de proeza leva muitas horas de prática e foco intenso – o tipo de esforço solitário que, segundo Anders Ericsson, caracteriza a aquisição de conhecimentos. Paterson levou um ano para dominar as mil imagens gravadas na memória, em meio às demais exigências relativas à família, trabalho e amigos.

Fomos nos encontrar com Paterson em um gabinete escolar e perguntamos se ele se importaria de nos dar uma rápida demonstração de memória, desafio que ele prontamente aceitou. Recitamos, uma vez, a sequência aleatória de números 615392611333517. Paterson escutou atentamente e disse: "O.k. Vamos usar este espaço". Correu o olhar ao redor pelos eletrodomésticos.

> Vejo este bebedouro aqui, tornando-se o ônibus espacial, que está decolando bem na hora em que o metrô passa zunindo embaixo do bebedouro. Nas prateleiras detrás do bebedouro, vejo o rapper Eminem envolvido em um tiroteio com Leslie Nielsen, da série *Corra que a polícia vem aí*, enquanto o tenente Columbo os observa com desprezo.[26]

Como entender isso? Ele se lembra de dígitos em grupos de três. Cada número de três dígitos é uma imagem distinta. Por exemplo, o número 615 é sempre um ônibus espacial, 392 é sempre a estação de metrô Embankment em Londres, 611 é Leslie Nielsen, 333 é Eminem e 517 é o tenente Columbo. Para entender essas imagens, você precisa entender outro mnemônico básico: a cada número de 0 a 9, James associou um fonema. O algarismo 6 é sempre um fonema *Sheh* ou *Jeh*, o 1 é sempre um *Tuh* ou *Duh*, e o 5 é um som de *L*. Portanto, a imagem para o número 615 é *Sheh, Tuh L*, ou *shuttle* (ônibus espacial). Praticamente todos os números de três dígitos de 000 a 999 habitam a mente de Paterson como uma imagem única, que é uma incorporação desses sons. Para nosso teste espontâneo, por exemplo, além do ônibus espacial, ele se baseou nas imagens seguintes:

392	3 = m, 9 = b, 2 = n	*emb*a*n*kme*n*t
611	6 = sh, 1 = t, 1 = t	*shootout**
333	3 = m, 3 = m, 3 = m	*E*mi*n*e*m*
517	5 = l, 1 = t, 7 = c	*Lt* *C*olumbo

---

* N. de T.: Tiroteio, em inglês.

No campeonato de memória, uma das etapas é a dos números falados, na qual, ao ritmo de um por segundo, números são lidos em voz alta para os concorrentes. Paterson é capaz de memorizar e repetir 74 números sem erros, e, à custa de muita prática, ele está melhorando essa marca. ("Minha esposa diz que é viúva por culpa da memória.") Sem ferramentas mnemônicas, o número máximo de dígitos que a maioria das pessoas consegue armazenar na memória de trabalho é em torno de sete. É por isso que os números de telefone locais foram projetados para ter não mais de sete dígitos. A propósito, no momento em que escrevemos, o recorde mundial em números falados (o que os psicólogos chamam de intervalo de memória) é de 364 dígitos (recorde pertencente ao alemão Johannes Mallow).

*

James reconhece logo que o motivo inicial que o atraiu aos mnemônicos foi como atalho para seus estudos. "Não é o melhor dos motivos", admite ele. Ele aprendeu sozinho as técnicas e tornou-se um pouco indolente, indo para as provas sabendo que tinha todos os nomes, datas e fatos relacionados à pronta disposição.

Mas percebeu que não tinha o domínio dos conceitos, relações e princípios básicos. Ele tinha o topo das montanhas, mas não a cordilheira, os vales, os rios ou a flora e fauna que compõem os meandros da paisagem que constitui o conhecimento.

As fórmulas mnemônicas são, às vezes, menosprezadas sob a alegação de serem meros truques de memória, e não ferramentas que acrescentam fundamentalmente à aprendizagem e, de certa forma, isso está certo. O valor dos mnemônicos para aumentar as capacidades intelectuais vem *após* o domínio de novos conteúdos, como os estudantes em Bellerbys os estão utilizando: como úteis bolsos mentais para arquivar o que aprenderam e conectar as ideias principais em cada bolso a pistas vívidas para a memória, de modo que consigam prontamente trazê-las à tona e recuperar os conceitos e detalhes associados, em profundidade, nos momentos inesperados em que surgir a necessidade.

Quando Matt Brown, o piloto de jatos, descreve suas horas a bordo de um simulador treinando o ritmo dos diferentes movimentos manuais exigidos por potenciais situações de emergência, ele reconstrói padrões distintos que memorizou para diferentes contingências, coreografias de olhos e mãos, em que a sequência correta e completa de instrumentos e comutadores é primordial. Cada coreografia diferente é um mnemônico para uma manobra corretiva.

Karen Kim é uma virtuose do violino. Quando a entrevistamos, Kim tocava o segundo violino no mundialmente famoso Quarteto Parker, que toca a maioria de suas peças de memória, uma raridade na música clássica. Muitas vezes, o segundo violino tem função de acompanhamento, e o mnemônico para memorizar as harmonias é o principal tema melódico. "Você cantarola a melodia em sua cabeça", realça Kim, "e sabe: quando a melodia chega nesse ponto, você muda a harmonia."[27] As harmonias de algumas obras, como as fugas, com até quatro temas que vão passando pelo quarteto de formas intricadas, são especialmente difíceis de memorizar.

> Você precisa saber que, enquanto eu estiver tocando o segundo tema, você estará tocando o primeiro. Memorizar fugas é dificílimo. Tenho de aprender melhor a parte de todos os outros. Então eu começo a reconhecer padrões que talvez eu já soubesse, intelectualmente, mas não estivesse prestando atenção neles. Memorizar as harmonias é uma parte essencial de conhecer a arquitetura da peça, o seu mapa.

Quando o quarteto está dominando uma peça nova, dedica muito tempo tocando as coisas devagarinho, sem a partitura e, aos poucos, vão acelerando. Pense em Vince Dooley gradativamente sincronizando as diferentes posições no time de futebol americano dos Georgia Bulldogs, à medida que adapta suas jogadas para superar um novo adversário, sábado à noite. Ou no neurocirurgião Mike Ebersold, examinando uma vítima baleada na sala de emergência e metodicamente recapitulando o que vai encontrar na cirurgia de cérebro que está prestes a executar.

Perceber o padrão de movimentos físicos como uma espécie de coreografia, visualizar uma melodia complexa sendo interpretada como se fosse uma bola de futebol passada de um jogador a outro, "ver o mapa geral": todos são exemplos de pistas mnemônicas para a memória e o desempenho.

Com a contínua prática de recuperar informações, conteúdos complexos podem se tornar a segunda natureza para uma pessoa, e as pistas mnemônicas deixam de ser necessárias: você consolida conceitos como as três leis do movimento de Newton em modelos mentais que você usa como uma espécie de taquigrafia. Por meio do uso repetido, seu cérebro codifica e "agrupa" sequências de ações motoras e cognitivas, e sua capacidade de recordar e aplicá-las torna-se tão automática quanto um hábito.

A LIÇÃO

Tudo se resume à verdade simples, mas não menos profunda, de que a *aprendizagem penosa modifica o cérebro*, construindo novas conexões e capacidades. Esse fato singelo – de que as nossas capacidades intelectuais não estão fixas no nascimento, mas são, em grau considerável, moldadas por nosso esforço – é uma retumbante resposta para a irritante voz que muitas vezes nos indaga: "Por que deveria me importar com isso?". Fazemos o esforço porque o esforço amplia os limites de nossas habilidades. O que fazemos molda quem nos tornamos e o que somos capazes de fazer. Quanto mais fazemos, mais conseguimos fazer. Abraçamos esse princípio e colhemos seus benefícios se mantivermos ao longo da vida uma *mentalidade voltada ao crescimento*.

E tudo se resume ao simples fato de que os caminhos para o domínio complexo ou o desempenho de especialista não necessariamente começam em genes excepcionais, mas certamente exigem *autodisciplina, determinação e persistência*. Com essas qualidades em medida saudável, se você quiser se tornar um especialista, provavelmente conseguirá. E seja qual for a tarefa que você estiver se esforçando para dominar (um poema que você escreveu para o aniversário de um amigo, o conceito de condicionamento clássico em psicologia, ou a parte do segundo violino na Quinta Sinfonia de Haydn), *dispositivos mnemônicos conscientes* podem ajudar a organizar e dar pistas à pronta recuperação até que a prática deliberada e contínua, junto com o uso repetido, formem a codificação mais profunda e o domínio subconsciente que caracterizam o desempenho de especialista.

8

FIXE O CONHECIMENTO

Não importa o que você queira fazer ou se tornar, se quiser ser um competidor sério, só uma coisa vai colocá-lo e mantê-lo no jogo: dominar a sua capacidade de aprender.

Nos capítulos anteriores, resistimos à tentação de sermos abertamente prescritivos, sentindo que, se lançássemos as ideias principais das pesquisas empíricas e, com exemplos, as ilustrássemos bem, você poderia chegar a suas próprias conclusões sobre a melhor forma de aplicá-las. Mas os primeiros leitores daqueles capítulos nos solicitaram que fôssemos mais específicos e déssemos conselhos práticos. Então é isso que vamos fazer aqui.

Começamos com dicas para os alunos, pensando especialmente em alunos do ensino médio, de graduação e pós-graduação. Em seguida, dirigimo-nos aos eternos aprendizes, aos professores e, por fim, aos instrutores. Embora os princípios fundamentais sejam consistentes entre esses grupos, há uma diferença de contextos, estágios de vida e conteúdos de aprendizagem. Para ajudá-lo a entender como aplicar essas dicas, vamos contar as histórias de várias pessoas que, de um jeito ou de outro, já conseguiram dominar essas estratégias e as estão utilizando com resultados excelentes.

DICAS DE APRENDIZAGEM PARA ALUNOS

Lembre-se de que os alunos mais bem-sucedidos são aqueles que tomam a si a gestão do seu próprio aprendizado e seguem uma estratégia simples, mas disciplinada. Talvez você não tenha sido ensinado a como fazer isso, mas você *pode* fazê-lo, e provavelmente se surpreenderá com os resultados.

Aceite o fato de que o aprendizado significativo é, com frequência, ou quase sempre, um pouco mais difícil. Você vai enfrentar reveses. Mas reveses são sinais de esforço, não de fracasso. Eles vêm com o esforço, e o esforço constrói a *expertise*. O aprendizado à custa de esforço modifica seu cérebro, formando novas conexões, construindo modelos mentais e aumentando sua competência. A implicação desses fatos é poderosa: suas capacidades intelectuais estão, em grande medida, dentro de seu próprio controle. Se você tem consciência disso, passa a valer a pena enfrentar as dificuldades.

A seguir, descrevemos três estratégias fundamentais de estudo. Torne-as um hábito e estruture seu tempo a fim de aprofundá-las de forma sistemática.

Pratique recuperar da memória seus aprendizados recentes

O que significa isso? Por "prática de recuperar informações" entende-se aplicar-se testes. Recuperar conhecimentos e habilidades da memória deve tornar-se sua estratégia de estudo principal substituindo a releitura.

Como usar a prática de recuperar informações como estratégia de estudo: ao ler um texto ou estudar as anotações de uma palestra, faça pausas periódicas e, sem olhar o texto, formule perguntas como estas: quais são as ideias principais? Que termos ou ideias são novos para mim? Como eu os definiria? Como estas ideias se relacionam com o que eu já sei?

Muitos livros didáticos incluem perguntas no fim de cada capítulo, e esses testes podem ser autoaplicados. Gerar perguntas para si mesmo e anotar as respostas também é uma boa maneira de estudar.

Em cada semana, ao longo do semestre, reserve um tempinho para criar e responder um teste sobre o conteúdo de um curso, tanto a matéria da semana atual quanto os conteúdos ministrados nas semanas anteriores.

Após o autoteste, verifique suas respostas e se assegure de que é exata sua apreciação sobre o que você sabe e não sabe. Use o teste para identificar áreas mal compreendidas e concentre nelas seu estudo.

Quanto mais dificuldades você enfrentar para recuperar da memória os novos aprendizados, maiores os benefícios dessa prática. Se cometer erros, não desanime: basta conferir as respostas e corrigir seus erros.

O que sua intuição lhe diz para fazer: a maioria dos estudantes se concentra em sublinhar e realçar textos, anotações de aulas e *slides*. Dedicam seu tempo a reler esse conteúdo sublinhado ou realçado, tornando-se fluentes no texto e na terminologia, porque isso dá a sensação de aprendizagem.

Por que a prática de recuperar informações é melhor: após uma ou duas leituras de um texto, o autoteste é bem mais poderoso do que releituras adicionais. Por que isso acontece? Isso é explicado em mais detalhes no Capítulo 2, mas eis alguns pontos principais.

A familiaridade com um texto, que é obtida a partir da releitura, cria a ilusão de que você já sabe, mas não é um indicador confiável sobre o domínio do conteúdo. A fluência com um texto tem dois fatores contra si: é um indicador enganoso sobre o que você já aprendeu e cria a falsa impressão de que você se lembrará do conteúdo.

Por outro lado, um autoteste com perguntas sobre as ideias e os significados principais por trás dos termos ajuda a focalizar os conceitos centrais em vez de os conteúdos periféricos ou os floreios verbais de um professor. O teste fornece uma medida confiável sobre o que você já aprendeu e o que ainda falta dominar. Além do mais, interrompe o processo de esquecimento. Esquecer faz parte da natureza humana, mas a prática de recordar a nova aprendizagem a fixa na memória e lhe ajuda a recordá-la no futuro.

Por em prática periodicamente os novos conhecimentos e habilidades por meio de testes fortalece seu aprendizado e sua capacidade de conectá-lo aos conhecimentos prévios.

A prática frequente de recuperar informações ao longo de um curso acaba com as noites em claro, com a cara enfiada nos livros. Você só vai precisar um pouco de estudo na época das provas. Revisar o conteúdo na noite anterior é muito mais fácil do que aprendê-lo por primeira vez.

Qual é sua sensação: comparado com reler, o teste pode parecer estranho e frustrante, especialmente quando o novo aprendizado é difícil de lembrar. Não parece tão produtivo quanto reler suas anotações de aula e os trechos sublinhados. Mas o que você não percebe quando está se esforçando para recuperar os novos aprendizados é o fato de que, cada vez que você trabalha arduamente para lembrar-se de alguma coisa, na prática, você reforça a memória dela. Se você não consegue recordar um conteúdo e depois o reestuda, na prática, o aprende melhor do que se não tivesse tentado recordá-lo. O esforço de recuperar conhecimentos ou habilidades aumenta a permanência deles na sua memória, bem como sua capacidade de recordá-los no futuro.

Procure espaçar a prática de recuperar informações

O que significa isso? Prática espaçada significa estudar as informações mais de uma vez, mas de modo escalonado, deixando um tempo considerável entre as sessões de prática.

Como usar a prática espaçada como estratégia de estudo: estabeleça um cronograma de autotestes que permita um decurso de tempo entre as sessões de estudo. Quanto tempo? Depende do conteúdo. Se você estiver aprendendo um conjunto de nomes e rostos, você precisará revisá-los dentro de alguns minutos após o primeiro contato, pois essas associações são esquecidas rapidamente. Novos conteúdos em um texto talvez precisem ser revisados um ou dois dias após o primeiro contato com eles. Depois, talvez não seja preciso novo contato por vários dias ou até uma semana. Quando você estiver se sentindo mais seguro de seu domínio sobre certos conteúdos, teste-se sobre eles, uma vez por mês. Ao longo de um semestre, à medida que você se aplica testes sobre os novos conteúdos, também aproveite para recapitular os conteúdos prévios. Pergunte a si mesmo como esses primeiros conhecimentos se relacionam com o que você aprendeu depois.

Se você utilizar *flashcards*, não retire do teste aqueles cartões que você já respondeu corretamente algumas vezes. Continue a embaralhá-los de volta na pilha até que estejam bem dominados. Só então os separe – mas em uma pilha que você revisite de modo periódico, digamos, uma vez por mês. Qualquer coisa que você queira se lembrar deve ser periodicamente recuperado da memória.

Outra maneira de espaçar a prática de recuperar informações é intercalar o estudo de dois ou mais tópicos, de modo que esse alternar entre eles exija que você refresque continuamente a memória sobre cada tópico, sempre que retornar a ele.

O que sua intuição lhe diz para fazer: a intuição nos persuade a dedicar períodos de tempo à prática focada e repetitiva em algo que desejamos dominar, é o regime de "prática+prática+prática" que temos sido levados a considerar essencial para dominar uma habilidade ou aprender novos conhecimentos. É difícil não confiar nessas intuições tão atraentes, por dois motivos. Primeiro, à medida que praticamos uma coisa repetidamente, vemos com frequência nosso desempenho melhorando, o que serve como poderoso reforço dessa estratégia. Segundo, não conseguimos perceber que os ganhos obtidos durante o treino repetitivo e focado vêm da memória de curto prazo e se esvaem rapidamente. Nossa incapacidade de perceber como os ganhos se esvaem rapidamente nos dá a impressão de que a prática intensiva é eficaz.

Além disso, a maioria dos alunos, considerando sua fé equivocada na prática intensiva, adia a revisão até a hora da prova se aproximar, e então enterram a cara no conteúdo, repetindo sem parar, na tentativa de gravá-lo na memória.

Por que a prática espaçada é melhor: é comum (mas equivocada) a crença de que você pode gravar algo na memória por meio da repetição pura. Praticar bastante funciona, mas só se a prática for espaçada ou distribuída.

Se você usa o autoteste como principal estratégia de estudo e espaça suas sessões de estudo a fim de ocorrer um pouco de esquecimento entre as seções de prática, você terá que se esforçar mais para lembrar-se do que já estudou. Na verdade, você está "recarregando" a informação da memória de longo prazo.

Esse esforço para reconstruir a aprendizagem torna as ideias importantes mais salientes e fáceis de serem lembradas, e as conecta com mais firmeza a outros conhecimentos e à aprendizagem mais recente. É uma poderosa estratégia de aprendizagem. (Discutimos como e por que ela funciona em mais profundidade no Capítulo 4.)

Qual é sua sensação: a prática intensiva parece mais produtiva do que a prática espaçada, mas não é. A prática espaçada parece mais difícil, pois você ficou meio enferrujado e sente mais dificuldades para se lembrar do conteúdo. A sensação é a de que você não está ficando com o conteúdo na ponta da língua, mas, na verdade, está acontecendo justamente o contrário: à medida que você reconstrói a aprendizagem a partir da memória de longo prazo, por mais estranho que pareça, você está fortalecendo seu domínio do assunto e também a sua memória.

Intercale o estudo de diferentes tipos de problemas

O que significa isso? Se você estiver tentando aprender fórmulas matemáticas, estude mais de um tipo de cada vez, de modo a alternar entre diferentes problemas que exigem soluções diferentes. Se você estiver estudando espécimes de biologia, pintores holandeses ou os princípios de macroeconomia, misture os exemplos.

Como usar a prática intercalada como estratégia de estudo: muitos livros-texto são estruturados em blocos de conteúdos: cada um apresenta a solução para um tipo particular de problema, digamos, calcular o volume de um esferoide, e oferecem muitos exemplos para serem resolvidos antes de prosseguir a algum outro tipo de problema (exemplo, calcular o volume de um cone). A prática em blocos de conteúdo não é tão eficaz quanto a prática intercalada, sendo assim, explicamos abaixo o que você deve fazer.

Ao estruturar seu programa de estudo, assim que você atinge o ponto em que entende um novo tipo de problema e sua solução, embora sua compreensão permaneça rudimentar, redistribua esse problema ao longo de sua sequência de práticas. Assim, alternadamente, vá se testando com vários tipos de problemas e encontre as soluções adequadas para cada um deles.

Se você nota que está se envolvendo em práticas focadas e repetitivas sobre um tópico ou habilidade específica, mescle-as: diversifique com a prática de outras disciplinas, outras habilidades, desafiando constantemente sua capacidade de reconhecer o tipo de problema e de escolher a solução certa.

Recorrendo novamente a um exemplo esportivo (Capítulo 4), um jogador de beisebol que treina rebater 15 bolas rápidas, depois 15 bolas curvas e, por fim, 15 bolas lentas, durante a prática, terá um desempenho melhor do que o jogador que diversifica os arremessos a serem rebatidos. Mas o jogador que solicita arremessos aleatórios durante a prática constrói sua capacidade de decifrar e responder a cada arremesso à medida que cada bola vem em sua direção. Como consequência, ele se torna um melhor rebatedor.

O que sua intuição lhe diz para fazer: a maioria dos alunos enfoca muitos exemplos de um problema ou tipo de conteúdo de cada vez, querendo dominar aquele tipo "na ponta da língua" antes de ir em frente e estudar outra coisa.

Por que a prática intercalada é melhor: diversificar os tipos de problemas e de conteúdos melhora sua capacidade de diferenciar um tipo do outro, bem como de identificar as características unificadoras dentro de um tipo. Da mesma forma, diversificar melhora seu sucesso em um teste posterior ou em contextos do mundo real em que você precise discernir o tipo de problema que está tentando resolver, a fim de aplicar a solução correta. (Isso é esmiuçado no Capítulo 3.)

Qual é sua sensação: a prática em blocos – ou seja, dominar tudo relativo a um tipo de problema antes de avançar para a prática de outro tipo – dá a sensação (e a aparência) de que você está obtendo melhor domínio do assunto à medida que prossegue, enquanto interromper o estudo de um tipo para praticar um tipo diferente dá uma sensação perturbadora e contraproducente. Mesmo quando os alunos alcançam um melhor domínio a partir da prática intercalada, eles persistem na opinião de que a prática em bloco funciona melhor. Talvez você também experimente essa sensação, mas agora você tem a vantagem de saber que os estudos mostram ser essa sensação ilusória.

Outras estratégias de estudo eficazes

A **elaboração** melhora seu domínio de conteúdos novos e multiplica as pistas mentais disponíveis para depois você recordar e aplicar esses conteúdos (Capítulo 4).

Em que consiste isso? A elaboração é o processo de encontrar camadas adicionais de significado em um novo conteúdo.

Por exemplo: relacionar o conteúdo com o que você já sabe, explicá-lo para outra pessoa com suas próprias palavras, ou explicar como o conteúdo se relaciona com sua vida fora da sala de aula.

Uma poderosa forma de elaboração é descobrir uma metáfora ou imagem visual para o novo conteúdo. Por exemplo, a fim de entender melhor os princípios do momento angular em física, visualize como uma patinadora gira seu corpo mais rápido ao trazer os braços juntos ao corpo. Ao estudar os princípios da transferência de calor, talvez você entenda melhor o fenômeno da condução se imaginar suas mãos se aquecendo em torno de uma xícara de chocolate quente. Para entender a radiação, visualize como o sol penetra pelo vidro e esquenta o seu escritório em um dia de inverno. Para entender a convecção, imagine o sopro fresco do ar condicionado. Quando você aprendeu sobre a estrutura de um átomo, seu professor de física pode ter usado a analogia do sistema solar, com o sol sendo núcleo e os elétrons girando ao seu redor, no lugar dos planetas. Quanto mais você consegue elaborar sobre como o novo aprendizado se relaciona com o que você já sabe, mais forte será sua compreensão sobre ele, e mais conexões você cria para lembrá-lo mais adiante.

Neste mesmo capítulo, relatamos como a professora de biologia Mary Pat Wenderoth incentiva a elaboração entre seus alunos, dando-lhes a tarefa de criar grandes "mapas conceituais". Os alunos são convidados a ilustrar em uma única folha os diversos sistemas biológicos estudados durante a semana e mostrar graficamente e por meio de palavras-chave como se inter-relacionam uns com os outros. Essa é uma forma de elaboração que adiciona camadas de significado e promove o aprendizado de conceitos, estruturas e inter-relações. Os alunos que não têm a sorte de estar na aula de Wenderoth podem, por iniciativa própria, adotar essa estratégia.

Geração tem o efeito de tornar a mente mais receptiva a novas aprendizagens.

Em que consiste isso? A geração é uma tentativa de responder a perguntas ou solucionar problemas antes que as respostas ou as soluções sejam apresentadas.

Por exemplo: o simples ato de preencher uma palavra que falta em um texto (isto é, gerar a palavra por conta própria, em vez de recebê-la pronta no texto) resulta em melhor aprendizado e lembrança do que simplesmente ler o texto completo.

Muitas pessoas percebem que seu aprendizado é mais eficaz quando se baseia na experiência – ou seja, aprender fazendo, em vez de lendo um texto ou ouvindo uma palestra. O aprendizado pela experiência é uma forma de geração: você decide realizar uma tarefa, encontra um problema e consulta sua criatividade e seu estoque de conhecimentos para tentar resolvê-lo. Se necessário, você busca respostas de quem sabe do assunto, textos, ou na *web*. É bem mais provável que você aprenda e se lembre da solução se primeiro se embrenhar no desconhecido e quebrar a cabeça no processo do que se primeiro alguém sentar-se a seu lado para lhe ensinar o tal assunto. Bonnie Blodgett, jardineira e escritora premiada, proporciona um bom exemplo de aprendizagem geradora no Capítulo 4.

Você pode praticar a geração ao ler o novo conteúdo de aula tentando explicar as ideias-chave que você espera encontrar no conteúdo e como espera que elas se relacionem com seus conhecimentos prévios. Em seguida, leia o conteúdo para ver se você estava correto. Em razão de ter empreendido um esforço inicial, você terá mais facilidade para captar o teor e a relevância do conteúdo de leitura, mesmo se ele diferir de sua expectativa.

Se você estiver em um curso de ciências ou matemática, aprendendo diferentes tipos de soluções para diferentes tipos de problemas, tente resolvê-los antes de ir à aula. Atualmente, o Departamento de Física da Washington University, em St. Louis, exige que os alunos tentem resolver os problemas antes das aulas. Alguns alunos se ofendem, argumentando que é função do professor ensinar a solução, mas, na percepção dos professores, quando os alunos se esforçam para entender o conteúdo de antemão, o aprendizado em sala de aula é fortalecido.

Reflexão é uma combinação da prática de recuperar informações com a elaboração que adiciona camadas ao aprendizado e reforça as habilidades.

Em que consiste isso? A reflexão é o ato de levar alguns minutos para revisar o que foi aprendido em uma aula recente ou experiência e se fazer perguntas. O que correu bem? O que poderia ter sido melhor? De que outros conhecimentos ou experiências o conteúdo lhe faz lembrar? O que você talvez precise aprender para melhorar o seu domínio do assunto, ou quais estratégias você poderia usar da próxima vez para obter melhores resultados?

Por exemplo: a professora de biologia Mary Pat Wenderoth designa, como tarefa semanal, a redação de "parágrafos de aprendizagem", sem valer para a nota, nos quais os alunos são convidados a refletir sobre o que aprenderam na semana anterior e a caracterizar como sua aprendizagem em aula conecta-se à vida fora da sala de aula. Esse é um excelente modelo para os alunos adotarem por si próprios e uma estratégia de aprendizagem mais proveitosa do que passar horas transcrevendo em um caderno os *slides* de palestras ou as anotações de aula, palavra por palavra.

Calibração é o ato de alinhar sua apreciação sobre o que você sabe e não sabe por meio de *feedback* objetivo, de modo a evitar ser enganado por uma falsa compreensão que pega de surpresa muitos alunos na hora do teste.

Em que consiste isso? Todo mundo está sujeito a várias ilusões cognitivas, e algumas foram descritas no Capítulo 5. Confundir a fluência textual com o domínio do conteúdo básico é apenas um exemplo. A calibração é simplesmente o ato de usar um instrumento objetivo para eliminar ilusões e ajustar nossa apreciação para que ela reflita melhor a realidade. O objetivo é ter certeza de que nossa percepção sobre o que sabemos e podemos fazer é exata.

Por exemplo: pilotos usam instrumentos de voo para saber quando seus sistemas perceptuais os estão enganando em relação a fatores cruciais, como, por exemplo, se o avião está voando nivelado. Os alunos usam testes e simulados para ver se sabem mesmo o que eles pensam que sabem. Aqui, vale a pena ser explícito sobre a importância de responder às perguntas dos testes que você mesmo se aplica. Com muita frequência, olhamos para uma pergunta em um teste prático e falamos com nossos botões: "Tá bom, isso eu já sei" e, em seguida, viramos a página sem fazer o esforço para escrever a resposta. Se você não dá a resposta, pode estar cedendo à ilusão de que já sabe, quando, na verdade, você teria dificuldade de oferecer uma resposta exata e completa. Trate os testes simulados como se fossem testes reais, confira suas respostas e concentre seu esforço em estudar os tópicos em que seu conhecimento deixa a desejar.

Dispositivos mnemônicos ajudam a recuperar o que você aprendeu e a manter informações soltas na memória (Capítulo 7).

Em que eles consistem? "Mnemônico" vem da palavra grega para memória, e fórmulas mnemônicas equivalem a armários de arquivos em nossas mentes. Eles nos fornecem técnicas úteis para estocar informações e encontrá-las novamente quando precisamos delas.

Por exemplo: eis a adaptação para o português de uma simplicíssima fórmula mnemônica que alguns alunos aprendem para se lembrar dos Grandes Lagos dos Estados Unidos em sequência geográfica, de leste a oeste: Ousados Elefantes Habitam Majestosas Savanas (Ontário, Erie, Huron, Michigan, Superior).* Mark Twain usou mnemônicos para ensinar a seus filhos a sucessão de monarcas ingleses, marcando com estacas a sequência e a duração de seus reinados ao longo da estradinha dentro de sua propriedade, percorrendo o trecho com as crianças e elaborando (desenvolvendo) com imagens e narração de histórias. Os alunos de psicologia no Bellerbys College, em Oxford, utilizam fórmulas mnemônicas chamadas de palácios da memória para organizar o conteúdo que aprenderam e devem estar preparados para expor nos ensaios de seus exames de nível A. Mnemônicos não são ferramentas para a aprendizagem em si, mas para criar estruturas mentais que tornem mais fácil recuperar o que você aprendeu.

*

A seguir, contamos as histórias sucintas de dois alunos que usaram essas estratégias para chegar ao topo de suas turmas.

Michael Young, estudante de medicina

Michael Young é um aluno de medicina de excelente aproveitamento na Georgia Regents University. Alterando a sua forma de estudar, ele deixou de ser um dos piores da turma para se tornar um dos melhores.

---

* N. de T.: Em inglês, o mnemônico é *Old Elephants Have Musty Skin.*

Young ingressou na faculdade de medicina sem a habitual base do curso de graduação voltado para esta carreira.* Todos os colegas dele tinham estudado fundamentos de bioquímica, farmacologia e afins. A faculdade de medicina é dificílima sob quaisquer circunstâncias, mas, no caso de Young, ainda mais, por falta de uma base de conhecimentos.

O escopo do desafio que se descortinava a sua frente tornou-se subitamente óbvio. Apesar de dedicar cada minuto disponível a estudar os conteúdos do curso, ele mal conseguiu obter 65 pontos (em 100) na primeira prova. "Vou ser sincero com você, puxaram meu tapete", conta ele. "Fiquei perturbado com isso. Não conseguia acreditar no grau de dificuldade. Não era nada parecido com o ensino que eu tivera antes. A gente vem para a aula, e, em um dia normal, assiste a 400 *slides* de PowerPoint! Isso é informação demais."[1] Já que passar mais tempo estudando não era uma opção, Young tinha de encontrar uma maneira de tornar o estudo mais eficaz.

Começou a ler estudos científicos sobre teoria da aprendizagem e ficou profundamente interessado no efeito do teste. Foi assim que ouvimos falar em Young pela primeira vez: ele nos enviou um *e-mail* com perguntas sobre a aplicação da prática espaçada de recuperar informações em um contexto de faculdade de medicina. Olhando em retrospectiva para aquele período estressante, Young pondera: "Eu não queria apenas encontrar a opinião de alguém sobre como estudar. Opinião, todo mundo tem uma. Eu queria dados reais, pesquisas verdadeiras sobre o assunto".

Você pode estar se perguntando como ele conseguiu entrar na faculdade de medicina sem a graduação voltada para a pré-medicina. Ele obtivera o grau de mestre em psicologia e havia trabalhado em contextos clínicos, inclusive como consultor sobre dependência em drogas. Colaborou com várias equipes de médicos, e, aos poucos, começou a imaginar se não seria mais feliz na medicina. Teria errado na escolha da profissão? "Eu não me considerava especialmente inteligente, mas eu queria mais realizações em minha vida, e a ideia não saía da minha cabeça." Um dia, ele foi ao departamento de biologia em sua universidade local, a Columbus State, em Columbus, Geórgia, e indagou sobre quais cursos ele precisaria para se tornar médico. Eles deram risada. "Disseram: 'Ora, ninguém desta faculdade se torna médico. É o pessoal da University of Georgia e da Georgia Tech que vai para medicina. Há mais de 10 anos que ninguém sai daqui para estudar medicina'." Para não adiar seus planos, Young apressadamente cursou algumas cadeiras. Por exemplo, para o requisito de biologia, a única coisa que ele poderia cursar na Columbus State era uma cadeira sobre pesca. E esse foi seu curso em biologia. Em um ano, ele havia cursado todo e qualquer curso ligado à área médica disponível na

---

* N. de R.T.: Nos Estados Unidos, medicina é um curso de pós-graduação.

escola, em seguida, por um mês, meteu a cara nos livros para fazer o Teste de Admissão à Faculdade de Medicina e conseguiu uma pontuação aceitável. Matriculou-se então na Georgia Regents.

Mas o pior ainda estava longe de ser superado. Como a primeira prova havia deixado bem claro, a estrada à sua frente era íngreme. Se quisesse nutrir alguma esperança de subi-la, teria de mudar algo em seus hábitos de estudo. Então o que mudou? Ele nos explica assim:

> Eu me dedicava muito a ler o conteúdo, mas minha técnica de estudo se resumia a isso. Eu só lia os conteúdos e não sabia fazer nada além disso. Portanto, se eu lia e não fixava em minha memória, aí eu ficava sem saber o que fazer. O que eu aprendi lendo as pesquisas [sobre aprendizagem] é que você tem que fazer algo além de apenas absorver passivamente as informações.
>
> Claro que a grande sacada é descobrir um jeito de recuperar as informações da memória, pois é isso que você vai ser convidado a fazer na hora da prova. Se você não consegue fazê-lo durante os estudos, não vai ser capaz de fazê-lo na prova.

Ele se tornou mais consciente disso enquanto estudava: "Eu interrompia a leitura. 'Certo, o que acabei de ler? De que se trata?' E eu precisava pensar no assunto. 'Bem, acho que a coisa acontece assim: a enzima faz isso, e depois aquilo.' E então eu tinha que voltar e verificar se eu estava me desviando ou no caminho certo".

O processo não foi um ajuste natural.

> No começo, você não fica muito à vontade. Se interrompe a leitura, questiona-se sobre o que está lendo e testa o seu conhecimento, o processo é bem mais demorado. Se você tem um teste na próxima semana e muita matéria para estudar, essa lentidão nos deixa com os nervos à flor da pele.

Mas a única maneira que ele conhecia para estudar mais rápido, seu hábito costumeiro de dedicar muitas horas à releitura, já não estava mais gerando os resultados necessários. Por mais que fosse difícil, ele resolveu perseverar com a prática de recuperar informações. Ao menos, o tempo bastante para ver se aquilo funcionava. "Basta você confiar no processo, e o maior obstáculo para mim foi justamente este: convencer-me de que eu confiava nele. E acabou funcionando às mil maravilhas para mim."

Às mil maravilhas, mesmo. Lá pelo começo do segundo ano, Young tinha alavancado suas notas, que estavam entre as piores de 200 alunos, para o nível das melhores notas, junto com os alunos de desempenho excelente. Desde então, permaneceu ali.

*

Young falou conosco sobre como ele adaptou os princípios da prática espaçada de recuperar informações e da elaboração durante seu curso na faculdade de medicina. Nesse ramo, existem dois desafios: o grande volume de conteúdo a ser memorizado e a necessidade de aprender o funcionamento de sistemas complexos e a inter-relação entre esses sistemas. Os comentários dele são muito esclarecedores.

Sobre decidir o que é importante:

> Se for um conteúdo dado em aula expositiva e você tiver 400 *slides* de PowerPoint, você não tem tempo de ensaiar cada pequeno detalhe. Então você precisa definir: "Bem, isto é importante, e aquilo não é". O segredo da faculdade de medicina é aprender a administrar seu tempo.

Sobre obrigar a si mesmo a responder à pergunta:

> Ao voltar e revisar, em vez de apenas reler, você precisa conferir se consegue recordar o aprendido. Eu me lembro de que trata esse assunto? Você sempre se testa primeiro. E se você não se lembra, então aí você volta, dá uma olhada e tenta novamente.

Sobre encontrar o espaçamento certo:

> Eu estava ciente do efeito do espaçamento. Eu sabia que, quanto mais tempo você espera para a prática de recuperar informações, melhor para a memória, mas também há uma contrapartida: você tem menos sucesso ao tentar recordar. Quando você tem essas enzimas com nomes compridos, por exemplo, e esse processo passo a passo de como a enzima atua, talvez após aprender 10 passos do que a enzima está fazendo, precisa parar e pensar: será que vou me lembrar desses 10 passos? Assim que eu descobri uma boa estratégia de quanto espaçar a prática e comecei a notar resultados consistentes, ficou mais fácil de prosseguir, pois nesse ponto eu já confiava no processo e tinha a convicção de que ele ia funcionar.

Sobre desacelerar para encontrar o significado: Young também desacelera o ritmo em que lê o conteúdo, pensando no significado e utilizando a elaboração para melhor compreendê-lo e guardá-lo na memória. "Quando leio que a dopamina é liberada da área tegmental ventral, isso não me diz muita coisa." A ideia é não deixar que as palavras apenas: "[...] deslizem através de seu cérebro". Para extrair o significado da afirmação sobre dopamina, ele estudava com mais afinco, identificava a estrutura do interior do cérebro e analisava imagens dela, capturando visualmente a ideia. "Só o fato de ter esse tipo de visualização do que se trata e onde fica [na anatomia] realmente me ajuda a lembrar daquilo." Ele afirma que não há tempo suficiente para aprender tudo sobre tudo, mas fazer uma pausa para dar significado ao conhecimento ajuda a fixá-lo na memória.

O impressionante desempenho de Young não passou despercebido a seus professores ou pares. Ele foi convidado a orientar alunos com dificuldades, uma honra que poucos recebem. Ele vem ensinando essas técnicas, e as notas dos colegas estão melhorando.

"O que me empolga é o quanto as pessoas estão interessadas nisso. Na faculdade de medicina, falei com todos os meus amigos sobre isso, e agora eles estão realmente levando a sério. O pessoal quer saber como aprender."

Timothy Fellows, aluno de psicologia introdutória

Stephen Madigan, professor na University of Southern California, foi surpreendido pelo desempenho de um aluno em seu curso de Introdução à Psicologia. "É um curso difícil", garante Madigan. "Eu uso o livro-texto mais difícil e avançado, e é conteúdo que não acaba mais. Lá pelas tantas, faltando uns 25% do curso, percebi que um aluno chamado Timothy Fellows estava obtendo 90 a 95% dos pontos em todas as atividades de aula – provas, trabalhos, perguntas de respostas curtas, questões de múltipla escolha. Aquelas notas eram simplesmente extraordinárias. É raro encontrar alunos com um desempenho tão bom – definitivamente ele era um ponto fora da curva. E assim, um dia, eu o puxei para o lado e indaguei: 'Pode me contar sobre seus hábitos de estudo?'."[2]

O ano era 2005. Madigan não conhecia Fellows fora da sala de aula, mas o via pelo *campus* e em jogos de futebol o suficiente para observar que ele tinha uma vida além dos estudos acadêmicos. "A psicologia não era sua ênfase, mas um assunto que o interessava, e ele apenas pôs em prática todas as suas habilidades." Madigan ainda tem a lista de hábitos de estudo resumida por Fellows, e até hoje a compartilha com os alunos novatos.

Os principais pontos eram:

- Sempre faz a leitura antes das aulas expositivas.
- Durante a leitura, antecipa as perguntas do teste e as respectivas respostas.
- Responde a perguntas retóricas em sua cabeça durante as aulas para testar sua retenção da leitura.
- Revisa guias de estudo, encontra termos que não sabe ou dos quais não se lembra e reaprende esses termos.
- Copia os termos em negrito e suas definições em um caderno de leitura, certificando-se de que os entende.

- Faz o teste simulado que é fornecido *on-line* pelo seu professor; a partir disso, descobre quais conceitos não sabe e se esforça para aprendê-los.
- Reorganiza as informações do curso em um guia de estudos projetado por ele.
- Escreve os conceitos que são detalhados ou importantes, afixa-os acima de sua cama e testa-se neles de vez em quando.
- Utiliza a tática de espaçar a revisão e a prática ao longo da duração do curso.

Os hábitos de estudo de Fellows são um bom exemplo de fazer o que funciona e ser fiel a seus hábitos, de modo que a prática seja espaçada e a aprendizagem esteja solidamente incorporada quando chegar a hora das provas.

DICAS PARA ETERNOS APRENDIZES

As estratégias de aprendizagem recém-esboçadas para alunos são eficazes para qualquer pessoa em qualquer idade. Mas elas foram até aqui centradas na instrução em sala de aula. Contudo, os eternos aprendizes estão aplicando os mesmos princípios em uma série de contextos menos estruturados.

Em certo sentido, é claro, todos nós somos eternos aprendizes. Desde a hora em que nascemos, começamos a aprender sobre o mundo que nos rodeia por meio de experimentação, tentativa e erro, além de encontros aleatórios com desafios que nos exigem recordar o que fizemos da última vez que nos deparamos com circunstâncias semelhantes. Em outras palavras, as técnicas de geração e a prática espaçada e afins apresentadas neste livro são orgânicas (mesmo sendo contraintuitivas), e não surpreende o fato de que muitas pessoas já tenham descoberto o poder dessas técnicas, em especial quem enverada em interesses e carreiras que exigem aprendizagem contínua.

Prática de recuperar informações

Nathaniel Fuller é ator profissional do Teatro Guthrie, em Minneapolis. Ficamos curiosos por conhecê-lo após um jantar em que Joe Dowling, o renomado diretor artístico deste teatro, tomou conhecimento do nosso trabalho e de imediato sugeriu que entrevistássemos Fuller. Parece que Fuller tem a capacidade de aprender tão integralmente as falas e os gestos dos papéis para os quais ele atua como substituto que ele consegue subir ao palco de última hora e alcançar grande sucesso, mesmo sem ter o benefício de aprender e ensaiar em condições normais.

Fuller é um consumado profissional dos palcos que, ao longo de muitos anos, vem aprimorando suas técnicas para o aprendizado de papéis. Muitas vezes, ele é escalado como protagonista; noutras, pode interpretar vários personagens coadjuvantes em uma mesma peça e também atuar como substituto do ator principal. Como ele consegue isso?

Ao começar a leitura de um novo roteiro, Fuller o coloca em colecionador, lê o texto completo e realça, com uma caneta marca-texto, todas as falas de seu personagem. "Eu avalio o quanto tenho a aprender. Procuro estimar o quanto posso aprender em um dia, e então tento começar cedo o suficiente para cumprir a minha meta de aprendizagem."[3] Realçando as suas falas no roteiro também as torna fáceis de encontrar e lhe dá um sentido da construção; portanto, esse uso do realce é um pouco diferente do que os alunos fazem na aula quando realçam apenas para fins de releitura. "Você capta o formato da fala e como o diálogo funciona."

Fuller utiliza a prática de recuperar informações de várias formas. Primeiro, com uma folha em branco, tapa uma página do roteiro. Ele a desliza para baixo, silenciosamente recapitulando as falas dos personagens com os quais divide as cenas, pois essas falas dão pistas a suas próprias falas, e a emoção nelas é refletida de uma maneira ou de outra por seu próprio personagem. Ele mantém oculta sua própria fala e tenta dizê-la em voz alta, de memória. Confere sua precisão. Se comete algum erro na fala, ele esconde o texto e tenta de novo. Quando consegue repetir a fala corretamente, ele descobre o trecho seguinte e continua.

> Saber o momento certo de sua fala é meio caminho andado. Saber o teor da fala é a outra metade do caminho. Não tenho um cérebro excepcional para memorizar, mas uma das chaves que encontrei é que preciso me esforçar ao máximo para dizer minha fala sem olhar para ela. Preciso fazer esse esforço para conseguir me lembrar.
>
> Trabalho que nem louco. Quando chega ao ponto em que a coisa deixa de fluir, eu paro. No dia seguinte, retomo e não me lembro daquela parte. Aí que a maioria de meus amigos entraria em pânico. Eu simplesmente tenho fé de que agora já estou internalizando e vou lembrar um pouco melhor da próxima vez. Então me dedico a trabalhar em um novo trecho, até chegar ao final da peça.

À medida que avança pelo roteiro, ele está constantemente percorrendo as páginas e cenas com as quais já está familiarizado e entrando em conteúdo novo. Assim, a peça começa a tomar forma, como retalhos que vão sendo costurados a uma colcha, cada cena adquirindo significado por meio daquelas que vieram antes, a história encontrando o fio da meada. Quando chega ao fim, ele pratica de trás para a frente, avançando da última cena, com a qual está menos familiarizado, até a imediatamente anterior, com a qual está mais familiarizado, e então avança de novo na ordem certa, até a última cena. Em seguida, ele vai para a parte que antecede essas duas cenas e pratica de novo até o fim. Continua praticando, a cada vez retrocedendo uma cena adicional, até alcançar o começo da peça. Esse trabalho de retroceder e avançar o ajuda a costurar o conteúdo menos familiar com o mais familiar, aprofundando seu domínio do papel como um todo.

Aprender as falas é visual (exatamente como elas estão dispostas no roteiro), mas, salienta ele, também é "um ato corporal, um ato muscular, por isso procuro recitar as falas de acordo com o caráter do papel, para ter a *sensação* de encarná-lo". Fuller examina a linguagem do roteiro, as texturas das palavras e as figuras de retórica para descobrir como elas revelam o significado. Ele se esforça para desvendar os jeitos e trejeitos do personagem, o modo como ele se move no palco, suas expressões faciais – todas as facetas que revelam as emoções básicas que impulsionam cada cena. Essas formas de elaboração o ajudam a desenvolver uma abordagem emocional para o papel e uma conexão mais profunda com o personagem.

Ele também intensifica sua prática de recuperar informações. Em vez do roteiro escrito, agora ele captura cada fala dos *outros* atores da peça em um gravador digital que cabe na palma da mão, pronunciada "de acordo com o caráter do papel", da melhor maneira que ele consegue discernir isso. Pegando o gravador na mão, Fuller já sabe onde encontrar os controles. Pressiona *play*, ouve as falas dos personagens e, em seguida, sua deixa; aperta *pause* e entra com sua fala de memória. Se estiver em dúvida sobre sua exatidão, ele confere o roteiro, reproduz o trecho, se necessário, recita as suas falas e então continua a cena.

Quando ele está treinando para ser substituto em um papel, antes que o diretor e o elenco tenham feito a marcação (como os atores se movimentam em relação um ao outro e aos elementos do cenário), Fuller pratica em casa, imaginando que sua sala de estar é o palco e a forma como a marcação pode ser desenvolvida. Ali, enquanto repassa as cenas com o seu gravador, ouvindo as falas dos outros e recitando as suas, ele se move através da cena imaginada, adicionando os gestos ao papel, interagindo com acessórios de cena imaginários. Quando o ator que ele estiver substituindo está ensaiando, Fuller observa do fundo do teatro, detrás da última fileira da plateia, imitando a marcação enquanto os atores ensaiam no palco. Mais tarde, ele continua a praticar em casa, adaptando o palco imaginário dentro de sua sala de estar à marcação já estabelecida.

O processo de aprendizagem de Fuller é uma mescla perfeita de dificuldades desejáveis: prática de recuperar informações, espaçamento, intercalação, geração (a alma, a postura, as motivações e as idiossincrasias de seu personagem) e elaboração. Por meio dessas técnicas, ele aprende o papel e os muitos níveis de significado que fazem uma atuação ganhar vida para ele e suas plateias.

Geração

Em 2013, John McPhee publicou um artigo na revista *New Yorker* sobre escritores com bloqueio criativo. Na época com 82 anos de idade, McPhee ofereceu suas observações favorecido pela sua posição de destaque, no topo de uma carreira ilustre na qual recebeu muitos prêmios e reconhecimentos como pioneiro da arte criativa da não ficção. O bloqueio criativo é a aparentemente intransponível barreira que o escritor deve, de alguma forma, escalar se deseja ter alguma esperança de se envolver no tema escolhido. Escrever, como qualquer forma de arte, é um processo iterativo de criação e descoberta. Muitos aspirantes a escritor não conseguem encontrar sua expressão pelo simples fato de que, até terem a certeza do que querem dizer, não conseguem mergulhar no assunto. A solução de McPhee para esse problema? Escreve uma carta à mãe dele. Conta a ela o quanto está se sentindo péssimo, quais as expectativas dele em relação ao assunto sobre o qual tenciona escrever (um urso), mas que não tem ideia como abordá-lo, e, realmente, parece que, no fim das contas, ele não é talhado a ser escritor. Ele gostaria de pôr no papel o tamanho assustador do urso, e o quanto o urso é extremamente preguiçoso, preferindo dormir 15 horas por dia, e assim por diante. "Daí você volta, apaga o 'Querida mãe' e todos os queixumes e as lamúrias, e só mantém o urso."

Um "horrível improviso": é assim que McPhee define esse primeiro rascunho: Então você deixa aquilo de lado. Entra no carro e vai para casa. No trajeto, sua mente continua tricotando as palavras. Você imagina uma forma melhor de dizer algo, uma boa frase para corrigir um certo problema. Sem a versão rascunhada – se ela não existisse –, obviamente você não poderia estar pensando em maneiras de melhorá-la. Em suma, talvez na prática você esteja escrevendo apenas duas ou três horas por dia, mas sua mente, de uma forma ou de outra, está trabalhando nisso 24 horas por dia – sim, enquanto você dorme –, mas só se existir algum tipo de rascunho ou versão inicial. Até que esse rascunho exista, a escrita realmente não começou.[4]

Este é o ponto crucial: a aprendizagem funciona de modo semelhante ao "horrível improviso" de McPhee. Com frequência, a compreensão de conteúdos pouco conhecidos parece desajeitada e nebulosa. Mas tão logo você envolve a mente na tentativa de entender algo novo, a mente começa a "tricotar" o problema por conta própria. Você não envolve a mente ao ler e reler um texto, repetidas vezes, muito menos assistindo passivamente a *slides* de PowerPoint. Você a envolve se esforçando para explicar o conteúdo a você mesmo, com suas próprias palavras – conectando os fatos, insuflando vida neles, relacionando-os com o que você já sabe. A aprendizagem, como a escrita, é um ato de envolvimento. Esforçar-se para resolver a charada provoca seus instintos criativos, estimula a mente a buscar paralelos e metáforas em outros lugares de sua experiência, conhecimentos que podem ser transferidos e aplicados aqui. Deixa você faminto pela solução. E, quando você a alcança, a solução torna-se mais profundamente incorporada a seus conhecimentos e habilidades prévios do que itens colados na superfície de seu cérebro com apresentações de PowerPoint.

Portanto, siga o exemplo de McPhee: se quiser dominar algo novo, exclua as lamúrias e vá enfrentar o urso.

Reflexão

No Capítulo 2, contamos como o neurocirurgião Mike Ebersold, da Clínica Mayo, usa o hábito da reflexão para melhorar as suas habilidades na sala de cirurgia. A reflexão envolve a recuperação de informações (o que eu fiz, como funcionou?) e a geração (como posso fazer melhor na próxima vez?), invocação de imagens e também ensaio mental (e se eu pegasse um pedaço menor de tecido com a agulha?). Foi esse hábito de reflexão que o levou a conceber uma solução cirúrgica para o reparo de uma veia delicada na parte de trás do crânio, e que não pode ser suturada porque é um pouco achatada e se dilacera quando você aperta o ponto.

Vince Dooley, treinador de futebol americano dos Georgia Bulldogs (Capítulo 3), ajudou seus jogadores a usar reflexão e ensaio mental para aprender seus manuais estratégicos e seus ajustes para o jogo do sábado seguinte. O policial de Minneapolis, David Garman (Capítulo 5), usa a reflexão para melhorar suas estratégias de trabalho à paisana. O poder da reflexão como técnica de aprendizagem é aparente ao longo do relato autobiográfico *Sully, milagre no rio Hudson*, do capitão Chesley Sullenberger. "Sully" é o piloto do voo 1549 da US Airways que, de forma bem-sucedida e miraculosa, fez um pouso forçado nas águas do Rio Hudson, em 2009. E a cada vez que lemos seu relato, vemos como ele aprimorou sua compreensão sobre o voo e o controle de sua aeronave por meio de treinamento, experiência pessoal e observação detalhada dos outros. O processo começou em seus primeiros dias no manche de um monomotor usado para pulverizar lavouras; continuou até seus dias pilotando aviões de caça; o período em que investigou desastres aéreos; e sua metódica análise dos poucos exemplos disponíveis sobre o pouso forçado na água de jatos comerciais, nos quais prestou especial atenção às lições de inclinação, velocidade e nível das asas. A evolução do Comandante Sullenberger nos mostra que o hábito da reflexão é mais do que simplesmente acumular experiências pessoais ou observar as experiências dos outros. Em sua versão mais poderosa, esse hábito envolve engajar a mente por meio de geração, visualização e ensaio mental.

Elaboração

Quando a conhecemos, a pianista Thelma Hunter, do alto de seus 88 anos, estava aprendendo quatro novas obras para o próximo concerto: peças de William Bolcom, Mozart, Faure e Rachmaninoff. Hunter ganhou seu primeiro prêmio como pianista aos 5 anos de idade em Nova York e, desde então, vem realizando apresentações. Ela insiste: não é um prodígio, nem sequer especialmente famosa, mas é uma profissional consumada. Além de uma vida agitada criando seis filhos com seu marido Sam, cirurgião cardíaco, Hunter desfruta de uma longa vida de aprender, ensinar e tocar piano em concertos. Continua na ativa, solicitada e dedicada ao prazer de sua vida: o teclado.

Dar várias camadas de significado à nova aprendizagem tem sido fundamental aos métodos de Hunter e ilustra o modo como a elaboração fortalece a aprendizagem e a memória. Ao estudar uma nova partitura, ela a aprende fisicamente, ao dedilhar as teclas; foneticamente, ao escutar os sons; visualmente, ao observar as notas na partitura; e intelectualmente, ao treinar as transições.

Hunter fez algumas concessões à idade. Ela não costumava se aquecer antes de tocar, mas agora se aquece:

> Minha energia não é tão grande quanto costumava ser. Meus braços não se movimentam com a mesma facilidade. Agora, se eu memorizo algo, eu tenho que *pensar* nisso. Nunca precisei fazer isso, eu só trabalhava todos os aspectos da peça e a memorização vinha naturalmente.[5]

Ela visualiza a partitura e, mentalmente, vai fazendo anotações nas margens. "Quando estou treinando, algumas vezes, digo em voz alta: 'Uma oitava acima, neste ponto', mas, em minha mente, eu também visualizo o lugar na partitura". Em comentários que ressoam as observações de John McPhee sobre a escrita, Hunter afirma, quando está prestes a memorizar a música:

> Lá estou eu ao volante, e consigo pensar na música inteira, coisa que eu faço. Penso em seu formato, como se eu fosse um maestro: "Ah, essa passagem faz mais sentido se eu acelerá-la. Tenho que praticar isso para tocar mais rápido". Esses são os aspectos gerais que consigo pensar quando estou longe do piano.

O regime de prática de Hunter é diário, treinando as novas músicas, tocando mais devagar para analisar as passagens difíceis. Atualmente, ela costuma se apresentar com uma violoncelista e uma violinista; por isso, as três juntas ensaiam as músicas para sincronizar suas interpretações individuais.

No Capítulo 7, descrevemos a pesquisa de Anders Ericsson sobre como especialistas, ao longo de milhares de horas de prática deliberada e solitária, construíram bibliotecas de modelos mentais que empregam para abordar um vasto universo de situações encontradas em suas áreas de *expertise*. As experiências que Hunter descreve parecem manifestar a teoria de Ericsson. Às vezes, ela precisa sentar-se ao piano e idealizar um plano de dedilhado para tocar um trecho difícil. Estranhamente, conta ela, após se afastar da peça por uma semana, ela se senta e a toca, usando um padrão de dedilhado que não havia planejado, mas que lhe parece totalmente natural e familiar. É um paradoxo, embora talvez não seja inteiramente surpreendente. Ela credita ao seu subconsciente, inspirando-se em seus longos anos de interpretação, o fato de conceber uma solução mais fluente do que ela concebera experimentando no teclado. Mas talvez tenha sido o esforço no teclado, como McPhee enfrentando seu urso, que estimulou sua mente a escolher, nas prateleiras da memória, algo um pouco mais elegante e natural para se adaptar à ocasião.

DICAS PARA PROFESSORES

Aqui, de novo, estamos receosos sobre sermos prescritivos demais. Cada professora ou professor deve descobrir o que funciona em sua sala de aula. Mas alguns pontos específicos podem ser úteis. Então, eis algumas estratégias básicas que, a nosso ver, serão eficientes para ajudar os alunos a melhorar sua aprendizagem em sala de aula. A seguir, apresentamos breves descrições do que certos professores já estão fazendo nesse âmbito. Entre as recomendações e os exemplos, esperamos que você encontre ideias práticas que possa adaptar e colocar em uso.

Explique aos alunos como funciona a aprendizagem

Os alunos trabalham sob a influência de inúmeros mitos e ilusões sobre a aprendizagem, que os levam a tomar algumas decisões infelizes sobre correr riscos intelectuais e sobre quando e como estudar. Cabe ao professor explicar o que os estudos empíricos descobriram sobre como as pessoas aprendem, para que o aluno possa gerenciar melhor sua própria educação.

Em particular, os alunos devem ser ajudados a entender ideias tão fundamentais quanto estas:

- Alguns tipos de dificuldades durante a aprendizagem ajudam a torná-la mais profunda e mais fácil de ser lembrada.
- Quando a aprendizagem é fácil, muitas vezes é superficial e logo esquecida.
- Nem todas as nossas capacidades intelectuais são inatas. Na verdade, quando a aprendizagem acontece à custa de esforço, ela modifica o cérebro, criando novas conexões e aumentando a capacidade intelectual.
- Você aprende melhor quando enfrenta novos problemas, antes de ser apresentado à solução, e não o contrário.
- Para alcançar a excelência em qualquer esfera, você deve se esforçar para superar seu nível atual de desempenho.
- Esforçar-se, por sua natureza, com frequência resulta em reveses, e, também com frequência, são os reveses que fornecem as dicas essenciais necessárias para ajustar as estratégias para atingir o domínio de um campo.

Esses tópicos, entremeados ao longo do livro, são discutidos em profundidade nos Capítulos 4 e 7.

Ensine aos alunos como estudar

Em geral, os alunos não são ensinados a estudar, e, quando o são, muitas vezes recebem aconselhamento equivocado. Por isso, eles gravitam rumo a atividades que estão longe de serem as ideais, como a releitura, a prática intensiva e meter a cara nos livros.

No início deste capítulo, apresentamos estratégias eficazes de estudo. Os alunos irão se beneficiar de professores que os ajudem a entender essas estratégias e as mantêm por tempo suficiente para experimentar seus benefícios, que inicialmente podem parecer duvidosos.

Crie dificuldades desejáveis em sala de aula

Onde for prático, use *testes frequentes* para ajudar os alunos a consolidar a aprendizagem e interromper o processo de esquecimento. Estabeleça regras básicas que sejam aceitáveis para seus alunos e você mesmo. Os alunos consideram os testes mais aceitáveis quando forem previsíveis e não contem para a nota. Os professores consideram os testes mais aceitáveis quando forem simples, rápidos e eliminam a trabalheira de aplicar provas de recuperação (Para você ter uma ideia, considere a maneira com que Kathleen McDermott, cujo trabalho descrevemos a seguir, usa os testes diariamente em sua cátedra universitária sobre aprendizagem humana e memória.)

Crie ferramentas de estudo que incorporem a *prática de recuperar informações, a geração* e a *elaboração*. Por exemplo, utilize exercícios que exijam que os alunos se esforcem na tentativa de resolver um novo tipo de problema antes de ministrar a aula em que a solução é ensinada; testes práticos que os alunos possam baixar e usar para revisar o conteúdo e calibrar suas apreciações sobre o que sabem e não sabem; exercícios de redação que estimulem os alunos a refletir sobre o conteúdo anterior e o relacionem com outros conhecimentos ou outros aspectos de suas vidas; exercícios que incentivem os alunos a criar frases curtas que resumam as ideias principais do conteúdo recente abordado em um texto ou uma palestra.

Faça a pontuação dos testes e dos exercícios práticos ajudar na nota final do curso, mesmo se tiverem uma ponderação muito baixa. Alunos de turmas em que os exercícios práticos trazem consequências para a nota do curso aprendem melhor do que aqueles de turmas em que os exercícios são os mesmos, mas não trazem consequências.

Projete testes e exercícios que *recapitulem os conceitos e a aprendizagem abordados anteriormente* no semestre, a fim de que a prática de recuperar informações continue e a aprendizagem seja cumulativa, ajudando os alunos a construir modelos mentais mais complexos, a fortalecer a aprendizagem conceitual e a desenvolver uma compreensão mais profunda das relações entre ideias ou sistemas. (No Capítulo 2, leia um exemplo de como Andy Sobel utiliza testes cumulativos de baixo impacto em seu curso universitário sobre economia política.)

Utilize as práticas de *espaçar, intercalar* e *diversificar* tópicos e problemas abrangidos em aula, para que os alunos estejam sempre recapitulando, à medida que precisam "recarregar" o que já sabem sobre cada tópico, a fim de descobrir relações ou diferenças com o novo conteúdo.

Seja transparente

Ajude seus alunos a compreender as estratégias que você usou para incorporar dificuldades desejáveis em suas aulas, e o porquê. Seja sincero sobre algumas das frustrações e dificuldades que esse tipo de aprendizagem provoca e explique por que vale a pena perseverar. Sugira que os alunos leiam o perfil, no início deste capítulo, do aluno de medicina Michael Young, que descreve claramente as dificuldades e os principais benefícios da utilização dessas estratégias.

Mary Pat Wenderoth, professora de biologia, University of Washington

Em suas aulas, a professora Mary Pat Wenderoth explica o que são dificuldades desejáveis, com o objetivo de ajudar os alunos a dominar o conteúdo do curso. Ela também trabalha para ajudar os alunos a aprender a serem eficazes em administrar sua própria aprendizagem – a serem alunos capazes de se tornar os profissionais que almejam. Ao longo desse caminho, ela também enfrenta outro desafio: ajudar os alunos a aprender a fazer uma apreciação sobre a posição, na taxonomia de Bloom, da compreensão deles do conteúdo do curso, e a como aumentar os níveis de síntese e avaliação.

A taxonomia de Bloom classifica a aprendizagem cognitiva em seis níveis. Foi desenvolvida, em 1956, por uma comissão de educadores, presidida pelo psicólogo Benjamin Bloom. Os seis níveis variam desde ganhar *conhecimento* (o nível mais fundamental) até desenvolver *compreensão* de ideias e fatos básicos, ser capaz de *aplicar* a aprendizagem para resolver problemas, ser capaz de *analisar* ideias e relações no intuito de fazer inferências, ser capaz de *sintetizar* conhecimentos e ideias de novas maneiras e, no nível mais sofisticado, ser capaz de usar a aprendizagem para *avaliar* opiniões e ideias e fazer apreciações com base em evidências e em critérios objetivos.

Aqui estão algumas das principais técnicas usadas por Wenderoth.

Transparência. No início, Wenderoth ensina aos alunos sobre o efeito do teste, o princípio das dificuldades desejáveis e os perigos da "ilusão de que você já sabe". Ela promete tornar sua filosofia instrucional transparente e modelar esses princípios em sala de aula. Como nos explicou recentemente: "A ideia geral do efeito do teste é que você aprende mais auto-aplicando testes do que relendo o conteúdo. Ora, é dificílimo convencer os alunos a fazer isso, pois foram treinados por muito tempo a ficar lendo e relendo o livro".[6]

> Já perdi a conta de quantos alunos me procuram e me mostram o livro todo realçado em canetas marca-textos, em quatro cores diferentes. Eu lhes digo: "Percebo que vocês tiveram um trabalhão e que realmente querem ter sucesso neste curso, porque vocês usaram marca-textos azul, amarelo, laranja e verde em seus livros". E, em seguida, procuro explicar que o tempo que eles investiram nas novas releituras foi um desperdício. Perplexos, eles perguntam: "Como isso é possível?". Eu digo: "O que vocês têm de fazer é ler um pouco e então precisam testar a si mesmos", mas eles não sabem direito como fazer isso.
>
> Então, em aula, eu mostro um modelo para eles. A cada cinco minutos, mais ou menos, eu lanço uma pergunta sobre o conteúdo recém-debatido e percebo que eles começam a remexer em suas anotações. Eu aviso: "Podem

parar. Não olhem para suas anotações. Só leva um minuto para pensar sobre isso sozinho". Digo-lhes que nossos cérebros são como uma floresta, e a memória está lá em algum lugar. Você está aqui, e a memória está ali. Quanto mais vezes você percorre o caminho até aquela memória, melhor se torna o caminho. Assim, na próxima vez que você precisar daquela memória, será mais fácil de encontrá-la. Mas a cada vez que você recorre a suas anotações, você pulou direto para a solução. Deixou de explorar o caminho: alguém lhe contou como chegar lá.

Outras vezes Wenderoth propõe uma pergunta para a turma e dá um tempo para eles pensarem no assunto. Pede aos alunos para escreverem três possíveis respostas no quadro lá na frente e depois votarem em qual resposta eles acham que é correta, mostrando o número de dedos que correspondem à resposta escolhida do quadro. Ela instrui os alunos a encontrar alguém que escolheu: "[...] uma resposta diferente da sua e a conversar uns com os outros para descobrir quem tem a resposta certa".

Wenderoth dá a seus alunos uma nova forma de pensar sobre a aprendizagem e lhes dá um novo vocabulário para descrever os reveses. Quando alunos tropeçam em uma questão da prova, em geral acusam o teste de conter perguntas capciosas. Quando o aluno põe a culpa na prova, ela pondera: esse não é um bom ponto de partida para solucionar o problema. Mas agora os alunos a procuram após terem ido mal em uma prova e indagam: "Eu tenho a ilusão de que já sei. Como posso melhorar?". Esse é um problema que Wenderoth pode auxiliar a resolver.

Grupos de teste. Wenderoth transformou os "grupos de estudo" da turma em "grupos de teste". Em um grupo de estudo, quem sabe mais toma a palavra e os demais escutam. A ênfase está em memorizar as coisas. Porém, em um grupo de teste, todos os membros se esforçam para resolver uma pergunta juntos, sem abrir o livro-texto. "Todo mundo traz informações, você fala com seus colegas e vislumbra uma solução." A ênfase está em explorar e compreender.

Wenderoth pergunta aos alunos de um grupo de teste quais ideias eles ainda não dominam com clareza. Depois manda uma aluna ao quadro branco para tentar explicar o conceito. À medida que a aluna se esforça, talvez buscando os assuntos cuja resposta ela sabe, o restante do grupo é instruído a testá-la, por meio de perguntas cujas respostas vão guiá-la ao conceito mais amplo. Durante o tempo inteiro, todos os livros didáticos permanecem fechados.

Recordação livre. Wenderoth solicita que os alunos dediquem 10 minutos, ao final de cada dia, para se sentar com uma folha de papel em branco e escrever tudo que se lembram da aula. Eles precisam dedicar 10 minutos a essa tarefa. Ela avisa que será difícil, vai demorar uns dois minutos até as ideias surgirem, mas eles têm de persistir. Após 10 minutos, eles podem conferir as anotações que fizeram em aula e descobrir do que se lembraram e do que se esqueceram e concentrar-se no material esquecido. O que eles descobrem a partir desse exercício orienta suas anotações e perguntas para a próxima aula. Wenderoth considera que o exercício de recordação livre ajuda os alunos a dar um salto no aprendizado e desenvolver um entendimento mais complexo sobre como os conteúdos se inter-relacionam.

Mapas conceituais. Todas as segundas-feiras, os alunos de Wenderoth são convidados a entregar, em uma folha única de dimensões específicas, um mapa conceitual no qual devem ilustrar o conteúdo da semana anterior, com ideias--chave, setas e elementos gráficos. Ela leciona fisiologia, que é sobre como as coisas funcionam, então os mapas conceituais assumem a forma de grandes *cartoons* cheios de textos explicativos, setas e afins. Os mapas conceituais ajudam seus alunos a sintetizar as informações de uma semana, pensando em como os sistemas se interconectam: algo está causando *isto*; que causa *isso*, que influencia *aquilo*. Usamos uma porção de setas em fisiologia. Os alunos podem trabalhar em conjunto, eu não me importo. Mas o mapa conceitual que eles entregam deve ser individual.

Parágrafos de aprendizagem. De vez em quando, em uma sexta-feira, se ela sentir que não está lhes sobrecarregando, Wenderoth atribui aos alunos a tarefa de escrever "parágrafos de aprendizagem" (sem valer para nota). Nessa tarefa, ela propõe uma questão e pede que os alunos elaborem uma resposta de cinco ou seis frases. Um exemplo de pergunta é: "Quais as semelhanças entre o sistema gastrintestinal e o sistema respiratório?". Ou "Você acaba de receber suas provas; o que faria de diferente na próxima vez?". O objetivo é estimular a recuperação de informações e a reflexão, bem como capturar a aprendizagem da semana antes que as informações se percam em meio às inúmeras outras preocupações e distrações da vida universitária. "Ao longo dos anos, descobri o seguinte: se eu não fizer nada antes do teste, os alunos não fazem nada até a véspera do teste." Os parágrafos de aprendizagem também dão a seus alunos voltados para carreiras científicas a oportunidade de praticar a redação de trechos em prosa clara. Ela lê as respostas e faz questão de comentá-las em aula, para que os alunos saibam que estão sendo lidos.

Taxonomia de Bloom dos níveis de aprendizagem. Para remover parte da abstração da taxonomia de Bloom, Wenderoth traduziu seu conteúdo de aula para os diferentes níveis da taxonomia em uma chave de resposta para os testes que ela aplica. Ou seja, para qualquer questão determinada, ela fornece uma resposta diferente para cada nível da taxonomia: uma que reflete a aprendizagem ao nível do conhecimento, uma resposta mais completa que reflete o entendimento, uma resposta ainda mais complexa que reflete a análise, e assim por diante. Quando os alunos recebem seus testes de volta, também recebem a chave de respostas e são convidados a identificar onde suas respostas incidiram na taxonomia e a pensar no que eles precisam saber a fim dar uma resposta à altura de um nível de aprendizagem superior.

Reduzindo as disparidades de aproveitamento em ciências. Wenderoth e seus colegas fizeram experimentos com a estrutura da turma e os princípios de aprendizagem ativa para ajudar a reduzir as disparidades de aproveitamento em ciências. Os alunos mal preparados raramente sobrevivem aos cursos de ciências de nível introdutório. Por isso, até mesmo alunos cujos interesses e aptidões poderiam levá-los a carreiras científicas bem-sucedidas nunca chegam lá. Seja qual for o motivo, esses alunos não têm um histórico, desenvolvido durante o ensino médio ou na vida familiar, de aprender a ter sucesso nesses contextos acadêmicos altamente desafiadores.

Wenderoth explica como isso acontece.

> Para a maioria de nós que progride no ramo das ciências, quando levamos um tombo, sempre há alguém por perto para nos ajudar ou dizer: "É assim que se levanta". Você aprende que, se as coisas não andarem bem, você continua insistindo e não desiste. Você persevera.

Em seus experimentos, Wenderoth e seus colegas compararam os resultados de aulas de "baixa estrutura" (palestras tradicionais seguidas de testes de alto impacto parciais e finais) com aulas "altamente estruturadas" (exercícios semanais sem valer para nota para proporcionar a prática constante das habilidades analíticas necessárias e ter um bom desempenho nos exames). Também ensinam aos alunos a importância de ter uma "mentalidade voltada ao crescimento" (ver trabalho de Carol Dweck, discutido no Capítulo 7) – ou seja, de que aprender é um trabalho árduo e que esse esforço aumenta as habilidades intelectuais.

Os resultados? As aulas altamente estruturadas em um curso introdutório de biologia reduziram significativamente as taxas de fracasso dos alunos em relação às aulas pouco estruturadas – reduzindo a disparidade de aproveitamento entre os alunos sem base e seus pares mais bem preparados, e, ao mesmo tempo, mostrando, nas provas, melhores resultados nos níveis mais elevados da taxonomia de Bloom. Além disso, não está em jogo apenas se o aluno consegue ou não completar os exercícios práticos. Nas aulas em que os exercícios contam para a nota do curso, ainda que com ponderação muito baixa, os alunos alcançam maior sucesso ao longo do semestre, em comparação com os alunos em aulas nas quais os exercícios são os mesmos, mas não influenciam as notas.

"Conversamos com os alunos sobre a importância desses hábitos mentais", explica Wenderoth. Você precisa de disciplina para alcançar sucesso no campo das ciências. Eles nunca pensaram que cada matéria tem uma cultura. Nós lhes ensinamos a pensar como os profissionais que eles querem se tornar. E, quando eles tropeçam e caem, mostramos a eles como fazer para se reerguerem.[7]

Michael D. Matthews, professor de psicologia, Academia Militar dos Estados Unidos, em West Point

A filosofia pedagógica em West Point fundamenta-se em um sistema instrucional, chamado de método Thayer, desenvolvido há quase 200 anos por um dos primeiros superintendentes da Academia, chamado Sylvanus Thayer. O método fornece objetivos de aprendizagem muito específicos para cada disciplina, deposita a responsabilidade para alcançar esses objetivos no aluno e incorpora testes e arguição em todas as aulas.

As notas dos alunos da academia dependem de três pilares de treinamento: acadêmico, militar e físico. Mike Matthews, professor de psicologia da engenharia na Academia, afirma que a carga de matérias sobre os alunos é enorme, maior do que as horas disponíveis para estudar. Para sobreviver na Academia, os cadetes de West Point devem desenvolver uma capacidade de se concentrar no que é essencial e deixar de lado o restante. "Isso envolve cultivar expectativas altíssimas em múltiplas dimensões e manter os alunos realmente ocupados", diz Matthews. De fato, por mais surpreendente que pareça, Matthews alerta o aluno: "Se você leu todas as palavras deste capítulo, então não está sendo muito eficiente". O objetivo é não apenas "passar os olhos nas palavras". Você começa fazendo perguntas, depois lê para construir as respostas.[8]

Há pouca ou nenhuma aula expositiva nos cursos de Matthews. A aula começa com um teste sobre os objetivos de aprendizagem para a leitura designada. A partir daí, ao longo de vários dias, os alunos: "[...] trabalham nos quadros". As salas de aula têm quadros de ardósia nas quatro paredes, e um grupo de alunos é enviado a cada quadro para, em um processo colaborativo, responderem a uma pergunta lançada pelo professor. Essas são perguntas de ordem superior em comparação às fornecidas nos testes rotineiros, exigindo que os alunos integrem as ideias da leitura e as apliquem em um nível conceitual. É uma forma prática de recuperar informações, geração e instrução entre pares. Um aluno de cada grupo é selecionado para fazer uma apresentação à classe, explicando como o grupo respondeu à pergunta, e depois o trabalho do grupo é alvo de críticas. Todos os encontros em aula se concentram em lidar com teorias, não com fatos específicos, e nos dias em que os alunos não trabalham nos quadros, eles se envolvem em outras formas de exercício, demonstrações ou trabalho em grupo visando compreender e articular os principais conceitos básicos do tópico em questão.

Objetivos de aprendizagem claros antes de cada aula, junto com os testes diários e a solução ativa de problemas com *feedback*, mantêm os alunos concentrados, atentos e trabalhando arduamente.

Uma das habilidades mais importantes ensinadas em West Point é algo aprendido fora da sala de aula: como estabelecer um azimute. É uma habilidade usada para se orientar em território desconhecido. Você sobe em uma árvore ou uma colina e avista um marco distante na direção para onde está indo. Com a bússola na mão, você observa quantos graus seu marco encontra-se distanciado do norte magnético. Em seguida, você desce para o meio da floresta e caminha naquela direção. Periodicamente, você faz uma pausa para estabelecer um novo azimute e se certificar de que está no rumo certo. Aplicar um teste é uma forma de extrair um azimute em sala de aula: você está obtendo o domínio que precisa para chegar ao destino pretendido?

Matthews teve o privilégio de ver dois de seus alunos ganharem bolsas de estudo Rhodes. A mais recente foi a cadete Kiley Hunkler (agora segundo-tenente Hunkler). Ela vai passar os próximos dois anos na Oxford University, e depois vai se matricular na Johns Hopkins Medical School. Foi Hunkler quem nos contou sobre as maneiras de determinar um azimute. "Tudo na Academia tem a ver com responsabilidade pessoal, com ser dono da busca de nosso caminho rumo ao objetivo", conta ela.[9] O Teste de Admissão para o Medical College, por exemplo, engloba quatro blocos principais do curso: leitura, química, fisiologia e redação. Para cada um desses blocos, Hunkler criou em sua cabeça os objetivos de aprendizagem que ela considerou mais importantes, e, em seguida, dedicou-se a respondê-los enquanto estudava. "Eu fazia um teste simulado a cada três dias, percebia o que havia entendido errado e fazia os ajustes." Estava estabelecendo o seu azimute. Muitos alunos estudam por meses a fio, tentando memorizar tudo, mas eu me importava mais com entender os conceitos. Então, para conferir meu azimute, eu pensava: certo, qual é o assunto desta pergunta, qual é o tema mais amplo aqui? Isso combina com o que esbocei para aquela seção?

Um dos autores deste livro (Roediger) fez o ensino médio na Academia Militar de Riverside, em Gainesville, Geórgia. Riverside aplicava uma versão do método Thayer, com os alunos diariamente respondendo a testes, conjuntos de problemas ou tarefas a serem completadas em sala de aula. A capacidade desses cadetes mais jovens era muito mais variada do que na elitizada Academia Militar dos Estados Unidos, em West Point, mas o método Thayer funcionava bem. Na verdade, métodos como esses, que incluem a participação diária, têm mais chances de ajudar justamente aqueles alunos pouco propensos a estudar bastante por conta própria, fora do horário das aulas. O método Thayer é um forte incentivo para eles se dedicarem, ecoando o que Mary Pat Wenderoth (ver seção anterior) constatou em seus estudos empíricos: aulas altamente estruturadas ajudam alunos sem histórico de utilizar hábitos e técnicas de aprendizagem eficazes a desenvolvê-los e a alcançar sucesso em contextos rigorosos.

Kathleen McDermott, professora de psicologia, Washington University, em St. Louis

Kathleen McDermott aplica diariamente testes sem valer para nota em um curso universitário sobre aprendizagem humana e memória. É uma turma de 25 alunos que se reúne duas vezes por semana, ao longo de 14 semanas, menos as provas parciais e o exame final. Ela apresenta um teste de quatro itens nos últimos três a cinco minutos de cada aula. As perguntas envolvem os pontos principais da aula, da leitura ou de ambas. Se os alunos entenderam o material, vão acertar as quatro respostas, mas têm que raciocinar para fazê-lo. Todo e qualquer conteúdo abrangido no curso até aquela data pode ser incluído no teste, e, às vezes, ela inclui conteúdo prévio que ela sente que os alunos ainda não entenderam plenamente e precisam revisar.

McDermott define as regras básicas claramente no início do semestre. Recapitula as pesquisas sobre aprendizagem e efeito do teste, explica por que os testes são úteis, mesmo se não pareçam úteis. Os alunos têm a permissão de perder quatro testes em todo o semestre. Em troca, as ausências não precisam ser justificadas, e não haverá recuperação para os testes perdidos.

Os alunos inicialmente não gostam do regime de testes, e, nas primeiras semanas do semestre, McDermott receberá *e-mails* de alunos explicando que tinham uma desculpa legítima para a ausência e deveriam ter a permissão de refazer o teste perdido. Ela reitera os termos: quatro ausências livres, e não há testes de recuperação.

McDermott afirma: os testes fornecem um incentivo para os alunos comparecerem às aulas e dão a eles uma chance de melhorar a nota a cada dia, bastando acertar todas as respostas de um conjunto de quatro perguntas. No final do semestre, seus alunos afirmam que os testes os ajudaram a acompanhar o curso e a descobrir quando estavam se desviando da rota e precisando caprichar mais.

"O segredo dos testes é estabelecer regras claras para o aluno, e torná-las gerenciáveis para o professor", explica McDermott. "Se você é aluno, das duas, uma: está presente e faz, ou está ausente. Para o professor, não há o incômodo de fazer provas de recuperação."[10]

Os questionários compõem 20% da nota do aluno no curso. Além disso, McDermott aplica duas provas parciais e uma final. As duas últimas provas são cumulativas. Aplicar provas cumulativas reforça a aprendizagem, pois exige dos alunos a prática espaçada de revisar os conteúdos.

Distrito Escolar Público de Columbia, Illinois

Conforme relatado no Capítulo 2, trabalhamos com o quadro docente de uma escola dos anos finais do ensino fundamental em Columbia, Illinois, para testar os efeitos de integrar os testes sem valer para nota no currículo. Testes rotineiros e outras formas da prática de recuperar informações têm sido adotados por professores na escola que fizeram parte da pesquisa e por outros que não participaram, mas que notaram os resultados benéficos. O projeto de pesquisa inicial já foi ampliado para as aulas de história e ciências no ensino médio do distrito, nas quais a prática de recuperar informações está sendo usada com frequência para reforçar a aprendizagem e ajudar os professores a concentrar as aulas nas áreas em que a compreensão e o desempenho dos alunos precisam ser melhorados.

O Conselho Estadual de Educação de Illinois aprovou novos padrões para matemática e língua inglesa para o ensino fundamental e o ensino médio,* em consonância com a Common Core State Standards Initiative liderada pela Associação Nacional dos Governadores e endossada pelo secretário da Educação. O Common Core estabelece para os formandos do ensino médio os níveis de preparação requeridos para entrar no ensino superior e a preparação para outras carreiras. O Distrito Escolar de Columbia, como outros, está remodelando seu currículo e seus testes para serem mais rigorosos e exigir dos alunos mais trabalhos de redação e análise, com o objetivo de promover habilidades de nível superior de entendimento conceitual, raciocínio e resolução de problemas, as quais permitirão que alcancem os padrões estaduais estabelecidos. Como exemplo dessa remodelação, o currículo de ciências está sendo alinhado verticalmente para que os alunos sejam reexpostos a um assunto em várias fases de sua trajetória escolar. O resultado é uma instrução mais espaçada e intercalada. Nas ciências físicas, por exemplo, os alunos dos anos finais do ensino fundamental identificam as seis máquinas básicas (plano inclinado, cunha, parafuso, alavanca, eixo com roda e polia) e como elas funcionam. Depois, em anos seguintes, irão retomar a esses conceitos, investigando a física por trás deles e como essas ferramentas básicas podem ser combinadas e aplicadas para resolver problemas diferentes.

---

* N. de T.: Nos Estados Unidos, *K-12 education*, ou seja, os cinco anos da *elementary school*, os três anos da *middle school* e os quatro anos da *high school*.

DICAS PARA INSTRUTORES

Aqui apresentamos algumas maneiras pelas quais os instrutores estão aplicando os mesmos princípios daqueles profissionais que ensinam nas escolas, em uma variedade de contextos menos estruturados e fora das salas de aula.

Capacitação contínua

Nos Estados Unidos, há muitas profissões, como a medicina, que exigem cursos de reciclagem e recredenciamento periódico, para que se possa continuar a exercê-las. Como descreve o pediatra neurologista Doug Larsen no Capítulo 3, esse tipo de formação para médicos é geralmente condensado em um simpósio de fim de semana, em virtude das agendas sobrecarregadas dos participantes. Os cursos têm como cenário um hotel ou *resort* e é estruturado em torno de refeições e palestras de PowerPoint. Em outras palavras, estratégias como a prática de recuperar informações, a prática espaçada e a prática intercalada não têm vez. Só com muita sorte os participantes conseguem reter boa parte do que aprendem.

Se você se faz parte desse cenário, pode considerar o uso de algumas táticas. Primeiro: obtenha uma cópia do conteúdo da apresentação e utilize-a para fazer um autoteste, de modo muito semelhante ao que Nathaniel Fuller utiliza para se autotestar sobre a estrutura da peça e suas falas, representando um personagem complexo. Segundo: programe o envio de *e-mails* de acompanhamento a sua caixa de entrada com frequência mensal ou similar, com perguntas que lhe exijam recuperar o aprendizado essencial que você obteve no seminário. Terceiro: entre em contato com sua associação profissional e sugira que seja realizada uma reformulação na abordagem das formações contínuas, para que elas se enquadrem nas linhas descritas neste livro.

O efeito do teste constitui a base de uma nova plataforma de formação comercial chamada Qstream, que ajuda os instrutores a enviar aos alunos testes periódicos por meio de seus *smartphones* e celulares, para reforçar a aprendizagem com a prática de recuperação espaçada. Da mesma forma, uma plataforma emergente, chamada de Osmosis, usa *software* com base na *web* e em dispositivos móveis para fornecer aos alunos acesso a milhares de perguntas e explicações em *crowdsourcing*, ou colaboração coletiva. A Osmosis combina o efeito do teste, o espaçamento e as redes sociais para facilitar o que seus desenvolvedores chamam de "aprendizagem social autodirigida pelos alunos". A Qstream (qstream.com) e a Osmosis (osmose-it.com) sugerem possibilidades interessantes para remodelar a formação continuada para profissionais. Diversas outras empresas estão desenvolvendo programas semelhantes.

Kathy Maixner, *coach* empresarial

O Grupo Maixner é uma empresa de consultoria com sede em Portland, Oregon, que ajuda as empresas a identificar estratégias de crescimento e a melhorar suas táticas de vendas. Caiu na rede, é peixe! Kathy Maixner trabalha com pequenas, médias e grandes empresas. Um peixe grande acrescentou US$ 21 milhões em sua receita anual seguindo os aconselhamentos de Maixner. Um dos pequenos, a Inner Gate Acupuncture (ver perfil adiante neste capítulo), aprendeu como estabelecer uma sólida base de gestão de negócios em uma clínica de acupuntura cujo crescimento estava desafiando seus sistemas de controle.

Estamos interessados em Maixner, pois as técnicas de *coaching* que ela desenvolveu ao longo da carreira se alinham perfeitamente com os princípios de aprendizagem descritos neste livro. Em suma, Maixner julga que o papel dela é ajudar o cliente a investigar o passado em busca dos sintomas de um problema até descobrir suas causas e, em seguida, gerar soluções possíveis e explicitar as implicações de diferentes estratégias antes de adotá-las.

Maixner nos contou: se você entrega a solução às pessoas, elas não precisam explorar como você chegou àquela solução. Se elas próprias geram a solução, daí são elas que estão percorrendo aquela estrada. Devemos tomar este ou aquele caminho? Debatemos as opções.[11]

Os anos de experiência de Maixner trabalhando com clientes em muitos campos diferentes lhe ajudam a antever os perigos. Em geral, ela usa a dramatização (ou psicodrama) para simular problemas, induzindo seus clientes a gerar soluções, experimentá-las, obter *feedback* e implementar o que funciona. Em outras palavras, ela introduz as dificuldades que tornam o aprendizado mais robusto, refletindo com mais precisão o que o cliente vai encontrar no mercado.

Farmers Insurance

O treinamento de vendas corporativo pode ser complicado. Normalmente, tem a ver com a cultura, as convicções e o comportamento da empresa, e com aprender a promover e proteger a marca. Também envolve técnica, ou seja, aprender as características e as vantagens dos produtos. E é em parte estratégico: aprender sobre o mercado-alvo e como gerar prospecções e fazer vendas. Na Farmers Insurance, cuja principal força de vendas é uma equipe de cerca de 14 mil corretores de seguros independentes, o treinamento também deve equipar os representantes das suas empresas a se tornarem bem-sucedidos como empreendedores, construindo e administrando sua própria agência.

A Farmers vende apólices de seguros de imóveis e acidentes pessoais, além de produtos de mercado financeiro, como pensões e fundos mútuos que totalizam cerca de US$ 20 bilhões por ano. Descrever a abrangência total do treinamento da Farmers poderia preencher muitos livros, mas vamos nos concentrar no modo que a seguradora introduz novos corretores de seguros no mercado, treinando-os em quatro áreas: vendas, *marketing*, planejamento de negócios e defesa da marca. A formação de novos corretores de seguros para a empresa é um excelente exemplo de intercalar a aprendizagem e praticar tópicos diferentes, mas relacionados, de modo que cada tópico acrescente significado ao outro, ampliando e aprofundando as competências.

A cada ano, a empresa recruta mais de 2 mil novos corretores. Muitos saem de empregos tradicionais em outros lugares, atraídos pelos atrativos de administrar seu próprio negócio e pela oportunidade de representar uma linha de produtos bem estabelecida. Os corretores recém-contratados chegam a um dos dois *campi* de treinamento para um programa intensivo de uma semana com exercícios de aprendizagem que lembram uma escada em espiral, cada degrau sendo mais sofisticado que o outro. No início, os participantes recebem uma pilha de revistas, tesouras e canetas marca-texto para ilustrar, em um cartaz, o que, na visão deles, envolverá ser um corretor da Farmers bem-sucedido, após cinco anos na estrada. Para alguns, o pôster mostra palacetes e carros do ano. Para outros, filhos sendo enviados para a faculdade e pais na maturidade sendo cuidados. A questão é simples: se sua definição de sucesso exige, digamos, $250 mil por ano em receitas e 2.500 apólices em vigor, ajudamos você a ir andando para trás no tempo, definindo os índices onde você precisa estar daqui a quatro anos, três anos e até três meses a partir de agora. A imagem do cartaz mostra suas metas, os índices são o mapa da estrada, e as habilidades que forem aprendidas ao longo dos próximos dias e meses são as ferramentas que lhe permitirão empreender a jornada.

A partir desse ponto, a semana não é mais de ensino de cima para baixo (não há nenhuma palestra tipo PowerPoint ou coisa parecida), mas sim de aprender de baixo para cima, como na pergunta: "Que conhecimentos e habilidades eu preciso para alcançar sucesso?".

A aprendizagem se desenvolve por meio de uma série de exercícios que percorrem os principais tópicos de vendas, *marketing*, planejamento de negócios e defesa dos valores da empresa e suas marcas – sempre retornando a cada item, exigindo que os participantes se lembrem do que aprenderam antes e o apliquem a um contexto novo, mais amplo.

Por exemplo, logo que os participantes chegam, eles são designados a um grupo vermelho, azul ou verde. O grupo vermelho é instruído a *conhecer* as pessoas na sala. O grupo azul é instruído a *aprender três coisas* sobre alguém na sala. O grupo verde é instruído a indagar a outro membro da turma sobre a *família* dele ou dela, *ocupação* prévia, formas prediletas de *recreação* e o que a pessoa *mais gosta*. Quando a turma volta a se reunir, compartilha o que aprendeu sobre os outros e logo fica claro que o grupo verde, que seguiu uma estrutura para falar com os outros, coletou uma quantidade de informações bem maior do que seus pares.

No decorrer do fim de semana, falando sobre vendas, surge a pergunta: existe uma maneira eficaz de coletar informações sobre um cliente em potencial? Alguém se recorda do exercício inicial de entabular o primeiro contato, que se revelou tão frutífero: perguntar sobre família, ocupação, recreação e o que gostam de fazer. Esse quebra-gelo se transforma em uma ferramenta útil para conhecer um cliente em potencial, na forma de um acrônimo: FORE (*Family, Occupation, Recreation and Enjoyment*).

Durante a semana, os quatro tópicos principais de treinamento são mencionados repetidamente, uma mensagem é transmitida, e os exercícios mudam para outras perguntas associadas. Em uma sessão, os participantes fazem um *brainstorm* sobre quais tipos de estratégias de *marketing* e de desenvolvimento podem gerar o fluxo de clientes potenciais que eles precisam para atender as metas de vendas. Um sistema de *marketing* e vendas eficiente tem uma estrutura chamada de 5-4-3-2-1. Cinco novas iniciativas de *marketing* empresarial a cada mês, quatro estratégias de *cross-marketing* e quatro programas de manutenção do cliente em vigor, três encontros agendados por dia, dois encontros efetivos (é comum que clientes em potencial precisem reagendar), um novo cliente adquirindo, em média, duas apólices por venda. Em 22 dias úteis por mês, isso equivale a 500 novas apólices por ano, totalizando 2.500 no horizonte de cinco anos, o que constava da visão inicial do corretor de seguros.

A prática é crucial como estratégia de aprendizagem. Por exemplo, eles praticam como responder a um cliente em potencial. Aprendem a vender na prática: tentando vender os produtos da empresa, e é assim que aprendem também sobre os produtos que estão vendendo –, e não sentados diante de *slides* de PowerPoint contemplando extensas listas de características dos produtos. Você é o corretor de seguros, eu sou o cliente. Depois trocamos de papel.

Entremeados com esses exercícios estão outros que ajudam os novos corretores de seguros a aprender sobre a história da empresa, os princípios que ela defende e o valor de seus produtos na vida das pessoas, por exemplo, por meio de histórias de como a empresa ajudou as pessoas a se recuperarem de catástrofes como o furacão Katrina.

Considerando a ênfase em *marketing* e os recursos limitados que os novos corretores de seguros têm para investir, como um corretor vai determinar quais estratégias terão retorno? Surge a questão: qual seria um retorno razoável a ser esperado com uma campanha de mala direta? Os corretores de seguros meditam sobre o assunto e arriscam palpites. Normalmente, alguns corretores terão tido uma experiência de *marketing* via mala direta e oferecem a resposta realista: os retornos estão mais próximos de 1% do que dos 50% que muitos tinham imaginado.

A propósito, como eles descobrem as necessidades de clientes em potencial que os produtos da empresa podem satisfazer? Retornam ao útil acrônimo FORE. Assim, o hábito de perguntar sobre família, ocupação, recreação e o que traz prazer se torna algo ainda mais poderoso do que as regras para começar a conhecer alguém. Fornece uma perspectiva sobre quatro dos campos mais importantes da vida de um cliente em potencial, justamente nos campos em que os produtos de seguros e financeiros podem ajudar essa pessoa a proteger seu patrimônio e a alcançar seus objetivos financeiros. Cada vez que se retorna ao tema, a compreensão se aprofunda, e novas habilidades se moldam.

Dessa forma, por meio de geração, prática espaçada e intercalação do currículo essencial, sempre de olho na visão de cinco anos e no mapa da estrada, os novos corretores de seguros aprendem o que (e como) precisam fazer para prosperar como parte da família da Farmers Insurance.

Jiffy Lube

Se você duvida que inovações no treinamento possam surgir de uma oficina de manutenção local, a Jiffy Lube pode surpreendê-lo. Um conjunto integrado de programas educacionais com o apropriado nome de "Jiffy Lube University" está ajudando os franqueados da empresa a aumentar a clientela, reduzir a rotatividade de funcionários, ampliar a oferta de serviços e impulsionar as vendas.

A Jiffy Lube é uma rede com mais de dois mil centros de serviços nos Estados Unidos e no Canadá, que fornecem mudanças de óleo, rotação de pneus e outros serviços automotivos. Embora a empresa seja uma subsidiária da Shell Oil Company, cada unidade pertence a (e é operada por) um franqueado independente, que contrata seus próprios funcionários para atender aos clientes.

O negócio de troca de óleo expressa, como a maioria dos outros, teve de se adaptar às mudanças no mercado e aos avanços na tecnologia. Lubrificantes sintéticos tornaram as mudanças de óleo menos frequentes, e, à medida que os carros foram se tornando mais sofisticados, os funcionários da oficina precisam de níveis mais elevados de treinamento para compreender os códigos de diagnóstico do computador de bordo e prestar os serviços adequados.

Nenhum funcionário pode trabalhar no carro de um cliente até que ele receba um certificado de proficiência. Para isso, os candidatos ingressam na Jiffy Lube University, uma plataforma de aprendizagem com base na *web*. A certificação começa com *e-learning* interativo, envolvendo testes e *feedback* frequentes, a fim de aprender as implicações de cada tarefa específica e como ela deve ser executada. Quando os funcionários alcançam 80% ou mais de aproveitamento em uma prova, estão aptos a começar o treinamento prático, exercitando as novas habilidades com o auxílio de um guia escrito que decompõe cada atividade de serviço em suas etapas. Algumas tarefas podem ter até 30 etapas e são executadas como parte de uma equipe, geralmente envolvendo perguntas e respostas (p. ex., entre um técnico trabalhando do lado de cima do motor e outro embaixo). Um supervisor acompanha e avalia o desempenho do funcionário em cada etapa. Quando o técnico passa a revelar o domínio das tarefas, a certificação é registrada no arquivo permanente dele e assinada pelo supervisor. Os técnicos devem renovar seus certificados a cada dois anos, para atualizarem seus conhecimentos e se adaptarem às mudanças operacionais e técnicas. Tarefas voltadas para serviços mais complexos, como conserto de freios ou execução de diagnóstico do motor, são treinadas da mesma maneira.

O *e-learning* e o treinamento prático em serviço são estratégias ativas de aprendizagem que incorporam várias formas de testes, *feedback* e prática espaçada e intercalada. Todo o progresso é mostrado via computador em um "painel de controle" virtual, que fornece um plano de aprendizagem individualizado, permitindo ao funcionário acompanhar seu próprio desempenho, concentrar-se nas habilidades que precisam ser melhoradas e monitorar seu progresso em relação ao cronograma de conclusão da empresa. Os funcionários da Jiffy Lube normalmente estão em seu primeiro emprego formal e têm de 18 a 25 anos. À medida que o técnico obtém certificação em uma tarefa, ele ou o treinamento em outra, até ser treinado em todas as funções da oficina, inclusive a gerência.

Ken Barber, gerente de aprendizagem e desenvolvimento da Jiffy Lube International, afirma que o treinamento tem de ser envolvente para manter a atenção dos funcionários. Quando conversamos, Barber dava os retoques finais em um jogo de simulação com base em computador para gerentes da empresa. Chama-se "Um Dia na Vida de um Gerente de Loja".[*] O gerente do centro de serviço enfrenta vários desafios e precisa escolher dentre um leque de possíveis estratégias para resolvê-los. As escolhas do gerente determinam como o jogo se desenrola, fornecendo *feedback*, a oportunidade de alcançar melhores resultados e aguçando a capacidade de tomar decisões.

Em seis anos de atividades, a Jiffy Lube University recebeu muitos elogios dos profissionais de treinamento e obteve credenciamento pelo Conselho Americano de Educação. Os funcionários que evoluem no treinamento e obtêm certificações em todas as tarefas podem se inscrever em uma instituição de ensino superior, já com um crédito de nível universitário de sete horas. Desde o início do programa, a rotatividade de funcionários caiu e a satisfação da clientela aumentou.

---

[*] N. de T.: Referência à canção dos Beatles, *A Day in the Life*.

"Para a maioria dos funcionários de um franqueado Jiffy Lube, essa é uma maneira de entrar no mercado de trabalho, e o currículo de treinamento os ajuda a continuar a crescer e a expandir seus conhecimentos", comenta Barber. "Isso os ajuda a encontrar o caminho para o sucesso."[12]

Andersen Windows and Doors

Na Andersen Windows and Doors, uma cultura de melhoria contínua vira a aprendizagem de cabeça para baixo: os trabalhadores do chão de fábrica ensinam os gestores a tornar a fábrica mais eficiente.

Esta história é um pouco diferente das outras neste capítulo em dois aspectos. Em parte tem a ver com criar uma cultura de aprendizagem no local de trabalho, e também com capacitar os funcionários a usar o que eles aprendem para transformar o local de trabalho. Ao encorajar os funcionários a identificar problemas no trabalho e propor melhorias, a empresa está apoiando uma das mais poderosas técnicas de aprendizagem que discutimos: esforçar-se para resolver um problema.

Vamos focalizar a divisão da empresa chamada de Renewal by Andersen, que produz janelas de reposição de todos os tipos e tamanhos: janelas de guilhotina dupla, janelas de batente, janelas deslizantes, janelas panorâmicas e janelas especiais em formatos não tradicionais.

Na fábrica da Renewal by Andersen, em Cottage Grove, Minnesota, a linha de produção de janelas de guilhotina dupla emprega 36 pessoas durante um turno de oito horas dividido em três células de trabalho, uma para a fabricação do caixilho, outra para a fabricação do marco e uma para a montagem final. Cada célula tem quatro estações de trabalho e é liderada por um chefe de equipe responsável por itens como segurança, qualidade, custo e entrega no âmbito daquela célula. Os trabalhadores trocam de função a cada duas horas, para minimizar lesões de esforço repetitivo e ampliar o treinamento cruzado. Como acontece ao intercalarmos a prática de dois ou mais tópicos diferentes, mas relacionados, a frequente troca entre tarefas constrói uma compreensão do processo integrado pelo qual unidade é responsável, capacitando os funcionários a responder com mais repertório a eventos inesperados que porventura apareçam.

Provavelmente, você não vai se surpreender ao ficar sabendo que cada tarefa é executada de acordo com uma norma escrita, que descreve cada passo e o caminho a ser tomado. A norma escrita é essencial para a uniformidade e a qualidade do produto. Sem ela, afirma o gerente de fábrica Rick Wynveen, quatro pessoas diferentes irão executar o trabalho de quatro maneiras diferentes e produzir quatro diferentes versões do produto.

Quando um novo funcionário é contratado, ele é treinado de acordo com uma sequência instrucional de prática e *feedback* que Wynveen chama de "falar – mostrar – fazer – revisar". O novo colaborador faz dupla com um colaborador experiente, a prática é feita durante o trabalho, e o *feedback* alinha a aprendizagem e o desempenho em conformidade com a norma escrita.

Como os colaboradores treinam os gerentes? Quando algum deles tem uma ideia para melhorar a produtividade e a gerência a endossa, por exemplo, remodelar a chegada das peças à estação de trabalho para facilitar a operação e acelerar a montagem, o colaborador que deu a ideia tira uma licença de sua função para ajudar a implementar a nova norma. "As ideias de todos são valorizadas", conta Wynveen. "Não importa se você é engenheiro, técnico de manutenção ou operador da linha de produção."[13] Da mesma forma, quando uma das equipes da linha de produção não consegue alcançar suas metas, os próprios operadores são convidados a identificar o problema e redesenhar o processo de produção para resolvê-lo.

O papel instrucional dos operadores é ilustrado mais drasticamente no que Wynveen chama de "evento Kaizen", um termo japonês para melhoramento. Como se sabe, foi central para o sucesso da Toyota Motor Company e tem sido adotado por muitas outras empresas para ajudar a criar uma cultura de melhoria contínua.

Quando Wynveen quis efetivar um aumento significativo na produtividade da linha de janelas de guilhotina dupla, ele recrutou uma equipe de projetos para participar de um evento Kaizen. O grupo consistia em um engenheiro, um técnico de manutenção, um líder de equipe da linha de produção e cinco operadores da própria linha de produção. Eles receberam as metas elásticas* de reduzir, em 40%, a exigência de espaço da linha e dobrar a produção. (Metas elásticas são aquelas que não podem ser alcançadas por meio de melhorias incrementais, mas exigem uma reestruturação significativa dos métodos.) A equipe se reuniu em uma sala de conferências, oito horas por dia, durante uma semana, para ensinar, uns aos outros, os elementos, capacidades e restrições do processo de produção e se perguntar sobre como fazer o trabalho melhor e em menos espaço. Na semana seguinte, a equipe voltou a Wynveen dizendo "Eis o que pensamos que podemos fazer".

Wynveen levou o plano deles a cada uma das 12 estações de trabalho na linha de montagem, com uma pergunta simples: quais são as mudanças necessárias para fazer esse plano funcionar? Os trabalhadores da produção e seus líderes de equipe pensaram juntos e remodelaram os componentes para adequá-los ao novo plano. A linha foi desmontada e reconstruída em duas

---

* N. de T.: Em inglês, *stretch goals*, ou seja, metas ambiciosas e desafiadoras que nos forçam a sair da zona de conforto e a repensar o trabalho.

metades, durante dois fins de semana, reiniciada e aperfeiçoada ao longo dos meses seguintes, processo que gerou 200 melhorias adicionais sugeridas pelos operadores da linha de produção: um processo de aprendizagem envolvendo teste, *feedback* e correção.

O resultado? Após cinco meses, a fábrica alcançou as metas elásticas de Wynveen e cortou os custos pela metade. Na fase de conversão e transição, as equipes de produção nunca atrasaram uma remessa e nunca tiveram um problema de qualidade. O princípio do envolvimento – buscar ativamente as ideias dos funcionários de todos os níveis da fábrica – é crucial para a cultura de melhoramento contínuo da Andersen. "O envolvimento é um estilo de gestão. Tem a ver com a confiança, com a disposição para de discutir os assuntos", explica Wynveen. Os funcionários da produção aprenderam a aprimorar o *design* à medida que trabalhavam, e a empresa ofereceu uma forma pela qual as sugestões podem ser ouvidas e de os funcionários participarem de sua execução.

Uma cultura de aprendizagem põe a responsabilidade pelo conhecimento nos funcionários e os empodera a mudar o sistema. Problemas tornam-se informações em vez de falhas. E aprender por meio de resolver os problemas (geração) e de ensinar os outros (elaboração) torna-se a força motriz para o contínuo aprimoramento do desempenho pelos indivíduos e pela linha de produção que eles compõem.

Inner Gate Acupuncture

Existem ocasiões em que coordenar o ensino e a aprendizagem pode mudar a trajetória de uma vida inteira. Analise o caso de Erik Isaacman, de trinta e poucos anos, casado, pai de dois filhos e praticante apaixonado pela medicina tradicional chinesa: acupuntura, massagem e fitoterapia. Vamos concluir este capítulo com a história de uma reviravolta na incipiente clínica de Erik, o centro de acupuntura Inner Gate, em Portland, Oregon. É a história de uma clínica que tinha sucesso em sua missão terapêutica, mas tropeçava na parte empresarial.

Erik e seu parceiro de negócios, Oliver Leonetti, abriram a Inner Gate em 2005, após concluírem uma pós-graduação em medicina chinesa tradicional. Por meio de *networking* e *marketing* criativo, começaram a cultivar um bom fluxo de clientes, já que Portland é um território fértil para terapias alternativas. O negócio cresceu, bem como as despesas: alugaram um espaço maior, contrataram uma secretária para fazer os agendamentos e gerenciar o escritório, trouxeram um terceiro profissional de saúde e contrataram um auxiliar de escritório. "Crescíamos entre 35 a 50% a cada ano", recorda-se Erik em nosso bate-papo: O crescimento mascarava muita coisa que estava faltando: não tínhamos sistemas funcionais para gerenciar os custos. Não tínhamos metas claras nem uma hierarquia de gestão. Rapidamente foi ficando claro que não sabíamos como gerir um negócio.[14]

Uma das pacientes de Erik é a *coach* empresarial Kathy Maixner, de Oregon que se ofereceu para ajudar. "O crescimento não gerenciado é assustador", explicou-nos ela. "Você dá um pulo à frente, e então tropeça." Ela fez uma série de perguntas que rapidamente focalizou o pensamento de Erik e de Oliver sobre as lacunas críticas em seus sistemas. Os três então estabeleceram um cronograma de sessões de *coaching* frequentes. Entre uma seção e outra, Erik e Oliver desenvolviam os elementos da infraestrutura que faltavam: manual de operação, descrições das funções, objetivos financeiros, parâmetros para medir o desempenho dos membros do corpo clínico.

Cada empresa serve a dois mestres: à clientela e ao resultado final. "Nosso pessoal médico precisa saber mais coisas além de praticar a tradicional medicina chinesa", observou Erik, enquanto refletia na curva de aprendizagem dele e de Oliver.

> Eles precisam entender como transformar um novo paciente em um relacionamento permanente e como ajudar o paciente a entender sua cobertura de seguro. Satisfazer nossos clientes é nossa maior prioridade. Mas temos contas a pagar, também.

Maixner usou geração, reflexão, elaboração e ensaio em suas sessões de *coaching*, fazendo perguntas que revelavam lacunas no pensamento ou que convidavam os parceiros a fortalecer sua compreensão sobre o comportamento e as ferramentas que precisavam adotar a fim de serem gerentes eficazes, que delegam e empoderam seus colaboradores.

Eles desenvolveram um sistema para rastrear os índices da clínica, como o número de visitas de cada paciente, taxas de evasão de pacientes e fontes de referência. Aprenderam a garantir que fossem ressarcidos apropriadamente pelas empresas de seguros, elevando o valor dos reembolsos que mal chegavam a 30 centavos de dólar. Elaboraram um protocolo ou instruções uniformes para os clínicos seguirem ao receber um novo paciente. Simulavam conversas, com funcionários no papel dos clientes.

A disposição de Erik em se tornar *coach* e professor efetivo de seus colegas de trabalho foi fundamental para recuperar a saúde financeira da clínica. "Não estamos deixando o processo apenas por conta da intuição", frisou ele. Por exemplo, o novo protocolo para os clínicos seguirem na sessão inicial dos pacientes ajuda a esclarecer o que trouxe o paciente à clínica, as terapias que podem ser úteis, como descrever essas terapias em uma terminologia que o paciente seja capaz de entender, como discutir as tarifas e as opções de reembolso de seguro e como recomendar um plano de tratamento.

Se você é o médico, vamos representar papéis: agora você é o paciente, e eu sou o médico. Formulamos perguntas, objeções, e praticamos como responder e chegar a um denominador comum, para o paciente e para a clínica. Depois trocamos de papéis. Gravamos a representação de papéis, e escutamos a diferenças: como você respondeu ao paciente, e como eu respondi.

Em outras palavras, aprendizagem por meio de simulação, geração, testes, *feedback* e prática.

No momento em que escrevemos este texto, a Inner Gate está em seu 8º ano, oferecendo serviços de quatro médicos, com o apoio de três pessoas no setor de administração, uma delas em meio turno. Um quinto médico está prestes a ser contratado, e os sócios estão pensando em abrir uma filial. Dedicando-se a serem aprendizes, assim como professores, Erik e Oliver transformaram sua paixão em um sólido empreendimento e em uma conceituada clínica de acupuntura em Portland.

*

Ao longo desta obra, falamos sobre aprendizado, não sobre educação. A responsabilidade pelo aprendizado recai em cada indivíduo, enquanto a responsabilidade pela educação (e o treinamento, também) recai nas instituições da sociedade. A educação abarca uma vastidão de perguntas difíceis. Estamos ensinando as coisas certas? Conseguimos alcançar as crianças com suficiente precocidade? Como medimos os resultados? Nossos jovens estão hipotecando seu futuro para pagar por um diploma universitário?

Essas questões são urgentes, e temos de enfrentá-las. Mas enquanto fazemos isso, as técnicas para uma aprendizagem de alta eficácia que estão descritas neste livro podem ser colocadas em prática imediatamente, em todos os lugares em que alunos, professores e instrutores estiverem atuando. Elas não têm custo algum, não exigem nenhuma reforma estrutural, e os benefícios que prometem são reais e duradouros.

NOTAS

1. A aprendizagem é mal compreendida

1. O termo modelo mental foi utilizado pela primeira vez para se referir a complexas representações conceituais, como compreender o funcionamento de uma rede elétrica ou de um motor de automóvel. Aqui, ampliamos esse uso para as habilidades motoras, em referência ao que, às vezes, são chamados de esquemas motores.
2. Os dados sobre estratégias de estudo dos alunos vêm de um levantamento realizado por: KARPICKE, J. D.; BUTLER, A. C.; ROEDIGER, H. L. Metacognitive strategies in student learning: do students practice retrieval when they study on their own? *Memory*, v. 17, n. 4, p. 471-479, 2009.
3. BROWN, M. *Entrevista com Matt Brown*. Entrevistador: Peter Brown. Hastings: [s.n.], 28 mar. 2011. Todas as citações de Matt Brown são dessa entrevista.
4. Encontre esses conselhos *on-line* em: GEORGE MASON UNIVERSITY. *Counseling and Psychological Services*. 2013. Disponível em: <http://caps.gmu.edu/educationalprograms/pamphlets/StudyStrategies.pdf>. Acesso em: 01 nov. 2013.
5. Encontre esses conselhos *on-line* em: DARTMOTH. *Academic Skills Center*. 2013. Disponível em: <www.dartmouth.edu/~acskills/docs/study_actively.doc>. Acesso em: 01 nov. 2013.
6. O aconselhamento de estudo citado no *St. Louis Post-Dispatch* é distribuído pelo programa Newspaper in Education e pode ser encontrado *on-line* em: "Testing 1, 2, 3! How to Study and Take Tests", p. 14, 2013. Disponível em: <http://nieonline.com/includes/hottopics/Testing%20Testing 20123.pdf>. Acesso em: 2 nov. 2013.
7. Os estudos que mostram a futilidade da mera repetição em recordar os detalhes da aparência da moeda de um centavo ou de onde o extintor de incêndio está localizado em um prédio estão em: NICKERSON, R. S.; ADAMS, M. J. Long term

memory of a common object. *Cognitive Psychology*, v. 11, n. 3, p. 287-307, 1979, e CASTEL, A. D.; VENDETTI, M. M.; HOLYOAK, K. J. Inattentional blindness and the location of fire extinguishers. *Attention, Perception and Performance*, v. 74, n. 7, p. 1391-1396, 2012.
8. O experimento mencionado por Tulving foi relatado em: TULVING, E. Subjective organization and the effects of repetition in multi-trial free recall learning. *Journal of Verbal Learning and Verbal Behavior*, v. 5, n. 2, p. 193-197, 1966.
9. O experimento sobre como reler não produz muitos benefícios na retenção posterior é de CALLENDER, A. A.; MC-DANIEL, M. A. The limited benefits of rereading educational texts. *Contemporary Educational Psychology*, v. 34, n. 1, p. 30-41, 2009.
10. A pesquisa que mostra que os alunos preferem reler como estratégia de estudo é de KARPICKE et al. Metacognitive strategies. Os dados também foram extraídos de MCCABE, J. Metacognitive awareness of learning strategies in undergraduates. *Memory & Cognition*, v. 39, n. 3, p. 462-476, 2010.
11. As ilusões de que já sabemos serão um tema ao longo deste livro. Uma referência geral é a obra de GILOVICH, T. *How we know what isn't so*: the fallibility of human reason in everyday life. New York: Free Press, 1991.
12. STERNBERG, R. J.; GRIGORENKO, E. L.; ZHANG, L. Styles of learning and thinking matter in instruction and assessment. *Perspectives on Psychological Science*, v. 3, n. 2, p. 486-506, 2008.
13. O projeto na Columbia Middle School é relatado em MCDANIEL, M. A. et al. Test-enhanced learning in a middle school science classroom: The effects of quiz frequency and placement. *Journal of Educational Psychology*, v. 103, n. 2, p. 399-414, 2011.
14. O conceito de fazer testes como ferramenta de aprendizagem é descrito em detalhes no Capítulo 2. Uma referência geral sobre o material neste capítulo (e outras aplicações educacionais da psicologia cognitiva na educação) é o texto de MCDANIEL, M. A.; CALLENDER, A. A. Cognition, memory, and education, em ROEDIGER, H. L. *Cognitive psychology of memory* de *Learning and memory*: a comprehensive reference. Oxford: Elsevier, 2008. p. 819-844. (v. 2)

2. Para aprender, recupere as informações

1. EBERSOLD, M. *Entrevista com Michael Ebersold*. Entrevistador: Peter Brown. Wabasha: [s.n], 31 dez. 2011. Todas as citações da Ebersold são dessa entrevista.
2. Os primeiros trabalhos sobre curvas de esquecimento foram publicados por Hermann Ebbinghaus em 1885, no livro que, em 1913, foi traduzido para o inglês como *On Memory*. A versão mais recente é de EBBINGHAUS, H. *Memory*: a contribution to experimental psychology. New York: Dover, 1964. Ebbinghaus é muitas vezes considerado o "pai" do estudo científico sobre a memória.
3. As citações de Aristóteles e Bacon são extraídas de ROEDIGER, H. L.; KARPICKE, J. D. The power of testing memory: basic research and implications for educational practice. *Perspectives on Psychological Science*, v. 1, n. 3, p.181-210, 2006.

4. CAREY, B. Forget what you know about good study habits. *The New York Times*, 7 sep., 2010. O estudo relatado nesse artigo era de ROEDIGER, H. L.; KARPICKE, J. D. Test-enhanced learning: taking memory tests improves long-term retention. *Psychological Science*, v. 17, n. 3, p. 249-255, 2006.
5. GATES, A. I. *Recitation as a factor in memorizing*. New York: Columbia University, 1917 e SPITZER, H. F. Studies in retention. *Journal of Educational Psychology*, v. 30, n. 9, p. 641-656, 1939. Esses dois estudos em grande escala com crianças dos anos iniciais e finais do ensino fundamental estiveram entre os primeiros a documentar que fazer um teste ou recitar conteúdo aparecendo em textos didáticos melhorava a retenção desse conteúdo.
6. A pesquisa envolvendo testes repetidos *versus* estudos repetidos era: TULVING, E. The effects of presentation and recall of material in free-recall learning. *Journal of Verbal Learning and Verbal Behavior*, v. 6, p. 175-184, 1967. O estudo envolvendo as quantidades de esquecimento sendo reduzidas por meio dos testes é: WHEELER, M. A.; ROEDIGER, H. L. Disparate effects of repeated testing: Reconciling Ballard's (1913) and Bartlett's (1932) results. *Psychological Science*, v. 3, n. 4, p. 240-245, 1992.
7. Os efeitos positivos da geração aparecem em: JACOBY, L. L. On interpreting the effects of repetition: Solving a problem versus remembering a solution. *Journal of Verbal Learning and Verbal Behavior*, v. 17, p. 649-667, 1978. Esse experimento de laboratório demonstrou que a geração de informações-alvo não precisa ser excepcionalmente desafiadora para que a geração produza melhor retenção em comparação com revisar as informações a serem aprendidas.
8. Dois documentos descrevendo a pesquisa na Columbia Middle School são: ROEDIGER, H. L. et al. Test-enhanced learning in the classroom: Long-term improvements from quizzing. *Journal of Experimental Psychology: Applied* 17, n. 4, p. 382-395, 2011 e MCDANIEL, M. A. et al. Test-enhanced learning in a middle school science classroom: The effects of quiz frequency and placement. *Journal of Educational Psychology*, v. 103, n. 2, p. 399-414, 2011. Esses artigos foram os primeiros a relatar experiências bem controladas sobre os benefícios de aplicar testes para o desempenho de alunos, dos anos finais do ensino fundamental, nas provas em sala de aula nas disciplinas de estudos sociais e ciências. Os resultados demonstraram que os testes produziram uma melhora significativa em comparação com a revisão orientada e sem testes de conceitos-alvo nas provas das unidades e nas provas cumulativas semestrais e de fim de ano. Além disso, em alguns casos, um único e bem colocado teste de revisão produziu benefícios sobre as provas que se revelaram tão robustos quanto vários testes repetidos. Consulte uma visão interessante desse projeto, com depoimentos de um dos principais pesquisadores, da primeira professora e do primeiro diretor envolvidos, em: AGARWAL, P. K.; BAIN, P. M.; CHAMBERLAIN, R. W. The value of applied research: Retrieval practice improves classroom learning and recommendations from a teacher, a principal, and a scientist. *Educational Psychology Review*, v. 24, p. 437-448, 2012.
9. CHAMBERLAIN, R. *Entrevista com Roger Chamberlain*. Entrevistador: Peter Brown. Illinois: Columbia Middle School, 27 out. 2011. Todas as citações de Chamberlain são dessa entrevista.

10. SOBEL, A. *Entrevista com Andrew Sobel*. Entrevistador: Peter Brown. Saint Louis: [s.n.], 22 dez. 2011. Todas as citações da Sobel são dessa entrevista.
11. Os experimentos descritos aqui são de: ROEDIGER, H. L.; KARPICKE, J. D. Test-enhanced learning: Taking memory tests improves long-term retention. *Psychological Science*, v. 17, n. 3, p. 249-255, 2006. Esses experimentos mostram que a recordação de trechos em prosa produziu melhor retenção em dois dias e em uma semana do que o reestudo dos trechos. Consulte um estudo mais antigo, com o mesmo resultado, usando listas de palavras, em: THOMPSON, C. P.; WENGER, S. K.; BARTLING, C. A. How recall facilitates subsequent recall: a reappraisal. *Journal of Experimental Psychology: Human Learning and Memory*, v. 4, p. 210-221, 1978. Esse experimento mostrou que o estudo intensivo foi melhor do que a prática de recuperar informações em um teste imediato, mas não em um teste postergado, alguns dias depois.
12. Existem muitos estudos sobre os efeitos do *feedback*. Um deles é: BUTLER, A. C.; ROEDIGER, H. L. Feedback enhances the positive effects and reduces the negative effects of multiple-choice testing. *Memory & Cognition*, v. 36, n. 3, p. 604-616, 2008. As experiências mostram que o *feedback* sozinho fortalece os efeitos dos testes, e que ele pode ser mais benéfico quando for ligeiramente postergado. Os autores também mostraram que o *feedback* aumenta os efeitos positivos e reduz os efeitos negativos dos testes de múltipla escolha. Para habilidades motoras, uma referência clássica é: SALMONI, A. W.; SCHMIDT, R. A.; WALTER, C. B. Knowledge of results and motor learning: A review and critical reappraisal. *Psychological Bulletin*, v. 95, n. 3, p. 355-386, 1984. Os autores propuseram a hipótese de orientação dos efeitos do *feedback* na aprendizagem motora: *feedback* imediato e frequente pode ser prejudicial à aprendizagem de longo prazo – mesmo ajudando o desempenho imediato – porque ele fornece uma muleta durante a prática, o que já não está presente em um teste postergado.
13. O estudo sobre prova com consulta de material é de: AGARWAL, P. K. et al. Examining the testing effect with open- and closed-book tests. *Applied Cognitive Psychology*, v. 22, p. 861-876, 2008.
14. Estudos comparando os tipos de testes são: KANG, S. H.; MCDERMOTT, K. B.; ROEDIGER, H. L. Test format and corrective feedback modify the effect of testing on long-term retention. *European Journal of Cognitive Psychology*, v. 19, n. 4/5, p. 528-558, 2007, e MCDANIEL, M. A. et al. Testing the testing effect in the classroom. *European Journal of Cognitive Psychology*, v. 19, 2007, p. 494-513. Esses experimentos paralelos, um realizado em laboratório e o outro em um curso universitário, mostrou que um teste de respostas breves com *feedback* produziu ganhos melhores em testes finais do que um teste de simples reconhecimento com *feedback*. A implicação é a de que o efeito do teste é mais robusto quando mais esforço é necessário para recuperar a informação, como normalmente acontece em questões de respostas breves do que em questões de múltipla escolha. No entanto, alguns estudos demonstraram que testes de múltipla escolha, em especial quando aplicados repetidamente, podem ter efeitos tão positivos em sala de aula quanto os testes de resposta breve; consulte: MCDERMOTT, K. B. et al. Both multiple-choice and short-answer quizzes enhance later exam performance in

middle and high school classes. *Journal of Experimental Psychology*, v. 20, n. 1, p. 3-21, 2014.
15. Esses estudos examinaram o uso dos testes como estratégia de estudo pelos alunos: KARPICKE, J. D.; BUTLER, A. C.; ROEDIGER, H. L. Metacognitive strategies in student learning: do students practice retrieval when they study on their own? *Memory*, v. 17, n. 4, p. 471-479, 2009, e KORNELL, N.; BJORK, R. A. The promise and perils of self regulated study. *Psychonomic Bulletin & Review*, v. 14, n. 2, p. 219-224, 2007. Essas pesquisas relataram os levantamentos sobre o uso, pelos universitários, da prática de recuperar informações como técnica de estudo.
16. Fazer um teste – mesmo quando a pessoa fracassa em recordar corretamente as informações – melhora a aprendizagem a partir de um novo episódio de estudo. Consulte: ARNOLD, K. M.; MCDERMOTT, K. B. Test-potentiated learning: Distinguishing between the direct and indirect effects of tests. *Journal of Experimental Psychology: learning, memory and cognition*, v. 39, n. 3, p. 940-945, 2013.
17. Esse é um estudo sobre testes frequentes de poucas consequências: LEEMING, F. C. The exam-a-day procedure improves performance in psychology classes. *Teaching of Psychology*, v. 29, n. 3, p. 210-212, 2002. O autor constatou que, nas seções em que ele deu aos alunos um breve teste no início de cada aula, os alunos compareceram à aula com mais assiduidade e tiveram a sensação de que estudaram e aprenderam mais do que os alunos em classes com apenas quatro testes ao longo de todo o semestre. O desempenho no teste final para as diferentes seções (com um teste por aula ou sem um teste por aula) confirmou as impressões dos alunos. Outro estudo interessante realizado em sala de aula é: LYLE, K. B.; CRAWFORD, N. A. Retrieving essential material at the end of lectures improves performance on statistics exams, *Teaching of Psychology*, v. 38, n. 2, p. 94-97, 2011.

    Duas revisões de literatura sobre a prática de recuperar informações e fazer testes são publicadas em: ROEDIGER, H. L.; KARPICKE, J. D. The power of testing memory: Basic research and implications for educational practice. *Perspectives on Psychological Science*, v. 1, n. 3, p. 181-210, 2006. Esse artigo representa uma abrangente revisão dos estudos em laboratório e em sala de aula ao longo de quase 100 anos de pesquisas, mostrando que os testes podem ser valiosas ferramentas de aprendizagem. Uma revisão mais recente aponta para muitos benefícios dos testes frequentes, além do benefício direto da prática de recuperar informações: ROEDIGER, H. L.; SMITH, M. A.; PUTNAM, A. L. Ten benefits of testing and their applications to educational practice. In: MESTRE, J.; ROSS, B. H. (Eds.). *Psychology of learning and motivation*. San Diego: Elsevier, 2012. Esse capítulo fornece um resumo do leque de benefícios potenciais do uso de testes como técnica de aprendizagem.

3. A prática espaçada e intercalada

1. O relatório sobre o estudo dos saquinhos de feijão pode ser encontrado em: KERR, R.; BOOTH, B. Specific and varied practice of motor skill, *Perceptual and Motor Skills*, v. 46, n. 2, p. 395-401, 1978.
2. Muitos experimentos bem controlados, conduzidos com uma série de conteúdos e tarefas de treinamento fornecem evidências sólidas de que a prática intensiva (fazer a mesma coisa várias vezes repetidamente, estratégia muitas vezes preferida pelos aprendizes) é inferior às práticas espaçadas e intercaladas, em termos de aprendizagem e retenção. Uma revisão da literatura sobre o efeito do espaçamento na memória pode ser encontrada em: CEPEDA, N. J. et al. Distributed practice in verbal recall tasks: a review and quantitative synthesis. *Psychological Bulletin*, v. 132, n. 3, p.354-380, 2006.
3. O estudo sobre a cirurgia é: MOULTON, C. A. et al. Teaching surgical skills: what kind of practice makes perfect? *Annals of Surgery*, v. 244, n. 3, p. 400-409, 2006. A pesquisa dividiu aleatoriamente residentes cirúrgicos em uma aula intensiva normal, com um dia de extensão, sobre um procedimento cirúrgico, ou em uma aula experimental que espaçava quatro breves períodos de instrução ao longo de várias semanas. Os resultados, mostrando melhor retenção e aplicação das técnicas cirúrgicas após a instrução espaçada, estimularam a faculdade de medicina a reexaminar seu procedimento instrucional padrão do tipo "meter a cara nos livros", isto é, comprimir uma técnica cirúrgica particular em uma única e intensiva sessão.
4. O estudo mostrando o benefício de intercalação em problemas de matemática é: ROHRER, D.; TAYLOR, K. The shuffling of mathematics problems improves learning. *Instructional Science*, v. 35, p. 481-498, 2007. A prática padrão em livros-texto de matemática é agrupar os problemas por tipo. Esse experimento de laboratório demonstrou que essa prática padrão produziu desempenho inferior em uma prova final em que novos problemas de cada tipo foram aplicados, em comparação com um procedimento em que diferentes tipos de problemas eram embaralhados (intercalados).
5. O estudo relacionando as diferenças nas estratégias de práticas com as diferenças na consolidação da memória motora foi feito por: KANTAK, S. S. et al. Neural substrates of motor memory consolidation depend on practice structure. *Nature Neuroscience*, v. 13, n. 8, p. 923-925, 2010.
6. O estudo com anagramas foi realizado por: GOODE, M. K.; GERACI, L.; ROEDIGER, H. L. Superiority of variable to repeated practice in transfer on anagram solution. *Psychonomic Bulletin & Review*, v. 15, n. 3, p. 662-666, 2008. Os pesquisadores deram aos participantes exercícios práticos sobre resolver anagramas para um conjunto de palavras: um grupo recebeu o mesmo anagrama de determinada palavra-alvo em toda a experimentação prática (prática intensiva), enquanto outro grupo recebeu um anagrama diferente para determinada palavra-alvo em cada experimentação prática (prática variada). Surpreendentemente, a prática variada produziu melhor desempenho em um experimento final em que os anagramas foram os mesmos daqueles trabalhados no outro grupo que havia praticado o anagrama testado repetidamente.

7. O estudo sobre a aprendizagem dos estilos dos artistas foi realizado por: KORNELL, K.; BJORK, R. A. Learning concepts and categories: is spacing the "enemy of induction?". *Psychological Science*, v. 19, n. 2, p.585-592, 2008. Nesses experimentos, alunos universitários tentaram compreender o estilo de pintura de vários artistas relativamente desconhecidos. Os alunos aprenderam melhor os estilos quando as pinturas foram intercaladas em comparação a quando as obras foram apresentadas de modo intensivo durante a aprendizagem. Todavia, em desacordo com as medidas objetivas de aprendizado, a maioria dos alunos insistiu ter aprendido melhor com as apresentações intensivas. Outro estudo informativo é o de: KANG, S. H. K.; PASHLER, H. Learning painting styles: spacing is advantageous when it promotes discriminative contrast. *Applied Cognitive Psychology*, v. 26, p. 97-103, 2012, que mostrou que mesclar os exemplos de pinturas ajudou a realçar as diferenças entre os estilos dos pintores (aquilo que estamos chamando de contraste diferencial).
8. A conclusão de que melhorar a diferenciação entre exemplos contribui para a aprendizagem conceitual é de: JACOBY, L. L.; WAHLHEIM, C. N.; COANE, J. H. Test-enhanced learning of natural concepts: effects on recognition memory, classification, and metacognition. *Journal of Experimental Psychology: Learning, Memory, and Cognition*, v. 36, n. 6, p.1441-1442, 2010.
9. LARSEN, D. *Entrevista com Douglas Larsen*. Entrevistador: Peter Brown. Saint Louis: [s.n.], 23 dez. 2011. Todas as citações de Larsen são dessa entrevista.
10. O trabalho de Doug Larsen pode ser encontrado em: LARSEN, D. P.; BUTLER, A. C.; ROEDIGER, H. L. Repeated testing improves long-term retention relative to repeated study: a randomized controlled trial. *Medical Education*, v. 43, n. 12, p. 1174-1181, 2009; LARSEN, D. P. et al. The importance of seeing the patient: test-enhanced learning with standardized patients and written tests improves clinical application of knowledge. *Advances in Health Science Education*, v. 18, n. 3, 2012, p. 1-17; e LARSEN, D. P.; BUTLER, A. C.; ROEDIGER, H. L. Comparative effects of test-enhanced learning and self-explanation on long-term retention. *Medical Education*, v. 47, n. 7, p. 674-682, 2013.
11. DOOLEY, V. *Entrevista com Vince Dooley*. Entrevistador: Peter Brown. Athens: [s.n.], 18 fev. 2012. Todas as citações de Dooley são dessa entrevista.
12. Há um bom tempo os psicólogos interessados em aprendizagem já fazem a distinção entre desempenho momentâneo e aprendizagem básica (conforme medido após um tempo de atraso com lembretes intermediários). Como um exemplo simples, alguém poderia dizer que James Monroe foi o 5º presidente dos Estados Unidos. Você provavelmente seria capaz de responder corretamente se indagado sobre o 5º presidente ao longo do resto do dia ou da semana. Isso resultaria do fato de você ter acabado de ouvir aquela informação (assim aumentando a força momentânea, ou o que os psicólogos Robert e Elizabeth Bjork chamam de força de recuperação). Porém, se alguém perguntar a você um ano mais tarde sobre o 5º presidente, isso seria uma medição da força do hábito, ou, nas palavras dos Bjork, força de armazenamento. Consulte: BJORK, R. A.; BJORK, E. L. A new theory of disuse and an old theory of stimulus fluctuation. In: HEALY, A. KOSSLYN, F. S. M.; SHIFFRIN, R. M. (Eds.). *From learning processes to cognitive processes*: essays in honor of William K. Estes. Hillsdale: Erlbaum, 1992. p. 35-67

(v. 2). Consulte uma discussão recente em: SODERSTROM, N. C.; BJORK, R. A. Learning versus performance. In: DUNN, D. S. (Ed.). *Oxford Bibliographies online:* Psychology. New York: Oxford University Press, 2013.

4. Enfrente as dificuldades

1. Todas as citações de Mia Blundetto são das conversas telefônicas entre Peter Brown, em Austin, Texas, e Blundetto, em Camp Fuji, no Japão, em 9 de fevereiro e 2 de março de 2013.
2. A expressão "dificuldades desejáveis na aprendizagem" originou-se do artigo: BJORK, R. A.; BJORK, E. L. A new theory of disuse and an old theory of stimulus fluctuation. In: HEALY, A.; KOSSLYN, F. S. M.; SHIFFRIN, R. M. (Eds.). *From learning processes to cognitive processes*: essays in honor of William K. Estes. Hillsdale: Erlbaum, 1992. p. 35-67. (v. 2). A ideia parece contraintuitiva – de que modo tornar uma tarefa mais difícil pode levar a uma melhor aprendizagem e retenção dessa tarefa? O restante deste capítulo explica esse quebra-cabeça e por que ele parece surgir.
3. Os psicólogos distinguem três fases no processo da aprendizagem: codificação (ou aquisição das informações); consolidação (persistência das informações ao longo do tempo); e recuperação (uso posterior das informações). Sempre que você se recorda com sucesso de um evento, todas as três fases estavam intactas. Esquecer-se (ou a ocorrência de falsas lembranças – recuperar uma "lembrança" errada de algum evento, mas acreditando que ela está certa) pode ocorrer em qualquer fase.
4. Um artigo clássico sobre a consolidação pode ser consultado em: MCGAUGH, J. L. Memory: a century of consolidation. *Science,* v. 287, n. 5451, p. 248-251, 2000. Consulte uma análise um pouco mais recente e extensa em: DUDAI, Y. The neurobiology of consolidations, or, how stable is the engram? *Annual Review of Psychology,* v. 55, p. 51-86, 2004. Consulte provas de que dormir e sonhar ajuda a consolidar a memória em: WAMSLEY, E. J. et al. Dreaming of a learning task is associated with enhanced sleep-dependent memory consolidation. *Current Biology,* v. 20, n. 9, p. 850-855, 2010.
5. Endel Tulving salientou o papel fundamental das pistas para recuperar informações no ato de lembrar, enfatizando que lembrar é sempre um produto tanto das informações armazenadas (o vestígio de memória) quanto das pistas no ambiente que podem lembrá-lo da informação. Com pistas mais fortes, até mesmo os vestígios mais fracos se tornam acessíveis para recordação. Consulte: TULVING, E. Cue dependent forgetting. *American Scientist,* v. 62, p. 74-82, 1974.
6. Robert Bjork tem enfatizado o relativo papel do esquecimento de um evento original no auxílio da quantidade de aprendizagem a partir de uma segunda apresentação do mesmo evento. O poder do espaçamento dos eventos na memória (o efeito de espaçamento) é um exemplo. Consulte exemplos em: SODERSTROM, N. C.; BJORK, R. A. Learning versus performance. In: DUNN, D. S. (Ed.). *Oxford Bibliographies in Psychology*. New York: Oxford University Press, 2011.

7. O problema da aprendizagem antiga interferindo com as novas aprendizagens é chamado de transferência negativa em psicologia. Para um artigo mostrando que esquecer informações velhas pode ajudar na aprendizagem, veja: BJORK, R. A. On the symbiosis of remembering, forgetting, and learning. In: BENJAMIN, A. S. (Ed.). *Successful remembering and successful forgetting*: a festschrift in honor of Robert A. Bjork. New York: Psychology Press, 2010. p. 1-22.
8. A situação em que as informações ainda existem na memória, mas não conseguem ser recuperadas ativamente, tem sido enfatizada como um problema essencial para a lembrança (Tulving, Cue dependent forgetting). Diz-se que as informações estocadas estão *disponíveis*, enquanto as informações recuperáveis estão *acessíveis*. O exemplo que fornecemos nesse capítulo sobre um antigo endereço de que uma pessoa não se lembra, mas que pode facilmente reconhecer entre várias possibilidades, é um exemplo do poder das pistas de recuperação em tornar as lembranças disponíveis para a consciência ativa. Em geral, testes de reconhecimento fornecem pistas mais poderosas do que os testes de recordação.
9. O estudo sobre jogadores de beisebol praticando rebatidas foi relatado em: HALL, K. G.; DOMINGUES, D. A.; CAVAZOS, R. Contextual interference effects with skilled baseball players. *Perceptual and Motor Skills*, v. 78, n. 3, part. 1, p. 835-841, 1994.
10. "Recarregar" é o termo que os Bjork usam para indicar a reconstrução de um conceito ou habilidade depois de um certo atraso. Uma fonte boa e acessível para essas ideias é: BJORK, E. L.; BJORK, R. A. Making things hard on yourself, but in a good way: creating desirable difficulties to enhance learning. In: GERNSBACHER, M. A. et al. (Eds.). *Psychology and the real world:* essays illustrating fundamental contributions to society. New York: Worth, 2009. p. 56-64.
11. O termo *reconsolidação* tem vários usos diferentes em psicologia e em neurociência. O significado principal é o reacender de uma memória original e depois consolidá-la novamente (como na prática de recuperar informações). No entanto, a memória original pode ser alterada pela reconsolidação se novas informações forem introduzidas quando a memória original é revivida. A reconsolidação tem sido estudada tanto por psicólogos cognitivos quanto por neurobiólogos. Alguns pontos de referência nessa literatura são: SCHILLER, D. et al. Preventing the return of fear in humans using reconsolidation update mechanisms. *Nature,* v. 463, n. 7277, 2010, p. 49-53, e FINN, B.; ROEDIGER, H. L. Enhancing retention through reconsolidation: negative emotional arousal following retrieval enhances later recall. *Psychological Science,* v. 22, n.6, p.781-786, 2011.
12. Para uma pesquisa sobre intercalação consulte: BIRNBAUM, M. S. et al. Why interleaving enhances inductive learning: The roles of discrimination and retrieval. *Memory & Cognition*, v. 41, n. 3, p. 392-402, 2013.
13. Vários estudos têm mostrado que omitir letras ou utilizar uma fonte incomum retarda e dificulta a leitura, mas permite melhor fixação do conteúdo pelos leitores. Consulte: MCDANIEL, M. A. et al. Encoding difficulty and memory: toward a unifying theory. *Journal of Memory and Language,* v. 25, p. 645-656, 1986 e DIEMAND-YAUMAN, C.; OPPENHEIMER, D.; VAUGHN, E. B. Fortune favors the **bold** *(and the italicized):* effects of disfluency on educational outcomes. *Cognition*, v. 118, n. 1, p. 111-115, 2010. O estudo em que o resumo correspondia

ou não correspondia com a estrutura do capítulo está em: MANNES, S. M.; KINTSCH, W. Knowledge organization and text organization. *Cognition and Instruction*, v. 4, n. 2, p. 91-115, 1987.

14. Estudos mostrando que a geração pode melhorar a retenção incluem: JACOBY, L. L. On interpreting the effects of repetition: Solving a problem versus remembering a solution. *Journal of Verbal Learning and Verbal Behavior*, v. 17, p. 649-667, 1978 e SLAMECKA, N. J.; GRAF, P. The generation effect: Delineation of a phenomenon. *Journal of Experimental Psychology: Human Learning and Memory*, v. 4, n. 6, p. 592-604, 1978. Mais recentemente, o ato de geração antes de um episódio de aprendizagem também mostrou melhorar o desempenho; sobre isso, consulte: RICHLAND, L. E.; KORNELL, N.; KAO, L. S. The pretesting effect: Do unsuccessful retrieval attempts enhance learning? *Journal of Experimental Psychology: Applied*, v. 15, n. 3, p. 243–257, 2009.

15. O estudo mencionado envolvendo escrever para aprender é: GINGERICH, K. J. et al. Active processing via write-to-learn assignments: Learning and retention benefits in introductory psychology. *Teaching of Psychology*, v. 41, n. 4, p. 303-308, 2014.

16. B. F. Skinner teve muitas ideias interessantes e influentes sobre aprendizagem nas escolas, bem como sobre outros temas na sociedade estadunidense. Seu importante livro *Ciência e comportamento humano* pode ser baixado sem custos no *site* da BF Skinner Foundation. Consulte também: SKINNER, B. F. Teaching machines. *Science*, v. 128, n. 3330, p. 969-977, 1958. A aprendizagem sem erros parece importante no ensino de pessoas com problemas de memória, mas, para contextos de educação, os erros (desde que sejam corrigidos com *feedback*) não fazem mal e podem inclusive ajudar na aprendizagem. Consulte, por exemplo, HUELSER, B. J.; METCALFE, J. Making related errors facilitates learning, but learners do not know it. *Memory & Cognition*, v. 40, p. 514-527, 2012.

17. O estudo francês sobre alunos do ensino fundamental resolvendo anagramas aparece em: AUSTIN, F.; CROZIET, J. C. Improving working memory efficiency by reframing metacognitive interpretation of task difficulty. *Journal of Experimental Psychology: General*, v. 141, n. 4, p. 610-618, 2012. Consulte um relato sobre o Festival de Erros em: DAVIS, L. "Paris Stages 'Festival of Errors' to Teach French Schoolchildren How to Think". The *Guardian*, july 21, 2010. Disponível em: <http://www.guardian.co.uk/world/2010/jul/21/france-paris-festival-of-errors>. Acesso em: 22 out. 2013.

18. BLODGETT, B. *Entrevista com Bonnie Blodgett*. Entrevistador: Peter Brown. Saint Paul: [s.n.], 10 mar. 2013. Todas as citações de Blodgett são dessa entrevista.

19. A citação dos Bjork vem de: BJORK, E. L.; BJORK, R. A. Making things hard on yourself, but in a good way: Creating desirable difficulties to enhance learning. In: GERNSBACHER, M. A. R. W.; et al. (Eds.). *Psychology and the real world: Essays illustrating fundamental contributions to society*. New York: Worth, 2009. p. 56-64.

5. Evite a ilusão de que você já sabe

1. A metacognição – o que sabemos sobre o que sabemos e como avaliamos nosso desempenho – é um ramo florescente da psicologia. Uma boa referência geral sobre metacognição é: DUNLOSKY J.; METCALFE, J. *Metacognition*. Los Angeles: Sage, 2009; KAHNEMAN, D. *Thinking Fast and Slow*. New York: Farrar, Strauss & Giroux, 2011, também inclui uma análise sobre várias ilusões que vitimam nossa mente. Consulte um dos primeiros debates sobre vários tipos de ilusões em: GILOVICH, T. *How We Know What Isn't So: the fallibility of human reason in everyday life*. New York: Free Press, 1991. Para uma análise mais sucinta consulte: ROEDIGER, H. L.; BUTLER, A. C. Paradoxes of remembering and knowing. In: KAPUR, N. A. et al. (Eds.). *The Paradoxical Brain*. Cambridge: Cambridge University Press, 2011. p. 151-176.
2. GARMAN, D. *Entrevista com David Garman*. Entrevistador: Peter Brown. Minneapolis: [s.n.], 12 dez. 2011. Todas as citações de Garman são dessa entrevista.
3. O acidente da China Airlines é relatado em: NATIONAL TRANSPORTATION SAFETY BOARD. "*Aircraft Accident report – China Airlines Boeing 747-SP N4522V, 300 Nautical Miles Northwest of San Francisco, California, February 19, 1985*", march 29, 1986. Disponível em: <http://www.rvs.uni-bielefeld.de/publications/Incidents/DOCS/ComAndRep/ChinaAir/AAR8603.html>. Acesso em: 24 out. 2013.

    O relatório da investigação do National Transportation Safety Board sobre o acidente de Carnahan é relatado por: LOMBARDO, D. A. "'Spatial disorientation' caused Carnahan crash". Aviation International News – *AINonline*, Midland Park, apr. 16, 2008. Disponível em: <http://www.ainonline.com/aviation-news/aviation-international-news/2008-04-16/spatial-disorientation-caused-carnahan--crash>. Acesso em: 24 out. 2013.

    O relatório sobre a investigação do National Transportation Safety Board sobre o acidente de J. F. Kennedy Jr. é relatado por: SIGELMAN, N. "NTSB says spatial disorientation caused Cape Air crash", *Martha's Vineyard Times*, june 3, 2010. Disponível em: <http://www.mvtimes.com/ntsb-says-spatial-disorientation-caused-cape-air-crash-960/>. Acesso em: 24 out. 2013.
4. MORRIS, E. "The anosognosic's dilemma: something's wrong but you'll never know what it is" (pt. 5), The *New York Times*, june 24, 2010. Disponível em: <https://opinionator.blogs.nytimes.com/2010/06/24/the-anosognosics-dilemma--somethings-wrong-but-youll-never-know-what-it-is-part-5/>. Acesso em: 24 out. 2013.
5. JACOBY, L. L.; R BJORK. A.; Kelley, C. M. Illusions of comprehension, competence, and remembering. In: DRUCKMAN, D.; BJORK, R. A. (Eds.). *Learning, remembering, believing:* enhancing human performance. Washington: National Academy Press, 1994, p. 57-80.
6. O estudo de Carol Harris/Helen Keller é relatado em: SULIN, R. A.; DOOLING, D. J. Intrusion of a thematic idea in retention of prose. *Journal of Experimental Psychology*, v. 103, n. 2, p. 255-262, 1974. Confira uma visão geral sobre ilusões de memória em: ROEDIGER, H. L.; MCDERMOTT, K. B. Distortions of memory.

In: CRAIK, F. I. M.; TULVING, E. (Eds.). *The Oxford Handbook of Memory*. Oxford: Oxford University Press, 2000. p. 149-164.

7. A inflação da imaginação foi demonstrada tanto em estudos de recordações do início da vida quanto em estudos de laboratório. Duas das referências originais para cada tipo de estudo são: GARRY, M. C. G. et al. Imagination inflation: imagining a childhood event inflates confidence that it occurred. *Psychonomic Bulletin & Review*, v. 3, n. 2, 1996, p. 208-214, e GOFF, L. M.; ROEDIGER, H. L. Imagination inflation for action events: repeated imaginings lead to illusory recollections. *Memory & Cognition*, v. 26, n. 1, p. 20-33, 1999.

8. O experimento sobre perguntas capciosas é de: LOFTUS, E. F.; PALMER, J. C. Reconstruction of automobile destruction: an example of the interaction between language and memory. *Journal of Verbal Learning and Verbal Behavior*, v. 13, n. 5, 1974, p. 585-589.

9. Um artigo sobre os perigos da hipnose na memória é: REGISTER, P. A.; KIHLSTROM J. F. Hypnosis and interrogative suggestibility. *Personality and Individual Differences*, v. 9, n. 3, 1988, p. 549-558. Consulte uma visão geral das questões de memória pertinentes a situações jurídicas em: ROEDIGER, H. L.; GALLO, D. A. Processes affecting accuracy and distortion in memory: an overview. In: EISEN, M. L. G.; GOODMAN, S.; QUAS, J. A. (Eds.). *Memory and Suggestibility in the Forensic Interview*. Mahwah: Erlbaum, 2002. p. 3-28.

10. A história sobre Donald Thomson pode ser encontrada em: BOWER, B. Gone but not forgotten: scientists uncover pervasive unconscious influences on memory. *Science News*, v. 17, p. 312-314, 1990.

11. A maldição do conhecimento, o viés de retrospectiva e outros tópicos são abordados em: JACOBY, L. L.; BJORK, R. A.; KELLEY, C. M. Illusions of comprehension, competence, and remembering, and in many other places. In: DRUCKMAN, D.; BJORK, R. A. (Eds.). Learning, remembering, believing: enhanced human performance. Washington: National Academy Press, 1994. Uma análise relativamente recente sobre os efeitos da fluência pode ser encontrada em: OPPENHEIMER, D. M. The secret life of fluency. *Trends in Cognitive Science*, v. 12, n. 6, p. 237-241, 2008.

12. Contágio social da memória: ROEDIGER, H. L.; MEADE, M. L.; BERGMAN, E. Social contagion of memory. *Psychonomic Bulletin & Review*, v. 8, n. 2, p. 365-371, 2001.

13. Duas importantes análises sobre o efeito do falso consenso podem ser encontradas em: ROSS, L. The false consensus effect: An egocentric bias in social perception and attribution processes. *Journal of Experimental Social Psychology*, v. 13, p. 279-301, 1977, e MARKS, G.; MILLER, N. Ten years of research on the false-consensus effect: An empirical and theoretical review. *Psychological Bulletin*, v. 102, n. 1, p. 72-90, 1987.

14. Lembranças relâmpago de 11/9: TALARICO, J. M.; RUBIN, D. C. Confidence, not consistency, characterizes flashbulb memories. *Psychological Science*, v. 14, n. 5, p. 455-461, 2003 e HIRST, W. et al. Long-term memory for the terrorist attack of September 11: flashbulb memories, event memories and the factors that influence their retention. *Journal of Experimental Psychology*: general, v. 138, n. 2, p. 161-176, 2009.

15. O conteúdo de Eric Mazur vem de sua palestra no YouTube: "Confessions of a converted lecturer". Disponível em: <www.youtube.com/watch?v=WwslBPj8GgI>. Acesso em: 23 out. 2013.
16. O estudo da maldição do conhecimento sobre adivinhar melodias tamboriladas é de: NEWTON, L. *Overconfidence in the communication of intent:* heard and unheard melodies. 1990. Tese (Doutorado) – Stanford University, Palo Alto, 1990.
17. O efeito Dunning-Kruger originou-se com: KRUGER, J.; DUNNING, D. Unskilled and unaware of it: How difficulties in recognizing one's own incompetence lead to inflated self-assessments. *Journal of Personality and Social Psychology*, v. 77, n. 6, p.1121-1134, 1999. Esse estudo inspirou muitos estudos experimentais e artigos posteriores. Consulte: DUNNING, D. *Self-Insight:* roadblocks and detours on the path to knowing thyself. New York: Psychology Press, 2005.
18. Stories on student-directed learning: DOMINUS, S. "Play-Dough? Calculus? At the Manhattan free school, anything goes". *The New York Times*, out. 4, 2010, e ANCHAN, A. "The DIY Approach to Education". *Minneapolis StarTribune*, july 8, 2012.
19. Estudos que mostram que os alunos retiram os *flashcards* antes do que deveriam para obter uma aprendizagem de longo prazo incluem: KORNELL, N.; BJORK, R. A. Optimizing self-regulated study: The benefits – and costs – of dropping flashcards. *Memory*, v. 16, n. 2, p. 125-136, 2008, e KARPICKE, J. D. Metacognitive control and strategy selection: Deciding to practice retrieval during learning. *Journal of Experimental Psychology:* general, v. 138, n. 4, p. 469-486, 2009.
20. Eric Mazur publicou MAZUR, E. *Peer instruction:* a revolução da aprendizagem ativa. Porto Alegre: Penso, 2015. Além disso, ele exemplifica sua abordagem em uma envolvente palestra no YouTube: "Confessions of a converted lecturer", descrita na nota 15. De novo, disponível em: <http://www.youtube.com/watch?-v=WwslBPj8GgI>. Acesso em: 23 out. 2013.
21. A citação de Dunning vem de: MORRIS, E. "The anosognosic's dilemma: something's wrong but you'll never know what it is". (pt. 5), *The New York Times*, june 24, 2010.
22. JOHNSON, C. *Entrevista com Catherine Johnson.* Entrevistador: Peter Brown. Minneapolis: [s.n.], 13 dez. 2011.
23. A maior parte deste capítulo é sobre como regular nossa aprendizagem e, ao mesmo tempo, evitar várias ilusões e preconceitos com base em fluência, viés de retrospectiva e coisas parecidas. Um excelente e recente artigo sobre aprendizagem autorregulada que com certeza seria útil para quem busca mais conhecimentos sobre esses temas é o: BJORK, R. A. J. DUNLOSKY, J.; KORNELL, N. Self-regulated learning: Beliefs, techniques, and illusions. *Annual Review of Psychology*, v. 64, p. 417-444, 2013.

6. Vá além dos estilos de aprendizagem

1. Francis Bacon (1561-1626) foi um filósofo e estadista inglês. A citação completa é "Todo o acesso a uma alta função se serve de uma tortuosa escada em espiral; e se houver facções, é bom apoiar o ego de um homem, enquanto ele estiver em

ascensão, e equilibrá-lo, quando ele chegar lá". (BACON, F. Sobre as altas funções (Of Great Place). In: BACON, F. *Ensaios*. São Paulo: Edipro, 2015).
2. HENDRY, B. *Entrevista com Bruce Hendry*. Entrevistador: Peter Brown. St. Paul: [s.n.], 27 ago. 2012. Todas as citações de Hendry são dessa entrevista.
3. MORRIS, B.; LISA MUNOZ, L.; NEERING, P. "Overcoming dyslexia". *Fortune*, may 2002, p. 54-70.
4. PAUL, A. M. "The upside of dyslexia". *The New York Times*, feb. 12, 2012. O trabalho de Geiger e Lettvin é descrito em: GEIGER, G.; LETTVIN, J. Y. Developmental dyslexia: a different perceptual strategy and how to learn a new strategy for reading. *Saggi - Child Development and Disabilities*, v. 26, n. 1, p. 73-89, 2000.
5. O levantamento está listado em: COFFIELD, F. D. et al. *Learning styles and pedagogy in post-16 learning*: a systematic and critical review. London: Learning and Skills Research Centre, 2004; a citação do aluno ("[...] para mim, não faz sentido ler um livro") é da mesma fonte, p. 137. A citação "[...] uma confusão de alegações contraditórias" é de: REYNOLDS, M. Learning styles: a critique. *Management Learning*, v. 28, n. 2, p. 116, 1997.
6. O material sobre estilos de aprendizagem é extraído principalmente de: PASHLER, H. et al. Learning styles: a critical review of concepts and evidence. *Psychological Science in the Public Interest*, v. 9, n. 3, p. 105-119, 2009. Esse artigo revisou as evidências publicadas sobre a possibilidade de a aprendizagem ser melhorada quando o método instrucional combina com o estilo de aprendizagem dos alunos, em comparação a quando o método instrucional não combina. Dois importantes achados foram que (1) existem raros estudos que adotaram o padrão ortodoxo de realizar experimentos controlados, e (2) os poucos experimentos publicados constataram consistentemente que combinar a instrução com o estilo de aprendizagem não melhorou a aprendizagem. Uma conclusão fundamental é que são necessárias mais pesquisas experimentais sobre essa questão, mas, no momento, há poucas evidências sobre a existência de estilos de aprendizagem comumente postulados.
7. Um excelente texto que trata das percepções clássicas sobre inteligência é: HUNT, E. *Human intelligence*. Cambridge: Cambridge University Press, 2010.
8. A teoria de Howard é descrita no livro: GARDNER, H. *Multiple intelligences*: *new horizons*. New York: Basic Books, 2006, entre outras fontes.
9. O conteúdo sobre o trabalho de Robert Sternberg, Elena Grigorenko e colaboradores vem de várias fontes. Consulte uma boa apresentação da teoria em: STERNBERG, R. J.; GRIGORENKO, E. L.; ZHANG, L. Styles of learning and thinking in instruction and assessment. *Perspectives on Psychological Science*, v. 3, n. 6, p. 486-506, 2008. Outro estudo interessante realizado por Sternberg, Grigorenko e colaboradores identificou alunos universitários que mostraram bastante superioridade em habilidades analíticas, criativas ou práticas (em relação às outras duas habilidades) e foram designados a diferentes salas de aula focadas em instrução analítica, instrução criativa ou instrução prática. Os alunos que receberam instrução que combinava com sua habilidade mais forte tenderam a funcionar melhor em determinadas avaliações de desempenho de turma do que os alunos que receberam instrução incompatível; consulte: STERNBERG, R. J.

et al. A triarchic analysis of an aptitude–treatment interaction. *European Journal of Psychological Assessment*, v. 15, p. 1-11, 1999.

10. O estudo com crianças brasileiras foi: CARRAHER, T. N.; CARRAHER, D. W.; SCHLIEMANN, A. D. Mathematics in the streets and in the schools. *British Journal of Developmental Psychology*, v. 3, p. 21-29, 1985. Esse fascinante estudo concentrou-se em cinco crianças de origem humilde que estavam trabalhando nas esquinas das ruas ou mercados no Brasil. O desempenho foi comparado por meio de problemas de multiplicação semelhantes apresentados em contextos diferentes: o contexto natural com o qual a criança tinha familiaridade (p. ex., venda de cocos, incluído no experimento), problemas formulados com palavras de um contexto diferente (p. ex., vender bananas) ou problemas de matemática formal sem contexto. As crianças resolveram quase 100% dos problemas quando apresentados no contexto natural, menos acertos observados no contexto diferente e apenas cerca de um terço quando apresentado como problema formal. Um ponto-chave é que as crianças utilizaram estratégias de agrupamento concreto para resolver os problemas do contexto natural, mas depois mudaram para estratégias ensinadas na escola (ainda não bem aprendidas) quando foram apresentadas aos problemas formais. As estratégias matemáticas que as crianças tinham desenvolvido não foram mobilizadas em um teste academicamente orientado.

11. O estudo sobre apostadores em corridas de cavalos é: CECI, S. J.; LIKER, J. K. A day at the races: a study of IQ, expertise, and cognitive complexity. *Journal of Experimental Psychology:* general, v. 115, n. 3, p. 255-266, 1986. Esse estudo amostrou os aficionados em corridas de cavalo, incluindo alguns classificados como especialistas e outros menos conhecedores. O grupo especialista e o outro grupo obtiveram resultados de QI semelhantes, mas o grupo especialista mostrou um sucesso muito maior em predizer os resultados das corridas reais e das corridas idealizadas pelo experimentador. O sucesso dos especialistas foi relacionado com o uso de um sistema extremamente complexo de avaliar e combinar a gama de informações relacionadas com os cavalos e as condições de corrida.

12. Teste dinâmico: Robert Sternberg e Elena Grigorenko debatem esse conceito em: STERNBERG, R.; GRIGORENKO, E. *Dynamic Testing: the nature and measurement of learning potential.* Cambridge: Cambridge University Press, 2002.

13. O trabalho fundamental na construção de estrutura foi iniciado por: GERNSBACHER, M. A.; VARNER K. R.; FAUST, M. E. Investigating differences in general comprehension skills. *Journal of Experimental Psychology: Learning, Memory, and Cognition*, v. 16, n. 3, p. 430-445, 1990. Esse artigo apresenta alguns dos mais elegantes trabalhos experimentais que contribuíram para o desenvolvimento da teoria da construção de estrutura – a ideia de que os bons entendedores são capazes de construir uma representação coerente e organizada de uma narrativa a partir de muitas fontes (seja lida, ouvida ou vista em fotos), enquanto entendedores menos capazes tendem a construir muitas representações das narrativas (e um tanto fracionadas). Essa pesquisa sugeriu também que construtores de estrutura ineficientes, mas não os eficientes, apresentam problemas para inibir informações irrelevantes, o que provavelmente contribui para suas representações fracionadas (e ineficazes). Outro artigo relevante: é CALLENDER, A. A.; MCDANIEL, M. A. The benefits of embedded question adjuncts for low and high structure

builders. *Journal of Educational Psychology*, v. 99, n. 2, p. 339-348, 2007. Os autores demonstraram que construtores ineficientes de estrutura obtêm menos aprendizagem com conteúdos escolares-padrão (capítulos de livro-texto) do que construtores de estrutura eficientes. Porém, incorporar perguntas nos capítulos para concentrar os construtores de estrutura ineficientes nos conceitos importantes (e obrigando-os a responder às perguntas) impulsionou-os aos níveis de ensino obtidos pelos construtores de estrutura eficientes.

14. Aqui a discussão sobre conceitos de aprendizagem se baseia em dois estudos: PACHUR, T.; & OLSSON, H. Type of learning task impacts performance and strategy selection in decision making. *Cognitive Psychology*, v. 65, n. 2, p. 207-240, 2012. A abordagem típica para estudar a aprendizagem conceitual em laboratório é fornecer um exemplo de cada vez, com os alunos tentando aprender a provável classificação desse exemplo (p. ex., considerando um caso com um determinado conjunto de sintomas, qual é a provável doença?). Esse experimento modificou tal procedimento, apresentando dois exemplos simultaneamente (p. ex., dois casos) e exigiu que os alunos escolhessem qual dos dois tinha mais probabilidade de refletir uma dada classificação. Essa abordagem comparativa estimulou menos foco em memorizar os exemplos e a melhor derivação da regra básica pela qual os exemplos foram classificados. Tema semelhante ao supracitado, mas focado na transferência em resolução de problemas, aparece em: GICK M. L.; HOLYOAK, J. K. Schema induction and analogical transfer. *Cognitive Psychology*. v. 15, n. 1, p. 1-38, 1983. Os alunos ou estudaram um exemplo de como resolver um problema particular ou foram solicitados a contrastar dois tipos diferentes de problemas para descobrir os elementos comuns de suas soluções. Os alunos que contrastaram dois problemas eram mais propensos a conceber um esquema de solução geral e transferir esse esquema para resolver com êxito novos problemas do que os alunos que estudaram apenas um problema.

15. A referência sobre aprendizes por meio de regras e aprendizes por meio de exemplos é: MCDANIEL, M. A. M. et al. Individual differences in learning and transfer: Stable tendencies for learning exemplars versus abstracting rules. *Journal of Experimental Psychology: general*, v. 143, n. 2, p. 668-693, 2014. Usando tarefas de aprendizagem em laboratório, esse estudo inovador revelou que algumas pessoas tendem a aprender conceitos, concentrando-se em memorizar os exemplos particulares e as respostas associadas aos exemplos que são usadas para ilustrar o conceito (denominados *aprendizes por meio de exemplos*), enquanto outros aprendizes se concentram na abstração básica refletida nos exemplos particulares usados para ilustrar o conceito (denominados *abstraidores*). Além disso, a tendência de um indivíduo em particular para a aprendizagem de conceitos persistiu em tarefas de aprendizagem de conceitos bem diferentes no laboratório, sugerindo que os indivíduos possam ter uma predisposição relativamente estável em relação à aprendizagem por meio de exemplos *versus* por meio de abstração, ao longo de uma gama de tarefas de aprendizagem de conceitos. De modo interessante, um dos primeiros resultados indicou que, em média, os abstraidores alcançaram notas mais altas em um curso introdutório de química do que os aprendizes por meio de exemplos.

7. Aumente suas habilidades

1. Uma boa introdução à clássica pesquisa de Walter Mischel sobre o atraso na gratificação em crianças é: MISCHEL, W.; SHODA, Y.; RODRIGUEZ, M. L. Delay of gratification in children. *Science*, v. 244, n. 4907, p. 933-938, 1989. Consulte uma acessível introdução para não psicólogos em: LEHRER, J. "Don't! The secret of self-control. *The New Yorker*, may 18, 2009, p. 26-32. Consulte uma atualização de 2011 em: MISCHEL, W.; AYDUK, O. Willpower in a cognitive-affective processing system: The dynamics of delay of gratification. In: VOHS, K. D.; BAUMEISTER, R. F. (Eds.). *Handbook of self-regulation:* research, theory, and applications. 2. ed. New York: Guilford, 2011, p. 83-105.
2. Os relatos de Carson encontram-se republicados no *site* mantido pelo historiador Bob Graham, cujos antepassados ajudaram a colonizar a Califórnia. Disponível em: <www.longcamp.com/kit_bio.html>. Acesso em: 30 out. 2013, e são extraídos do conteúdo publicado originalmente no *Washington Union* no verão de 1847 e reimpresso no *Suplement do Connecticut Courant,* em 3 de julho de 1847. SIDES, H. *Blood and Thunder*. New York: Anchor Books, 2006, p. 125-126, relata as instruções de Fremont para a jornada de Carson.
3. Pesquisa sobre neuroplasticidade: BRUER, J. T. Neural connections: some you use, some you lose. *Phi Delta Kappan*, v. 81, n. 4, p. 264-277, 1999. A citação de Goldman-Rakic vem do artigo de Bruer, que menciona as observações que ela fez diante da Comissão de Educação dos Estados. Uma pesquisa adicional sobre a plasticidade do cérebro, com ênfase no tratamento das lesões cerebrais, pode ser encontrada em: STEIN, D. G.; HOFFMAN, S. W. Concepts of CNS plasticity in the context of brain damage and repair. *Journal of Head Trauma Rehabilitation*, v. 18, n. 4, p. 317-341, 2003.
4. CHUGANI, H. T.; PHELPS, M. E.; MAZZIOTTA, J. C. Positron emission tomography study of human brain function development. *Annals of Neurology*, v. 22, n. 4, p. 487-497, 1987.
5. CROMBY, J.; NEWTON, T. ; WILLIAMS, S. J. Neuroscience and subjectivity. *Subjectivity*, v. 4, p. 215-226, 2011.
6. Uma introdução acessível para esse trabalho é: BLAKESLEE, S. "New tools to help patients reclaim damaged senses". *The New York Times*, nov. 23, 2004.
7. BACH-Y-RITA, P. Tactile sensory substitution studies. *Annals of the New York Academy of Sciences* v. 1013, p. 83-91, 2004.
8. Consulte um estudo sobre mielinização em: FIELDS, R. D. White matter matters. *Scientific American*, v. 298, n. 3, p. 42-49, 2008; e FIELDS, R. D. Myelination: an overlooked mechanism of synaptic plasticity? *Neuroscientist*, v. 11, n. 6, p. 528-531, 2005. Consulte uma abordagem mais popular em: COYLE, D. *The Talent Code*. New York: Bantam, 2009.
9. Algumas referências sobre neurogênese: ERIKSSON, P. S. et al. Neurogenesis in the adult human hippocampus. *Nature Medicine*, v. 4, n. 11, p. 1313-1317, 1998; TAUPIN, P. Adult neurogenesis and neuroplasticity. *Restorative Neurology and Neuroscience*, v. 24, n. 1, p. 9-15, 2006.

10. A citação vem de: BARNET, A. B.; BARNET, R. J. *The youngest minds:* parenting and genes in the development of intellect and emotion New York: Simon and Schuster, 1998. p. 10.
11. O efeito Flynn tem esse nome em homenagem a James Flynn, o primeiro a relatar a tendência de aumento de QI no século XX em nações desenvolvidas, em: FLYNN, J. R. Massive IQ gains in 14 nations: what IQ tests really measure. *Psychological Bulletin*, v. 101, n. 2, p. 171-191, 1987.
12. Essa seção inspira-se principalmente em: NISBETT, R. E. *Intelligence and how to get it*. New York: Norton, 2009.
13. O estudo citado é: PROTZKO, J.; ARONSON J.; BLAIR, C. How to make a young child smarter: Evidence from the database of raising intelligence. *Perspectives in Psychological Science*, v. 8, n. 1, p. 25-40, 2013.
14. O estudo citado é: JAEGGI, S. M. et al. Improving fluid intelligence with training on working memory. *Proceedings of the National Academy of Sciences*, v. 105, n. 19, p. 6829-6833, 2008.
15. O fracasso em replicar o resultado de treinamento da memória de trabalho aparece em: REDICK, T. S. et al. No evidence of intelligence improvement after working memory training: A randomized, placebo-controlled study. *Journal of Experimental Psychology: General*, v. 142, p. 359-379, 2013.
16. Pesquisa de Carol Dweck sobre a mentalidade voltada ao crescimento em muitos lugares. Consulte um bom resumo feito: KRAKOVSKY, M. "The effort effect", *Stanford Magazine*, mar./apr. 2007. Consulte dois artigos de Dweck em: GRANT, H.; DWECK, C. S. Clarifying achievement goals and their impact. *Journal of Personality and Social Psychology*, v. 85, n. 3, p. 541-553, 2003, e DWECK, C. S. The perils and promise of praise. *Educational Leadership*, v. 65, n. 2, p. 34-39, 2007. Ela também lançou um livro: DWECK, C. *Mindset:* a nova psicologia do sucesso. São Paulo: Objetiva, 2017.
17. A citação de Dweck é de: KRAKOVSKY, M. "The effort effect", *Stanford Magazine*, mar./apr. 2007.
18. As citações de Dweck são de: BRONSON, P. "How not to talk to your kids". *The New York Times Magazine*, feb. 11, 2007.
19. TOUGH, P. *Como as crianças aprendem:* o papel da garra, da curiosidade e da personalidade no desenvolvimento infantil. 2. ed. Rio de Janeiro: Intrínseca, 2017.
20. O trabalho de Anders Ericsson sobre a prática deliberada tem sido descrito em muitos lugares, incluindo: GLADWELL, M. *Fora de série: outliers*. Rio de Janeiro: Sextante, 2013. Consulte introduções acessíveis ao trabalho de Ericsson em: ERICSSON, K. A.; WARD, P. Capturing the naturally occurring superior performance of experts in the laboratory: toward a science of expert and exceptional performance. *Current Directions in Psychological Science*, v. 16, n. 6, p. 346-350, 2007.
21. Imagens mentais e o poder delas para auxiliar a aprendizagem e a memória têm sido aplicados desde a época dos gregos antigos. Porém, os psicólogos só começaram a estudar o tópico em estudos experimentais na década de 1960. A pesquisa de Allan Paivio mostrou o poder da imagem em estudos controlados. Um resumo de suas primeiras pesquisas aparece em: PAIVIO, A. *Imagery and Verbal Processes*. New York: Holt, Rinehart, and Winston, 1971.

22. TWAIN, M. "How to Make History Dates Stick," The *Harper's Monthly*, dez. 1914. Disponível em: <https://www.unz.com/print/Harpers-1914dec-00003/>. Acesso em: 30 out. 2013.
23. De acordo com a história das fórmulas mnemônicas (e das atitudes dos psicólogos e educadores em relação a elas), elas sofreram vários reveses ao longo dos séculos. Eram valorizadas desde os tempos gregos e romanos e durante a Idade Média por pessoas educadas que precisavam se lembrar de grandes volumes de informações (p. ex., fazer um discurso de duas horas no senado romano). Em anos recentes, os educadores as descartaram, considerando-as úteis apenas para a aprendizagem do tipo decoreba. Contudo, como mostramos neste capítulo, essa acusação é injusta. As fórmulas mnemônicas, como utilizados por James Paterson e seus alunos, podem servir (como serviam aos gregos e romanos antigos) como sistemas de organização para recuperar informações. Para falar de modo simples, as fórmulas mnemônicas não são necessariamente boas para compreender informações complexas, mas utilizar um sistema mnemônico para ajudar a recuperar as informações aprendidas pode ter um valor inestimável. James Worthy e Reed Hunt fornecem uma excelente introdução à história dos mnemônicos e das pesquisas psicológicas sobre esses dispositivos no livro: WORTHEN, J. B.; HUNT, R. R. *Mnemonology:* mnemonics for the 21st century. New York: Psychology Press, 2011.
24. James Paterson é um "atleta da memória" que participa desse crescente esporte em locais como Europa, China e, também, nos Estados Unidos. Joshua Foer escreveu sobre essa subcultura emergente em seu *best-seller:* FOER, J. *Moonwalking with Einstein: the art and science of remembering everything.* New York: Penguin, 2011. Quanto tempo uma pessoa pode levar para decorar a ordem de um baralho de cartas embaralhado? Para você, um bom tempo. Para um atleta da memória no auge, menos de dois minutos. Um vídeo de Simon Reinhard memorizando um baralho de cartas em 21,9 segundos está disponível em: <www.youtube.com/watch?v=sbinQ6GdOVk>. Acesso em: 30 out. 2013. Na época esse era o recorde mundial, mas Reinhard já quebrou o próprio recorde (no momento em que escrevemos, o recorde está em 21,1 segundos). Reinhard já baixou o tempo para menos de 20 segundos em sessões de prática, mas ainda não em um evento público cronometrado. (REINHARD, S. Comunicação pessoal durante conversa em jantar. Saint. Louis; [s.n.], 8 maio 2013, com Roddy Roediger e várias outras pessoas).
25. A descrição de Michela Seong-Hyun Kim sobre a experiência dela em utilizar fórmulas mnemônicas foi retransmitida a Peter Brown por James Paterson em correspondência privada, 8 de fevereiro de 2013.
26. PATERSON, J. *Entrevista com James Paterson.* Entrevistadores: Peter Brown e Roddy Roediger. Saint Louis: [s.n.], 4 jan. de 2013.
27. KIM, K. *Entrevista com Karen Kim.* Entrevistador: Peter Brown. Saint Paul: [s.n.], 18 abr. 2013.

8. Fixe o conhecimento

1. YOUNG, M. *Entrevista com Michael Young*. Entrevistador: Peter Brown. [S.l]: [s.n.], 21 maio 2013. Todas as citações de Young são dessa entrevista.
2. MADIGAN, S. *Entrevista com Stephen Madigan*. Entrevistador: Peter Brown. [S.l.]: [s. n.], 20 maio 2013.
3. FULLER, N. *Entrevista com Nathaniel Fuller*. Entrevistador: Peter Brown. Minneapolis: [s. n.], 29 abril 2013.
4. MCPHEE, J. "Draft no. 4". *The New Yorker*, apr. 29, 2013. Disponível em: <https://www.newyorker.com/magazine/2013/04/29/draft-no-4>. Acesso em: 29 abril 2013.
5. HUNTER, T. *Entrevista com Thelma Hunter*. Entrevistador: Peter Brown. Saint Paul: [s.n.], 30 abril 2013.
6. WENDEROTH, M. P. *Entrevista com Mary Pat Wenderoth*. Entrevistador: Peter Brown. Seattle: [s.n.], 7 maio 2013.
7. Os estudos empíricos com o objetivo de testar os efeitos de aulas altamente estruturadas na redução da reprovação dos alunos nos cursos introdutórios de ciências no ensino superior são: FREEMAN, S.; HAAK, D.; WENDEROTH, M. P. Increased course structure improves performance in introductory biology. *CBE Life Sciences Education*, v. 10, n. 2, p. 175-186, 2011; ver também: FREEMAN, S. et al. Prescribed active learning increases performance in introductory biology. *CBE Life Sciences Education*, v. 6, n. 2, p. 132-139, 2007.
8. MATTHEWS, M. *Entrevista com Michael Matthews*. Entrevistador: Peter Brown. [S.l.]: [s.n.], 2 maio 2013.
9. HUNKLER, K. *Entrevista com Kiley Hunkler*. Entrevistador: Peter Brown. [S.l.]: [s.n], 21 maio 2013.
10. MCDERMOTT, K. *Entrevista com Kathleen McDermott*. Entrevistador: Peter Brown. Folly Beach: [s.n], 20 jun. 2013.
11. MAIXNER, K. *Entrevista com Kathy Maixner*. Entrevistador: Peter Brown. [S.l.]: [s.n.], 18 jul. 2013.
12. BARBER, K. *Entrevista com Kenneth Barber*. Entrevistador: Peter Brown. [S.l.]: [s.n.], 1 jul. 2013.
13. WYNVEEN, R. *Entrevista com Richard Wynveen*. Entrevistador: Peter Brown. [S.l.]: [s.n.], 17 jul. 2013.
14. ISAACMAN, E. *Entrevista com Erik Isaacman*. Entrevistador: Peter Brown. [S.l.]: [s.n.], 2 de junho de 2013.

LEITURAS SUGERIDAS

A seguir, você encontra algumas leituras (em inglês) que fundamentam e ilustram os princípios descritos neste livro. Essas leituras são apenas a ponta do *iceberg*; na literatura científica, existem centenas de artigos abordando essas técnicas. Na seção de notas, fornecemos referências para estudos e citações que estão incluídos no texto, a fim de que os leitores possam se aprofundar. Tentamos equilibrar a necessidade de obter mais informações com a preocupação de não afligir o leitor com estudos excessivamente pesados.

Artigos acadêmicos

CROUCH, C. H. et al. Classroom demonstrations: learning tools or entertainment? *American Journal of Physics*, v. 72, n. 835, p. 835-838, 2004. Interessante uso da geração para melhorar a aprendizagem a partir de demonstrações em sala de aula,

DUNLOSKY, J. et al. Improving students' learning with effective learning techniques: Promising directions from cognitive and educational psychology. *Psychological Science in the Public Interest*, v. 14, n. 1, p. 4-58, 2013. Descreve técnicas que, conforme revelam as pesquisas, funcionam na melhoria da prática educacional tanto em contextos de laboratório quanto de campo (ambiente educacional), além de outras técnicas que não funcionam. Oferece uma discussão detalhada sobre as pesquisas que apoiam (ou não) cada técnica.

MCDANIEL, M. A. Put the SPRINT in knowledge training: Training with SPacing, Retrieval, and INTerleaving. In: HEALY, A. F.; BOURNE JR, L. E. (Eds.). *Training Cognition*: optimizing efficiency, durability, and generalizability. New York: Psychology Press, 2012. p. 267-286. Este capítulo salienta que muitas situações de formação, desde os negócios até a medicina, passando pela educação continuada, tendem a condensar o treinamento em um "curso" intensivo de vários dias. Há evidências de que o espaçamento e a intercalação seriam mais eficazes para promover a aprendizagem e a retenção são nele resumidas. Além disso, algumas ideias são oferecidas sobre como incorporar essas técnicas ao treinamento.

MCDANIEL, M. A.; DONNELLY, C. M. Learning with analogy and elaborative interrogation. *Journal of Educational Psychology*, v. 88, n. 3, p. 508-519, 1996. Estes experimentos ilustram o uso de várias técnicas elaborativas para aprender conteúdos técnicos, incluindo técnicas de imagens visuais e autoteste com questionários. Este artigo é mais técnico do que os outros nesta lista.

RICHLAND, L. E.; LINN, M. C.; BJORK, R. A. Instruction. In: DURSO, F. et al. (Eds.). *Handbook of applied cognition*. 2. ed. Chichester: Wiley, 2007. p. 553-583. Oferece exemplos de como as dificuldades desejáveis, incluindo a geração, podem ser implementadas em contextos instrucionais.

ROEDIGER, H. L.; SMITH, M. A.; PUTNAM, A. L. Ten benefits of testing and their applications to educational practice. In: ROSS, B. H. (Ed.). *Psychology of learning and motivation*. San Diego: Elsevier, 2011. Oferece um resumo do leque de benefícios potenciais da prática de recuperar informações como técnica de aprendizagem.

Livros

BROOKS, D. *The social animal*: the hidden sources love, character, and achievement. New York: Random House, 2011.

COYLE, D. *The talent code: greatness isn't born. It's grown. Here's how*. New York: Bantam Dell, 2009.

DOIDGE, N. *The brain that changes itself*: stories of personal triumph from the frontiers of brain science. New York: Penguin Books, 2007.

DUHIGG, C. *The power of habit*: why we do what we do in life and business. New York: Random House, 2012.

DUNLOSKY, J.; METCALFE, J. *Metacognition*. Los Angeles: Sage, 2009.

DUNNING, D. *Self-Insight*: roadblocks and detours on the path to knowing thyself (Essays in social psychology). New York: Psychology Press, 2005.

DWECK, C. S. *Mindset: The New Psychology of Success*. New York: Ballantine Books, 2008.

FOER, J. *Moonwalking with Einstein*: the art and science of remembering everything. New York: Penguin, 2011.

GILOVICH, T. *How we know what isn't so*: the fallibility of human reason in everyday life. New York: Free Press, 1991.

GLADWELL, M. *Blink*: the power of thinking without thinking. New York: Littee, Brown & Co., 2005.

GLADWELL, M. *Fora de Série* (Outliers). Rio de Janeiro: Sextante, 2013.

HEALY, A. F.; BOURNE, L. E. JR. (Eds.). *Training Cognition*: optimizing efficiency, durability, and generalizability. New York: Psychology Press, 2012.

KAHNEMAN, D. *Thinking fast and slow.* New York: Farrar, Straus and Giroux, 2011.
MAYER, R. E. *Applying the science of learning.* Upper Saddle River: Pearson, 2010.
NISBETT, R. E. *Intelligence and how to get it.* New York: W. W. Norton & Company, 2009.
STERNBERG, R. J.; GRIGORENKO, E. L. *Dynamic Testing: The Nature and Measurement of Learning Potential.* Cambridge: University of Cambridge, 2002.
TOUGH, P. *How children succeed:* grit, curiosity, and the hidden power of character. Boston: Houghton Mifflin Harcourt, 2012.
WILLINGHAM, D. T. *When can you trust the experts: how to tell good science from bad in education.* San Francisco: Jossey-Bass, 2012.
WORTHEN, J. B.; HUNT, R. R. *Mnemonology: Mnemonics for the 21st Century (Essays in Cognitive Psychology).* New York: Psychology Press, 2011.

ÍNDICE

A
Academia Militar dos Estados Unidos, em West Point, 183-185
Ações reflexivas
    circuitos neurais nas, 134
    prática intensiva necessária para, 20, 22
    Sistema 1 (automático) nas, 83-86, 91
Agarwal, Pooja, 27
Alunos, 157-170
    aprendizagem autodirigida dos, 97-98, 211n18
    dicas para professores dos, 176-187
    na educação médica, 165-168. *Ver também* Educação médica
    na instrução entre pares, 98-99, 180-181
    no curso de psicologia, 13, 70-71, 128, 145, 149-151, 169-170
    prática de recuperar informações dos, 157-161
    prática espaçada dos, 159-161
    reflexão dos, 164
    técnicas de estudo dos. *Ver* Técnicas de estudo
Alunos de psicologia, 165
    dispositivos mnemônicos usados por, 128, 145, 149-151, 165
    estratégia de escrever para aprender usada por, 70-71
    ilusão de domínio dos, 13
    prática espaçada de recuperar informações dos, 169-170
Alzheimer, doença de, 129

Ambiguidade, fome de narrativa na, 86-88
Anagramas (resolução de)
    dificuldade e memória de trabalho na, 72, 208n17
    distração de uma conversa telefônica em segundo plano afetando a, 86-87
    práticas variadas na, 41-42, 204n6
Andersen Windows and Doors, 193-195
Ansiedade ao fazer um teste, 72
Aplicação da aprendizagem cognitiva pela taxonomia de Bloom, 178
Apostadores em corridas de cavalos, matemática e QI nos, 117, 213n11
Apreciações sobre o que aprendemos, 2-4, 98-102, 124
    calibração das, 3-4, 98-102, 164-165
    feedback em, 99
    ilusão de que você já sabe. *Ver* Ilusão de que você já sabe
    na aprendizagem autodirigida pelo aluno, 98
    na instrução entre pares, 98-99
    pistas em, 99
    superestimação da competência em, 82-83, 95-98, 211n17
    testes afetando as, 3-4, 13-14, 98, 158-159
Aprendizagem associativa, 134
Aprendizagem autodirigida, 97-98, 211n18
    flashcards na, 35, 98, 211n19
Aprendizagem cumulativa
    como ferramenta de estudo, 178
    no Distrito Escolar Público de Columbia, 186-187

promovida por testes cumulativos, 30-31, 186
Aprendizagem por meio de exemplos, 125
   comparada à aprendizagem por meio de regras, 121-122, 214n15
Aprendizagem por meio de regras, 104
   comparada à aprendizagem por meio de exemplos, 121-122, 214n15
   e construção de estrutura, 122
Aprendizagem sem erros, 71, 208n16
   mito da, 71-74
Aproveitamento escolar
   atribuições sobre, 140-142
   em ciências, 181-183, 218n7
Aristóteles, 22
Artistas, aprendendo a atribuir as pinturas aos, 42-43, 66, 205n7
Ataques de 11 de setembro, lembranças relâmpago, 93, 210n14
Atitude
   na mentalidade voltada ao crescimento, 139-143, 182, 216n16
   treinamento mental afetando a, 139
Atletas da memória, 129-130, 150-153, 217n24
Atribuições de aproveitamento e fracasso, 140-142
Axônios, 130, 132-133
   mielinização dos, 132-134, 139
Azimute
   estabelecer um, 17, 184-185
   testes como forma de extrair um, 17, 184-185

B
Bach-y-Rita, Paul, 131-132
Bacon, Francis, 23, 103, 211n1
Bain, Patrice, 27, 29
Barber, Ken, 192, 218n12
Barnet, Ann, 135
Barnet, Richard, 135
Beisebol, treinamento de, 5-6, 63-64, 67-68, 161, 207n9
Bellerbys College, 150, 165
Bjork, Elizabeth, 54, 77, 205n12, 206n2, 207n10, 208n19
Bjork, Robert, 54, 77, 88, 113, 205n12, 205n2, 206n6, 207n10, 208n19
Blink (Gladwell), 84
Blodgett, Bonnie, 74-77, 164, 208n18
Bloom, Benjamin, 178
Bloqueio criativo, 173
Blundetto, Frank, 54
Blundetto, Mia, 53-54, 56-57, 206n1
Bombeiros paraquedistas, treinamento de, 61
Braille, 131
Branson, Richard, 109-110

Brooklyn Free School, 97
Brown, Matt, 1-2, 8-10, 15-16, 153
Bruer, John T., 130-131, 137
Burilando a mente para a aprendizagem, 68. *Ver também* Efeito de geração

C
Caixa de Leitner, 50
Calibração, 3-4, 98-102, 164-165
   prática de recuperar informações e testes por, 98, 158-159
California Polytechnic State University (Cal Poly)
   treinamento de beisebol na, 63-64, 68
Canções e poemas tradicionais como dispositivos mnemônicos, 148
Capacitação contínua, 187-188
Carnahan, Mel, 86, 209n3
Carson, Kit, 129, 131, 215n2
Cartões didáticos (*flashcards*)
   na aprendizagem autodirigida pelo aluno, 35, 98, 211n19
   na prática de recuperar informações, 2, 160
   na prática espaçada, 50, 160
   na prática variada, 51-52
Cartoons Far Side, 4
Cegueira, retreinamento sensorial na, 131-132
Centro de Pesquisas em Aprendizagem e Habilidades, 112, 212n5
Cérebro
   codificação da informação em, 57-58, 78, 206n3
   consolidação da memória em, 16, 22, 39, 78, 135
   lobos frontais do, 133-134
   mielinização das fibras nervosas no, 132-134, 139
   mudanças na aprendizagem, 6, 154-155, 177
   na aprendizagem de habilidades motoras, 41, 204n5
   na formação de hábito, 134-135
   neurogênese no, 135
   plasticidade do, 52, 111, 129-135, 143, 215n3
   remodelação na prática deliberada, 143
   treinamento do, 137-139
Chamberlain, Roger, 26, 29, 35-36, 201n9
China Airlines, acidente da, 84-86, 209n3
Chugani, Harry T., 131
Ciências
   disparidade de aproveitamento em, 181-183, 218n7
   no Distrito Escolar Público de Columbia, 186-187

Classificação de pássaros, estudo de, 43-44, 66-67
Climb for Memory Foudantion, 128
Columbus State, 166-167
Common Core State Standards Initiative, 186
Como as crianças aprendem (Tough), 142
Competência, superestimação da, 82-83, 95-98, 211n17
Competências de avaliação pela taxonomia de Bloom da aprendizagem cognitiva, 179
Compreensão
    pistas para a apreciação da, 99
Condicionamento clássico em psicologia, 154-155
Conectoma, 133
Conformidade da memória, influência social na, 92
Conhecimento
    conceitual, 44, 66-67, 205n8
    da aplicação da aprendizagem cognitiva pela taxonomia de Bloom, 179
    e criatividade, 14-15, 24
    e maestria, 15
    e superestimação da competência, 82-83, 95-98, 211n17
    ilusão de. *Ver* Ilusão de que você já sabe
    informações *disponíveis* e *acessíveis* no, 207n8
    maldição do, 91, 94, 211n11, 211n16
    nativo e acadêmico, comparação de, 116
    necessário para a nova aprendizagem, 4, 78
    nos Sistemas 1 (automático) e 2 (controlado), 83-86, 91
    pistas para recuperar o, 60-63
Conhecimento conceitual, 44, 66-67, 205n8
    comparado ao conhecimento factual, 44
Conhecimento prévio como pré-requisito para novas aprendizagens, 4, 78
Conhecimentos nativos comparados com os conhecimentos acadêmicos, 116
Consolidação da memória, 22, 39, 50, 58-59, 78, 206n4
    e reconsolidação, 16, 58, 65, 79, 207n11
    neurogênese na, 135
    no sono, 50, 58, 206n4
Construção de estrutura, 104, 119-121, 125, 213n13
    e aprendizagem por meio de regras, 122
    na reflexão, 121
Contágio social da memória, 92, 210n12
Contemporary Educational Psychology, 12
Contexto de aprendizagem, 5
    concreto e pessoal, 9
Controle, sensação de, na mentalidade voltada ao crescimento, 139-143
Corridas de cavalos, apostas, matemática e QI nas, 117, 213n11
Crianças brasileiras em atividades de rua, habilidades matemáticas de, 116-117, 213n10
Criatividade, 14-15, 24
Cultura de melhoramento contínuo na Andersen Windows and Doors, 193-195

D
Dartmouth College, 10, 199n5
Darwin Awards, 82
Dellis, Nelson, 129-130
Dendritos, 130, 132-133
Desempenho
    atribuições de, 140-142
    autodisciplina, determinação e persistência necessárias para, 142-143, 154-155
    de especialista. *Ver* Desempenho de especialista
    na mentalidade voltada ao crescimento, 139-143
    na prática deliberada, 143-144
    objetivos de, comparados aos objetivos de aprendizagem, 140-141
Desempenho de especialista, 72-73
    autodisciplina, determinação e persistência necessárias para, 142-143, 154-155
    modelos mentais em, 65
    prática deliberada para, 143-144
Desorientação espacial dos pilotos, 86, 209n3
Dicas de aprendizagem
    para alunos, 157-170
    para eternos aprendizes, 170-176
    para professores, 176-187
Diferenças cognitivas
    e construção de estrutura, 119-121
    para aprendizagem por meio de regras e aprendizagem por meio de exemplos, 121-122, 214n15
Dificuldades de aprendizagem, 6, 53-79
    como *desejáveis*, 54, 77, 125, 177-179, 206n2
    como estratégia de ensino, 176-179
    como *indesejáveis*, 72, 77
    e força e duração da memória, 8
    na escola de paraquedismo, 54-62
    na prática espaçada, 3, 38-39, 64-65, 161
    para alunos, 157
Dinâmico, teste, 118-119, 124, 213n12
    etapas do, 119
Dislexia, 109-111, 124, 212n3-4
Dispositivos mnemônicos, 128-129, 144-154, 165
    canções e poemas tradicionais como, 148
    e alunos de psicologia, 128, 145, 149-151, 165
    esquemas de rimas como, 147-148
    história dos, 148, 217n23

imagens mentais como, 145-147, 150-152, 165, 176, 216n21
no treinamento da Farmers Insurance, 190-191
palácio da memória como, 144-145, 149-151, 165
Disraeli, Benjamin, 86
Distorções da memória, 86-93
em lembranças relâmpago, 92-93, 210n14
na familiaridade, 91
na fome de narrativa, 86-88
na hipnose, 90, 210n9
na inflação da imaginação, 89, 210n7
na interferência, 90-91
na sugestão, 89-90
nas influências sociais, 91-92
no *efeito do falso consenso*, 92, 210n13
no *viés de retrospectiva*, 91, 210n11
Distrito Escolar Público de Columbia, 186-187
aprendizagem melhorada com testes no, 16, 26-29, 200n13, 201n8
Doidge, Norman, 131
Domínio, 124
atribuições de, 15
esforço em, 65-66
em modelos mentais, 93-94
ilusão de, 3-4, 12-14. *Ver também* Ilusão de que você já sabe
na educação médica, 44-48
prática deliberada para o, 143-144
Donahue, Barney, 107-108
Dooley, Vince, 48-49, 94, 154, 174, 205n11
Dowling, Joe, 170
Dunn, Kenneth, 113
Dunn, Rita, 113
Dunning, David, 86, 95-96, 99, 211n17
Dweck, Carol, 72, 109, 139-143, 182, 216n16

E
Ebersold, Mike, 19-23, 47, 94, 99, 121, 154, 174, 200n1
Edison, Thomas, 73
Educação médica, 44-48, 165-168
capacitação contínua na, 187
domínio complexo na, 44-48
experiência prática na, 46-47
prática espaçada na, 39, 166, 168, 204n3
prática de recuperar informações na, 19-23, 45-46, 48, 166-168
reflexão na, 21-22, 47, 168, 174
testes na, 45, 48, 167-168, 205n10
Efeito de geração, 26, 69, 74-77, 163-164, 201n7, 208n14
como estratégia de ensino, 178
na empresa Andersen Windows and Doors, 195
para a jardineira desastrada, 74-77, 164
para os eternos aprendizes, 173-174
Efeito do falso consenso, 92, 210n13
Efeito do teste, 15-16, 22-35, 166, 188
Efeito Dunning-Kruger, 95, 211n17
Efeito "eu já sabia", 91
Efeito Flynn, 135, 216n11
Einstein, Albert, 14
Elogio e resposta aos desafios, 141-142
Em busca do tempo perdido (Proust), 63
Equipes, áreas de *expertise* complementares em, 99-100
Ericsson, Anders, 72-73, 143-144, 152, 176, 216n20
Erros, 71-74
da jardineira desastrada, 74-77
e habilidades intelectuais, 6, 72
em aprendizagem geradora, 74-77
e o "Festival de Erros", 73
feedback sobre, 31-32, 35, 71, 79
na ilusão de que você já sabe, 81-102
na prática de recuperar informações, 158
no contágio social da memória, 92
Escrever para aprender, 70-71, 208n15
e parágrafos de aprendizagem, 70, 164, 181
Esforço
alterações cerebrais à custa de, 154-155, 177
aprendizagem avançada à custa de, 6
aprendizagem conceitual no, 66-67
atribuições de fracasso afetando o, 140-142
domínio em, 65-66
e dificuldades desejáveis na aprendizagem, 54, 77, 125, 177-179, 206n2
e efeito de geração, 26
e força e duração da memória, 8, 39
elogios que afetam o, 141-142
explicações do professor sobre, 176-177
modelos mentais no, 65, 79
na aprendizagem do aluno, 157
na mentalidade voltada ao crescimento, 139-141
na prática de recuperar informações, 33, 35, 63, 159, 202n14
na prática espaçada, 3, 38-39, 64-65, 161
na prática intercalada, 38, 40, 64, 162
na prática variada, 38, 64
nos objetivos de aprendizagem e de desempenho, 140-141
reconsolidação da memória em, 65
Esquecimento, 206n3
como auxílio para a nova aprendizagem, 61-62, 206-207n6-7
curvas de, 22, 200n2

da memória de curto prazo, 57-58, 78
na educação médica, 47-48
na prática espaçada, 50, 65
na prática intensiva, 38-39
no desuso ou na reatribuição de pistas de recuperação, 61-63
testes afetando o, 24-26, 31, 201n6
Esquemas de rimas como pistas para a memória, 147-148
Estilo de aprendizagem
auditivo, 112-113
cinestésico, 112-113
visual, 113
Estilos de aprendizagem 3, 74, 103-104, 109-114, 212n5-6
abordagem VARQ para, 113
construção de estrutura comparada aos, 119
e estilos de instrução, 113-114, 212n6
na dislexia, 109-112
testes dinâmicos comparados aos, 118
Estilos de instrução, 113-114, 212n6. *Ver também* Métodos instrucionais
Estratégias de investimento, aprendizagem sobre, 104-109, 119, 123-124
Estudos de gêmeos sobre circuitos neuronais, 133
Eternos aprendizes, 2, 170-176
elaboração por, 172, 175-176
geração por, 173-174
prática de recuperar informações por, 170-173
reflexão por, 174-175
Evento Kaizen, 194
Experiência
aprendendo com a, 52, 104
efeito de geração na, 163-164
na educação médica, 46-47
nas estratégias de investimento, 104-109, 119

F
Falsas lembranças, 206n3
Familiaridade
apreciação da aprendizagem em, 99
ilusão de que você já sabe em, 91
prática continuada em, 50
Feedback, 202n12
apreciação da aprendizagem com base em, 96, 99
falta de, superestimação da competência em, 96
na aprendizagem motora, 32, 202n12
na Jiffy Lube University, 191-192
no treinamento da Andersen Windows and Doors, 194
postergado e imediato, comparação de, 31-32

corretivo, 31-32, 35, 71, 79
Fellows, Timothy, 169-170
Ferroviária Erie Lackawanna, 108
Festival de Erros, 73
First Republic Bank of Texas, 108
Fleming, Neil, 112
Fluência
apreciação da aprendizagem na, 99
ilusão de que você já sabe em, 14, 65, 91, 158, 164
no idioma, 110
Flynn, James, 216n11
Foer, Joshua, 151-152
Força de armazenamento, 205n12
Força do hábito, 51
comparada à força momentânea, 50, 205n12
Força momentânea comparada à força do hábito, 50, 205n12
Formação de hábito, processo de agrupamento na, 134-135
Fortune, artigo da, 109, 111
Fracasso
atribuições de, 140-142
como fonte de inspiração, 73
e aprendizagem sem erros, 71-74
medo do, 72
Fremont, John, 129, 131
Fuller, Nathaniel, 170-173, 187, 218n3
Futebol americano, treinamento de, 48-49, 94, 98, 154
reflexão no, 49, 174

G
Gardner, Howard, 115-116, 212n8
Garman, David, 82, 174, 209n2
Geiger, Gadi, 111
George Mason University, 10, 199n4
Georgia Regents University, 165, 167
Gladwell, Malcolm, 84
Goldman-Rakic, Patricia, 131, 215n3
Gratificação, postergando a, 127-128, 215n1
Grigorenko, Elena, 118, 213n12
Grupo Maixner, 188
Grupos de teste, 180

H
Habilidade adquirida, aprendizagem como, 2
Habilidades analíticas
da aplicação da aprendizagem cognitiva pela taxonomia de Bloom, 178
e aproveitamento em ciências, 182
e inteligência, 116, 117
Habilidades de diferenciação, 51, 79
na identificação de obras de pintores, 42-43, 66, 205n7

na identificação de pássaros, 43-44, 66-67
promovidas pela prática intercalada e variada, 42-44, 51, 66-67, 79
Habilidades de indução, 79
Habilidades intelectuais, 6, 129, 135-143
   controle de, 6, 72
   como inatas, 6, 129-130, 177
   e medo do fracasso, 72
   influências ambientais sobre as, 135-137
   influências genéticas sobre as, 72, 135-136, 139
   mentalidade voltada ao crescimento nas, 139-143
Habilidades motoras, 35
   e o estudo dos saquinhos de feijão, 37, 41, 68, 204n1
   feedback sobre, 32, 202n12
   na formação do hábito, 134-135
   prática intercalada de, 51, 63, 161
   prática intensiva de, 41, 63-64
   prática variada de, 37, 41, 204n5
Harris, Carol, 89, 209n6
Hendry, Bruce, 103-109, 119, 123-125, 212n2
Hendry, Doris, 104
Hipnose, distorção da memória sob, 90, 210n9
Hipocampo, 135
Honey e Mumford, Questionário sobre Estilos de Aprendizagem, 113
Hóquei, treinamento de, 41, 51
Hunkler, Kiley, 17, 184-185, 218n9
Hunter, Thelma, 175-176, 218n5

I
Ilusão de que você já sabe, 12-14, 16, 64, 81-102, 164, 200n11, 211n23
   distorção da memória em, 86-93
   em exercícios de treinamento cerebral, 139
   estratégias de ensino em, 179-180
   na fluência, 14, 65, 91, 158, 164
   na prática intensiva, 65
   na releitura, 12-14, 91
   Sistema 1 (automático) e Sistema 2 (controlado) em, 83-86
   testes em, 3-4, 13-14, 91, 164
Imagens como pistas às lembranças, 145-147, 150-152, 165, 176, 216 n21
Indução de esquema, 214n14
Inflação da imaginação, distorção da memória na, 89, 210n7
Influências ambientais no quociente de inteligência (QI), 135-137
Influências genéticas, 6, 128, 129
   sobre a estrutura cerebral, 129, 131, 133
   sobre as capacidades intelectuais, 72, 135-136, 139

Influências sociais na memória, 91-92
Informações
   acessíveis comparadas às informações disponíveis, 207n8
   disponíveis comparadas às informações acessíveis, 207n8
Inner Gate Acupuncture, 188, 195-196
Instrução entre pares, 98-99
   em grupos de teste, 180-181
Inteligência, 114-117, 124, 212n7-8
   afetando exercícios de treinamento cerebral, 137-139
   cinestésica, 115
   criativa, 116-117
   cristalizada, 115, 137
   espacial, 115
   fluida, 114-115, 137-139
   interpessoal, 115
   intrapessoal, 115
   linguística, 115
   lógico-matemática, 115
   medição da, 115-116
   modelo de Sternberg e, 116-117
   múltiplos tipos de, 115-116, 212n8
   musical, 115
   naturalista, 116
   prática, 116-117
Intelligence and How to Get It (Nisbett), 135, 216n12
Interferência, 90-91
   e benefícios à aprendizagem, 68-69, 207n13
Intervalo de memória, 152
Isaacman, Erik, 195-196, 218n14

J
Jacoby, Larry, 88
James, William, 22
Jardinagem, aprendizagem geradora sobre, 74-77, 164
Jiffy Lube University, 191-193
Jobs, Steve, 73-74
Johnson, Catherine, 100-101

K
Kahneman, Daniel, 83, 86, 97
Kaiser Steel, 108
Keller, Helen, 88-89, 209n6
Kelley, Colleen, 88
Kennedy, John F., 92
Kennedy, John F., Jr., 86, 209n3
Kim, Karen, 153-154
Kim, Michela Seong-Hyun, 150-151, 217n25
Kinko's, 110
Kompon, Jamie, 41
Kruger, Justin, 95-96, 211n17

L

Larsen, Douglas, 44, 47-48, 50, 52, 121, 187, 205n10
Larson, Gary, 4
LaRussa, Tony, 110
Leitner, Sebastian, 50
Leitura
    capacidade de, 110
    efeito de geração em, 164
    e mudanças no quociente de inteligência (QI), 137
    e releitura. *Ver* Reler
    interferência com auxílio à aprendizagem na, 68-69, 207n13
    na abordagem VARQ dos estilos de aprendizagem, 113
    na dislexia, 109-112
Lembranças relâmpago, 92-93, 210n14
Leonetti, Oliver, 195-196
Leppla, Sam, 106-108
Lettvin, Jerome, 111
Lobos frontais, 133-134

M

Madigan, Stephen, 169, 218n2
Manhattan Free School, 97
Maixner, Kathy, 188, 196, 218n11
Maldição do conhecimento, 91, 94, 210n11, 211n16
Mallow, Johannes, 152
Mapas conceituais, 163, 181
Massa branca, 132-133
Massa cinzenta, 132-133
Massachusetts Institute of Technology, 111
Matemática
    de crianças brasileiras em negócios de rua, 116-117, 213n10
    nas apostas de corridas de cavalos, 117, 213n11
    prática intensiva na, 42
    prática intercalada na, 39-40, 204n4
Matthews, Michael D., 99, 183-185, 218n8
Mazur, Eric, 94, 98-99, 211n15
McCaw, Craig, 109-110
McDaniel, Mark, 113
McDermott, Kathleen, 178, 185-186, 218n10
McPhee, John, 173-174, 176
Memória, 2
    como dispositivo mnemônico, 128-129, 144-154. *Ver também* Dispositivos mnemônicos
    consolidação da. *Ver* Consolidação da memória
    codificação de informações na, 57-58, 78, 206n3
    de curto prazo, 39, 57-59, 65, 71, 78
    de longo prazo, 39, 58-59, 65, 78
    de trabalho. *Ver* Memória de trabalho
    distorções da. *Ver* Distorções da memória
    e curvas de esquecimento, 22, 200n2
    efeito de geração na, 26, 69, 208n14
    efeito do falso consenso na, 92, 210n13
    e inteligência fluida, 137-139
    esforço de aprendizagem afetando a, 8, 39
    explícita, 44
    familiaridade afetando a, 91
    força momentânea e do hábito da, 50, 205n12
    hipnose afetando a, 90, 210n9
    implícita, 44
    inflação da imaginação afetando a, 89, 210n7
    influências sociais sobre a, 91-92, 210n12
    interferência afetando a, 90-91
    modelos mentais na, 93-94
    na aprendizagem associativa, 135
    na elaboração, 162-163
    na fluência, 91
    na prática de recuperar informações, 2-3, 15-16, 59-60
    na prática espaçada, 50, 65, 161
    narrativas que afetam a, 86-88
    sugestão afetando a, 89-90
    testes fortalecendo a, 15-16, 23-26, 31, 201n5, 202n11
    viés de retrospectiva afetando a, 91, 210n11
Memória de curto prazo, 39, 57, 59, 65, 78
    codificação de informações na, 78
    esquecimento da, 57-58, 78
    na prática intensiva, 65
    prática de recuperar informações da, 71, 78
Memória de longo prazo, 39, 58, 65, 78
    consolidação da, 58-59
Memória de trabalho
    ansiedade devido ao teste afetando a, 72
    capacidade da, 72, 137, 152
    codificação de informações na, 78
    e inteligência fluida, 137-139
    em exercícios de treinamento cerebral, 137-138
    número de dígitos disponíveis na, 152
Mentalidade voltada ao crescimento, 139-143, 216n16
    e aproveitamento em ciências, 182
Mentores, 109-110
Metacognição, 13, 81, 95, 132, 209n1
Meter a cara nos livros, 2, 25, 35, 39, 50, 159, 177
Método de instrução "mangueira de incêndio", 8, 10

Método dos loci, 144-145
Método Thayer, 183, 185
Métodos instrucionais, 176-187
    aprendizagem de parágrafos em, 70, 164, 181
    de Matthews, 183-185
    de McDermott, 178, 185-186
    de Sobel, 29-31, 50, 98, 178
    de Thayer, 183, 185
    de Wenderoth, 70, 163-164, 178-183, 185
    e estilos de aprendizagem, 113-114, 212n6
    instrução entre pares em, 98-99, 180-181
    instrução tipo "mangueira de incêndio" 8, 10
    mapas conceituais em, 163, 181
    na medicina, 45-48
    no Distrito Escolar Público de Columbia, 26-29, 186-187
    para o aproveitamento em ciências, 181-183, 218n7
    transparência em, 178-180, 185
Métodos de treinamento, 187-196. *Ver também* Treinamento esportivo
    capacitação contínua em, 187-188
    da Farmers Insurance, 40, 188-191
    da Inner Gate Acupuncture, 195-196
    da Jiffy Lube University, 191-193
    de Renewal by Andersen, 193-195
    do Grupo Maixner, 188
    empresariais, 40, 188-196
    nos esportes. *Ver* Treinamento esportivo
    para a polícia, 100-102, 174
    para aviadores. *Ver* Treinamento de aviadores
Michelangelo, 143
Mielina, 132-134, 139, 215n8
Mischel, Walter, 127, 215n1
Modelo de aprendizagem no treinamento, 99
Modelos mentais, 5-6, 65, 79, 93-94, 199n1
    construção de estrutura em, 119
Morris, Errol, 86, 99
Mozart, 144

N
Narrativas, 86-89, 110
National Institutes of Health
    Projeto Conectoma Humano, 133
Neurociência, 6-7
    plasticidade cerebral na, 129-135
Neurogênese, 135
Neurônios, 130
    geração de, 135
    sinapses de, 8, 130-131
Neuroplasticidade, 52, 111, 129-135, 143, 215n3
    na prática deliberada, 143
New York Times, 23, 86, 132
New Yorker, 173
Nisbett, Richard, 135, 139, 216n12
Nutrição e quociente de inteligência (QI), 136-137

O
Objetivos
    de desempenho e de aprendizagem, comparação entre, 140-141
    na prática deliberada, 143
Objetivos de aprendizagem comparados aos objetivos de desempenho, 140-141
Obras de pintores, prática intercalada e intensiva na identificação de, 42-43, 66, 205n7
O cérebro que se transforma (Doidge), 131
Orfalea, Paul, 110
Osmosis, plataforma de aprendizagem social autodirigida pelos alunos, 188

P
Paivio, Allan, 216n21
Palácios de memória, 144-145, 149-151, 165
Parágrafos de aprendizagem, 70, 164, 181
Paraquedismo, treinamento militar na escola de, 53-62
    treinamento para bombeiros paraquedistas após, 62
Pashler, Harold, 113-114
Paterson, James, 128-130, 150-153, 217n24
Peer instruction, 99
Penny Memory Test, 10-11, 199n7
Perguntas incorporadas e benefícios para estratégias pouco estruturadas, 121, 213n13
Pesquisa empírica sobre a aprendizagem, 8
Pistas para a memória, 144-154. *Ver também* Dispositivos mnemônicos
Pistas para a prática de recuperar informações, 59, 60-63, 78, 206n5
    e distorções da memória, 88
    e informações acessíveis, 207n8
Polk, James, 129, 131
Prática de ensaio
    como prática espaçada, 60
    do time de futebol americano, 48-49
Prática de recuperar informações, 2-3, 9-10, 19-36, 59-60, 78
    benefícios de longo prazo da, 28, 31, 35
    com parágrafos de aprendizagem, 70, 181
    como estratégia de ensino, 178-181, 184
    como técnica de estudo, 33, 157-161, 203n15
    consolidação da memória na, 58
    de alunos de psicologia, 169-170

de eternos aprendizes, 170-173
do time de futebol americano, 49
domínio na, 65
esforço na, 33, 35, 63, 159, 202n14
espaçada, 26, 35, 159-161
na aprendizagem autodirigida pelo aluno, 98
na educação médica, 19-23, 45-46, 48, 166-168
na formação comercial, 188
neurogênese na, 135
no Distrito Escolar Público de Columbia, 27, 29, 186
no exercício de recordação livre, 181
prática intensiva comparada à, 25, 35, 159, 202n11
reflexão na. *Ver* Reflexão
reler em comparação a, 33-35, 158-159
repetição da, 22-23, 25-26, 35
testes com, 15-16, 22-35, 157-159. *Ver também* Testes
Prática deliberada, 143-144, 216n20
Prática em blocos (sequenciais), 42, 51-52, 161-162
Prática espaçada, 3, 39, 52, 159-161
cartões didáticos (*flashcards*) na, 50, 160
como estratégia de ensino, 178
como estratégia de estudo, 159-161
consolidação da memória na, 50, 59, 65
de alunos de medicina, 167-168
de alunos de psicologia, 170
de eternos aprendizes, 172-173
do time de futebol americano, 48-49
em testes, 26, 32, 35
ensaio como, 60
esforço na, 3, 38-39, 64-65, 161
esquecimento na, 50, 65
força da aprendizagem na, 39
força do hábito na, 50
intercalação na, 50
na educação médica, 39, 166, 168, 204n3
na escola de paraquedismo militar, 56
na formação comercial, 188
na releitura, 12-13
neurogênese em, 135
no treinamento de aviadores, 10
no treino de beisebol, 63
prática intensiva comparada à, 38-39, 160-161, 204-204n2
recarregamento na, 65, 207n10
tempo entre as sessões na, 50
Prática intensiva, 3, 8, 50
de habilidades motoras, 41, 63-64
ganhos rápidos na, 8, 38, 98
ilusão de que você já sabe na, 65
memória de curto prazo na, 65

meter a cara nos livros como forma de, 2, 25, 35, 39, 50, 159, 177
mito da, 38-39
na identificação de pássaros, 44
na identificação de obras de pintores, 42-43, 205n7
prática de recuperar informações comparada à, 25, 35, 159, 202n11
prática espaçada comparada à, 38-39, 160-161, 204n2
prática intercalada comparada à, 38-40, 42-44, 161-162, 204n2
prática variada comparada à, 38, 42-44
Prática intercalada, 3, 39-40, 50-52, 161-162, 207n12
aprendizagem conceitual em, 66-67
como estratégia de ensino, 178
como estratégia de estudo, 161-162
consolidação da memória em, 59
da equipe de futebol americano, 48-49
de eternos aprendizes, 172-173
de habilidades de diferenciação, 42-44, 51, 66-67, 79
domínio na, 65-66
esforço na, 38, 40, 64, 162
força do hábito na, 50-51
na coordenação motora, 51, 63, 161
na educação médica, 45
na escola de paraquedismo militar, 56
na Farmers Insurance, 40, 189-191
na identificação de pássaros, 44, 66-67
na identificação de obras de pintores, 42-43, 66, 205n7
no treinamento de aviadores, 10
para espaçar a prática de recuperar informações, 160
prática intensiva comparada à, 38-40, 42-44, 161-162, 204n2
problemas de matemática na, 39-40, 204n4
Prática variada, 3, 41-42, 51-52
como estratégia de ensino, 178
de eternos aprendizes, 172
de habilidades cognitivas, 41-42
de habilidades de diferenciação, 42-44, 79
de habilidades motoras, 37, 41, 204n5
do time de futebol americano, 48-49
domínio na, 66
esforço na, 38, 64
estudo com anagramas sobre, 41-42, 204n6
estudo dos saquinhos de feijão na, 37, 41
força do hábito na, 50-51
identificação de pássaros, 44
na educação médica, 46
no treinamento de aviadores, 10

prática intensiva comparada a, 38, 42-44
transferência de aprendizagem na, 67-68
Pratique como você joga. *Ver* Simulação no treinamento
Processo de agrupamento na formação de hábito, 134, 154
Processo de codificação, 57-58, 78, 206n3
Processo de elaboração, 4-5, 29, 162-163
    com mapas conceituais, 163, 181
    como estratégia de ensino, 163, 178, 181
    do estudante de medicina, 168
    de eternos aprendizes, 172, 175-176
    na Andersen Windows and Doors, 195
    na reflexão, 164
    no treino de futebol americano, 49
Programa de treinamento da Farmers Insurance, 40, 188-191
Programas de educação fundamental, mudanças no quociente de inteligência (QI) nos, 137
Projeto Conectoma Humano, 133
Proust, Marcel, 63
Prova com consulta de material, 32, 202n13
Psicologia cognitiva, 6-7
Psicologia do desenvolvimento, 6-7

Q

Qstream, plataforma de treinamento, 187
Quênia, conhecimentos nativos e acadêmicos de crianças no meio rural do, 116
Questionários. *Ver* Testes
Quociente de inteligência (QI), 115, 129, 135-137
    e habilidade de apostar em corrida de cavalos, 117, 213n11
    efeito Flynn no, 135, 216n11
    fatores ambientais que afetam o, 135-137

R

Rápido e devagar
    duas formas de pensar (Kahneman), 83
Reagan, Ronald, 20
Rebatida, prática de, 5-6, 63-64, 67-68, 161
Recitação comparada ao ato de reler, 24
Recordação de aprendizagem, 65, 207n10
Reconsolidação da memória, 16, 58, 65, 79, 207n11
Reflexão, 21-22, 52, 69-71, 164
    construção de estrutura em, 121
    de eternos aprendizes, 174-175
    escrever para aprender e parágrafos de aprendizagem como forma de, 70-71, 164, 181, 208n15
    na educação médica, 21-22, 47, 168, 174
    no treinamento de aviadores, 175
    no treinamento policial, 174
    no treino de futebol americano, 49, 174

Reinhard, Simon, 217n24
Reler, 2, 8, 12-13, 200n9-10
    de alunos de medicina, 168
    fluência após, 14, 91, 158
    ilusão de que você já sabe após, 12-14, 91
    prática de recuperar informações comparada a, 33-35, 158-159
    prática espaçada em, 12
    recitação em comparação a, 24
Renewal by Andersen, 193-195
Repetição
    aconselhamento de estudo sobre, 10, 160-161
    da prática de recuperar informações, 22-23, 25-26, 35
    de leitura. *Ver* Reler
    de testes, 25-26, 35, 98, 159-160, 203n17
    dificuldade de aprendizagem na, 10-13, 199n7
    ilusão de que você já sabe na, 12-13
    na prática intensiva, 2, 8
    no treino de futebol americano, 48
Representação de papéis em *coaching* empresarial, 188, 196
Resolução de problemas, 3, 214n14
    com aprendizagem por meio de regras e aprendizagem por meio de exemplos, 122
    efeito de geração na, 69, 74, 163-164
    elogio afetando a, 141-142
    erros na, 72, 79
    esforço na, 68, 141-142
    modelos mentais na, 94
    prática intercalada na, 39-40, 204n4
    transferência de aprendizagem na, 122, 214n14
Retreinamento das habilidades sensoriais, 131-132
Riverside, Academia Militar de, 185
Rohrer, Doug, 113
Rumsfeld, Donald, 13

S

Saquinhos de feijão
    estudo sobre a aprendizagem de habilidades motoras com, 37, 41, 68, 204n1
Simulação no treinamento
    da polícia, 100-102
    dos aviadores, 9-10, 16
    na escola de paraquedismo militar, 48-57
    na faculdade de medicina, 45-46
    na Jiffy Lube University, 191-193
    no treino de futebol americano, 48-49
    "pratique como você joga" e, 45-46, 67-68, 102

representação de papéis como, 188, 190-191, 196
Simulações com armas de fogo, 100-102
Simulador de voo, treinamento com, 9-10
Sinapses
    estruturas das, em gêmeos, 133
    formação das, 130-131
    poda das, 131
Síntese do conhecimento na aplicação da aprendizagem cognitiva pela taxonomia de Bloom, 178
Sistema nervoso
    axônios e dendritos no, 130, 132-134, 139
    cérebro no. *Ver* Cérebro
    mielinização do, 132-134, 139, 215n8
    na formação do hábito, 134-135
    neurogênese em, 135
    sinapses no, 130-131, 133
Skinner, B. F., 71, 208n16
Sobel, Andrew, 29-31, 50, 98, 178, 202n10
Sono, consolidação da memória no, 50, 58, 206n4
Spivey, Michelle, 29
Status socioeconômico e quociente de inteligência (QI), 136-137
Sternberg, Robert, 15, 116-118, 212n9
Sugestão, ilusão de memória em, 89-90
Sullenberger, Chesley, 175
Sully, milagre no rio Hudson (Sullenberger), 175
Swonk, Diane, 109

T
Taxonomia de Bloom, 179, 181-182
Taxonomia vegetal, aprendizagem da, 75-77
Técnica da grande mentira, 91
Técnicas de estudo, 13, 157-170
    calibração da capacidade de apreciação, 164-165
    de alunos de medicina, 165-168. *Ver também* Educação médica
    de alunos de psicologia, 13, 70-71, 128, 145, 149-151, 165, 169-170
    dispositivos mnemônicos nas, 145, 149-153, 165
    elaboração de, 162-163, 168, 178, 181
    explicações do professor nas, 177
    geração nas, 163-164
    na aprendizagem autodirigida pelo aluno, 98
    prática de recuperar informações nas, 33, 157-161, 203n15
    prática espaçada nas, 159-161
    prática intensiva ou meter a cara nos livros nas, 2, 8, 25, 35, 39, 50, 159, 177
    prática intercalada nas, 161-162
    reflexão nas, 164

reler nas, 34, 158
Tempo entre as sessões de prática, 3, 39, 159-160, 168. *Ver também* Prática espaçada
Teorias, aprendizagem de, 6-14
Testes, 3-4, 15-16
    ansiedade nos, 72
    atitudes dos alunos em relação aos, 34
    benefícios dos, 34-35, 98, 158-159, 203n17
    com consulta, 32, 202n13
    como estratégia de ensino, 177-178, 181, 183-186
    como falsa medida de domínio dos conteúdos, 15
    como ferramenta de aprendizagem, 15-16, 25, 98, 157-161, 200n13-14
    como prática de recuperar informações, 15-16, 22-35, 157-159
    de localização do extintor de incêndio, 11, 199n7
    de múltipla escolha em, 33, 202n12, 202n13
    dinâmicos, 118-119, 124, 213n12
    e instrução entre pares, 180-181
    erros nos, 31-32, 35, 72
    familiaridade afetando os, 50
    feedback sobre as respostas nos, 31-32, 35
    frequência dos, 35, 98, 159-160, 203n17
    medo do fracasso nos, 72
    meter a cara nos livros para fazer, 2, 25, 35, 39, 50, 159, 177
    na aprendizagem autodirigida pelo aluno, 97-98
    na educação médica, 45, 48, 167-168, 205n10
    na escola militar de paraquedismo, 54-55, 57
    na formação comercial, 188
    na ilusão de que você já sabe, 3-4, 13-14, 91, 164
    na Jiffy Lube University, 191-193,
    na medição da inteligência, 115-116
    na pesquisa sobre estilos de aprendizagem, 113
    na prática espaçada, 159-161, 191-192
    no curso de psicologia, 13, 71, 145, 149-151, 169-170
    no Distrito Escolar Público de Columbia, 16, 26-29, 186, 200n13, 201n8
    no método Thayer, 183, 185. *Ver também* Prática de recuperar informações
    padronizados, 15, 24, 118
    postergados, 35
    prática intensiva ou meter a cara nos livros para fazer, 2, 25, 39, 50

preparação para, 145, 149-153, 165
recordar as informações após, 15-16, 23-26, 201n5
reestudando o conteúdo em que você foi mal nos, 34, 165
reler comparado aos, 33-35, 158-159
reler em preparação para, 12-13
repetição de, 25-26, 35, 98, 159-160, 203n17
resposta curta nos, 33, 202n14
semelhança com extrair um azimute em, 16, 184-185
superestimar a competência em, 95-96
taxonomia dos níveis de aprendizagem nos, 181
Thayer, Sylvanus, 183
Thomson, Donald M., 91, 210n10
Tough, Paul, 142-143
Toyota Motor Company, 194
Transferência
   analógica, 214n14
   da aprendizagem, 67-68, 122, 214n14
Transparência, 178-180, 185
Treinamento de aviadores, 1-2, 8-10, 15, 132
   e incidente da China Airlines, 84-86, 209n3
   reflexão no, 175
   testes como prática de recuperar informações no, 16
Treinamento em cirurgia
   prática de recuperar informações no, 19-23
   prática espaçada no, 39, 204n3
   reflexão no, 21-22
Treinamento esportivo
   no beisebol, 5-6, 63-64, 67-68, 161, 207n9
   no futebol americano, 48-49, 94, 98, 154, 174
   no hóquei, 41, 51
   prática de recuperar informações no, 49
   prática intensiva no, 41, 63-64
   prática intercalada no, 48-49, 51, 63, 161
   "pratique como você joga" no, 67-68
Treinamento policial

reflexão na, 174
simulações com armas de fogo no, 100-102
Tulving, Endel, 11-12, 200n8, 201n6, 206n5
Twain, Mark, 145-147, 151, 165, 217n22

U
University of California, Los Angeles, 133
University of Georgia's, 48, 174
University of New Mexico, 12
University of Southern California, 169
University of Washington, 179
Um passeio na lua com Einstein (Foer), 151

V
VARQ, abordagem aos estilos de aprendizagem, 112
Vestígios de memória, 57
   consolidação dos, 58-59
Viés de retrospectiva, 91, 210n11
Virgin Atlantic Airways, 109
Virgin Records, 109

W
Washington University, 12, 164, 185
   Faculdade de Medicina da, 44
Weatherford, Jack, 148
Wehrenberg, Jon, 29
Wenderoth, Mary Pat, 99, 163, 178-183, 185, 218n6
   estrutura de aula usada por, 181-182, 185
   mapas conceituais utilizados por, 163, 181
   parágrafos de aprendizagem utilizados por, 70, 164, 181
West Point, Academia Militar dos Estados Unidos, em, 183-185
Wynveen, Richard, 194-195, 218n13

Y
Young, Michael, 165-168, 178, 218n1

Z
Zayed bin Sultan Al Nahyan, 20